David Kessler
Die Rechte des Sterbenden

*Für meine Eltern
Joseph und Sophie,
die in meinem Herzen weiterleben*

David Kessler

DIE RECHTE DES STERBENDEN

Aus dem Amerikanischen von Birgit Moosmüller

BELTZQUADRIGA

Titel der Originalausgabe: The Rights of the Dying. A Companion for Life's Final Moments
© by David Kessler
1997 erschienen bei: HarperCollins Publishers, New York

Alle Rechte, insbesondere die der Vervielfältigung und Verbreitung sowie der Übersetzung, vorbehalten. Kein Teil des Werkes darf in irgendeiner Form (durch Photokopie, Mikrofilm oder ein anderes Verfahren) ohne schriftliche Genehmigung des Verlages reproduziert oder unter Verwendung elektronischer Systeme verarbeitet, vervielfältigt oder verbreitet werden.

© 1997 Beltz Quadriga Verlag, Weinheim und Berlin
Lektorat: Manuela Runge
Herstellung: Iris Walther
Umschlaggestaltung: Federico Luci, Mailand
Satz: Satz- und Reprotechnik, Hemsbach
Druck und Bindung: Druckhaus Beltz, Hemsbach
Printed in Germany
ISBN 3-88679-296-X

INHALT

Die zwölf Rechte des Sterbenden 7
Vorbemerkung des Verfassers 9
Einleitung 11

Ein lebender Mensch 17
Gefühle zum Ausdruck bringen 39
An Entscheidungen teilhaben 63
Die Physiologie des Schmerzes 88
Die Gefühle des Schmerzes 120
Geistigkeit und Tod 137
Kinder und Tod 163
Die Physiologie des Todes 183
Im Auge des Sturmes sterben 208
Am Ende nicht einsam sein 229
Der Körper 245

Epilog:
Eine Botschaft für die Sterbenden 271
Eine Botschaft für die Lebenden 273

Anmerkung zu den Quellen 275
Danksagung 277

Die zwölf Rechte des Sterbenden

1. Das Recht, als lebender Mensch behandelt zu werden und sich ein Gefühl der Hoffnung zu bewahren, egal, wie subjektiv diese Hoffnung auch sein mag.

2. Das Recht, Gedanken und Gefühle zum Thema Tod auf seine Weise zum Ausdruck zu bringen.

3. Das Recht, an allen die eigene Pflege betreffenden Entscheidungen teilzuhaben.

4. Das Recht, von mitfühlenden, sensiblen und kompetenten Menschen gepflegt zu werden, die sich bemühen, die Bedürfnisse des Kranken zu verstehen.

5. Das Recht, den Prozeß des Todes zu verstehen und auf alle Fragen ehrliche und vollständige Antworten zu bekommen.

6. Das Recht, Trost in geistigen Dingen zu suchen.

7. Das Recht, körperlich schmerzfrei zu sein.

8. Das Recht der Kinder, am Tod teilzuhaben.

9. Das Recht zu sterben.

10. Das Recht, friedlich und in Würde zu sterben.

Die Rechte des Sterbenden

11. Das Recht, nicht einsam zu sterben.

12. Das Recht zu erwarten, daß die Unantastbarkeit des Körpers nach dem Tod respektiert wird.

VORBEMERKUNG DES VERFASSERS

Ich habe dieses Buch in der Hoffnung geschrieben, den Leser mit den körperlichen und seelischen Aspekten des Sterbens vertraut zu machen. Es ist nicht gedacht als Grundlage für die Diagnose eines Krankheitszustandes oder als Behandlungsplan für einen Sterbenden. Wer medizinische Hilfe oder Rat zu einzelnen Fragen braucht, sollte sich an seinen Arzt wenden.

Die Geschichten in diesem Buch berichten von den Herausforderungen, mit denen sich zahlreiche Patienten, ihre Familien und Freunde konfrontiert sahen, sowie den Einsichten, die sie und ich dabei gewonnen haben. Alle, die ihr Leben, ihren Tod und ihre Erfahrungen mit mir geteilt haben, sind meine Lehrer. Wir können alle von ihnen lernen. Wir können uns außerdem von ihrer Liebe und ihrem Mut, ihren Hoffnungen, Schwächen, Ängsten, Träumen und Qualen inspirieren und rühren lassen. Diejenigen unter uns, die diese Reise antreten, werden feststellen, daß es sich um eine tiefgehende, sinnvolle Erfahrung handelt, die uns ebensoviel übers Leben wie über die Rechte des Sterbenden lehrt.

Die Namen der Patienten und alle anderen ihre Identität betreffenden Informationen wurden geändert, um ihre Privatsphäre zu wahren. Viele der vorkommenden Personen sind aus mehreren Personen zusammengesetzt. In den Fällen, in denen real existierende Namen genannt werden, geschieht das mit dem Einverständnis der betreffenden Person, oder es handelt sich um allgemein bekannte Informationen.

Einleitung

Der Tod ist die letzte Reise, die wir im Leben antreten. In meinem Leben aber spielt er schon seit langem eine Hauptrolle, in meinem Beruf, in meiner Familie, und seine Bedeutung ist mit jedem Jahr gewachsen. Für diejenigen unter uns, die mit Sterbenden arbeiten, ist der Tod wie ein ungebetener Gast, den man mit der Zeit ziemlich gut kennenlernt. Manchmal ist er das Ergebnis von Gewalt, manchmal ein gnädiger Akt der Natur, manchmal das Ende einer langen Krankheit. Wir sehen uns den Tod zu Hause im Fernsehen an, bezahlen dafür, ihn auf einer Kinoleinwand sehen zu dürfen, und spielen mit ihm in Form von Videospielen. Vielleicht hoffen wir, weniger Angst vor ihm zu haben, je öfter wir ihn sehen. Obwohl der Tod eine unserer schmerzhaftesten Erfahrungen ist, wenn wir ihm in unserem eigenen Leben begegnen, erfüllt er uns mit einer morbiden Neugier. Viele von uns kokettieren ihr ganzes Leben lang mit dem Tod, fordern ihn geradezu heraus, indem sie auf hohe Berge klettern, Flugzeuge fliegen und mit Rennwagen fahren. Aber egal, wie sehr wir aus der Ferne mit ihm kokettieren, wir wissen alle, daß wir ihm eines Tages begegnen werden. Bis dahin erleben wir ihn als Zuschauer. Im Lauf der Zeit hat mich meine Arbeit diesem ungebetenen Gast immer näher gebracht, und ich habe mehr Frieden mit dem Tod geschlossen. Ich hoffe, auch Sie werden auf Ihrer Reise Frieden finden.

Als ich Anfang der achtziger Jahre anfing, in verschiedenen Hospizen – auch Sterbekliniken genannt – mit sterben-

Die Rechte des Sterbenden

den Patienten zu arbeiten, verstand ich unter einem Hospiz einen Ort, eine Einrichtung, wo todkranke Menschen gepflegt werden. Durch meine Arbeit wurde mir mit der Zeit klar, daß Hospiz eine Philosophie ist, eine Art, für geliebte Menschen zu sorgen. Manche Menschen verbinden das Wort Hospiz mit einem natürlicheren Tod. Für andere bedeutet es, auf aggressive medizinische Maßnahmen zu verzichten, wenn das Ende naht. Wieder andere assoziieren den Begriff mit Schmerztherapie. Aber was es in der Praxis damit auf sich hat, wurde nie klar definiert. Die meisten Menschen sterben noch immer in Krankenhäusern, wo sie nur wenige Rechte haben und ihre Bedürfnisse und Anliegen oft unwissentlich übersehen werden.

Am Totenbett zahlloser Patienten wurde mir klar, daß viele Familienmitglieder, professionelle Pflegekräfte und sogar diejenigen, die persönlich mit dem Tod konfrontiert waren, kaum etwas über die Bedürfnisse und Rechte eines Sterbenden wußten. Selbst dann, wenn sie fühlten, daß diese Bedürfnisse und Rechte existierten, hatten sie kaum eine Vorstellung davon, wie sie sie zum Ausdruck bringen oder in die Tat umsetzen sollten. Ich gelangte immer mehr zu der Überzeugung, daß die letzten Monate eines Menschen, ja selbst die letzten, auf das Ende zuführenden Minuten eine starke Phase des Lebens sein sollten, und keine Zeit, in der man eine Opferrolle einnimmt. Im Lauf der Jahre habe ich versucht, den Sterbenden und ihren Lieben wieder mehr Macht zu verleihen, indem ich den Menschen die Rechte der Sterbenden erklärte, diesen Rechten einen äußeren Rahmen gab und sie immer weiter ausdehnte.

Der schwierigste Schritt bestand darin, die Rechte in die Praxis umzusetzen. Die Gesellschaft und das Gesundheitswesen haben uns vom Prozeß des Todes entfernt. Um die Jahrhundertwende war der Tod ein vertrauter und natürli-

12

Einleitung

cher Bestandteil unseres Lebens, der sich zu Hause abspielte, wo die medizinische Betreuung bestenfalls im Hausbesuch eines Arztes bestand. In den vierziger und fünfziger Jahren aber fand der Tod ein neues Zuhause: das Krankenhaus. Dort behandelten die Ärzte eine größere Anzahl von Patienten gleichzeitig, während Intensivstationen den Sterbenden die neuste Technologie zur Verfügung stellten. Während der siebziger Jahre wurde der Tod noch weiter aus der Gesellschaft, der Familie und dem Leben des einzelnen ausgegrenzt.

In den Achtzigern wurde der Tod in eine kalte, unpersönliche Erfahrung verwandelt. Die meisten von uns wurden der Gelegenheit beraubt, unseren Lieben während ihrer letzten Tage nahe zu sein. Damals begann sich die Hospizbewegung auszubreiten. Immer mehr Menschen wurden nach Hause gebracht, um ihre letzten Tage im Kreise ihrer Familie und Freunde zu verbringen.

1984 faßte ich den Beschluß, meine eigene Organisation für ambulante Pflege zu gründen, *Progressive Nursing Services*, eine der ersten, die sich hauptsächlich den Bedürfnissen todkranker Patienten widmeten, vor allem solcher, die an AIDS und Krebs litten. Wir begannen mit nur einem Patienten und drei Pflegekräften. In den folgenden acht Jahren wurden es immer mehr, während gleichzeitig die Bewegung für ambulante Pflege immer mehr Anhänger fand. Zu der Zeit hatten viele Krankenschwestern und -pfleger Probleme mit dem Sterben. Es gab jedoch auch eine kleinere Anzahl von Pflegekräften, die sich für das Konzept Hospiz begeisterten. Ich wollte die hospiz-orientierten Schwestern und Pfleger mit den Menschen zusammenbringen, die sie brauchten.

Das eigene Zuhause entpuppte sich als wahrhaft heilsamer Ort, genauso, wie es das auch schon für unsere Ur-

Die Rechte des Sterbenden

großeltern gewesen war. Zu Hause konnten die Patienten die erforderliche medizinische Behandlung bekommen und gleichzeitig von den Dingen und Menschen umgeben sein, die sie liebten. Das eigene Zuhause wurde deshalb erneut ein heilsamer Ort zum Sterben, weil die Menschen dort ihre Erinnerungen, ihre Haustiere und ihre geliebten Angehörigen um sich hatten. Unglücklicherweise wurden viele Menschen zu Hause abgeliefert, ohne auf das vorbereitet zu werden, was vor ihnen lag. Unsere Aufgabe war es, ihnen dabei zu helfen, sie zu trösten und die Pflege ihrer Angehörigen entsprechend zu organisieren.

Inzwischen wird das Hospizkonzept auch durch Pflegereformen unterstützt. Viele Krankenhäuser, Ärzte und Versicherungsträger haben erkannt, daß es nicht nur angenehmer und persönlicher ist, zu Hause zu sterben, sondern auch ökonomischer.

Als ich meine Firma 1992 an ein staatliches Unternehmen verkaufte, hatten wir über dreihundert Pflegekräfte und mehr als hundert Patienten. Inzwischen verbringe ich einen Teil meiner Zeit damit, Vorträge über den Tod und das Sterben zu halten, und fungiere außerdem als Berater für Sterbende, ihre Freunde und Familien. Ich spreche mit den Sterbenden, aber die meiste Zeit befolge ich den Rat meiner Mentorin Elisabeth Kübler-Ross und höre ihnen einfach nur zu. Meine Erfahrung – erst als Pfleger in einem Hospiz, dann als Leiter einer Firma, die sich auf ambulante Pflege konzentrierte – hat mir ein tieferes Verständnis dafür vermittelt, wo, wie und warum wir sterben.

Der Tod ist ein unausweichlicher Teil unseres Lebens. Wir können ihn nicht abwenden, ebensowenig, wie wir den Trennungsschmerz abwenden können, den er verursacht. Aber wir können die Erfahrung des Todes positiver gestalten, sowohl für die Lebenden als auch für die Ster-

Einleitung

benden. Leider gibt es in der Praxis nur wenige Quellen, auf die wir uns beziehen können. Die erste wichtige Arbeit war Elisabeth Kübler-Ross' bahnbrechende Darstellung der fünf Phasen des Sterbens: *Nichtwahrhabenwollen und Isolierung*; *Zorn*; *Verhandeln*; *Depression*; *Zustimmung* (1969). Die im vorliegenden Buch dargestellten Rechte des Sterbenden bauen auf dieser Grundlage auf und liefern einen Ausgangspunkt für weitere Forschungen.

Ich kann niemandem helfen, der Erfahrung aus dem Weg zu gehen oder den Trennungsschmerz auszulöschen, aber ich kann die Menschen an dem teilhaben lassen, was ich über den Tod gelernt habe. Ich kann Ihnen sagen, wie wichtig es ist, Ihren Lieben nahe zu sein, egal, ob Sie selbst im Sterben liegen oder jemanden trösten, der bald sterben wird. Ich kann Ihnen helfen, Ihren Widerwillen zu überwinden, über den Tod zu reden, und Ihnen beibringen, wie Sie am besten mit einem sterbenden Menschen sprechen. Ich kann Ihnen helfen, nicht die Hoffnung zu verlieren, und Ihnen zeigen, wie man für die Rechte der Sterbenden eintritt. Und ich kann Ihnen helfen, dem Tod mit Würde und innerem Frieden zu begegnen.

In diesem Buch werden wir die körperliche und seelische Erfahrung des Todes untersuchen und einen Weg finden, in unserem Schmerz Abschied zu nehmen. Mein Ziel ist es, den Sterbenden und ihren Lieben wieder mehr Macht zu verleihen. Wenn jemand, den Sie lieben, an einer unheilbaren Krankheit leidet, wird Ihnen dieses Buch helfen, die Bedürfnisse und Gefühle – und auch die Rechte – des Sterbenden zu verstehen. Wenn Sie selbst der Sterbende sind, wird Ihnen dieses Buch helfen, sich weniger allein zu fühlen, indem es Ihnen die Wege zeigt, die andere gerade erforschen. Die Rechte der Sterbenden zu verstehen wird Ihnen helfen, mit anderen zu kommunizieren, sich deutlich

Die Rechte des Sterbenden

Gehör zu verschaffen und verstanden zu werden, und Ihnen eine Basis geben, von der aus Sie in dieser verwirrenden und schwierigen Zeit Ihres Lebens aktiv werden können. Ich hoffe, dieses Buch wird Ihnen helfen, sich auf Ihren eigenen Tod oder den Tod eines geliebten Menschen vorzubereiten, und ich hoffe, es wird Ihnen in einem der tiefgehendsten Momente des Lebens Trost schenken.

Vor kurzem wurde mir die Ehre zuteil, Mutter Theresas Heim für Sterbende in Kalkutta besuchen zu dürfen. Mutter Theresa erzählte mir, daß sie ihre Arbeit mit den Sterbenden als ihre wichtigste Aufgabe betrachte, weil das Leben für sie etwas so Wertvolles sei. Jedes Leben sei eine Leistung, sagte sie, und das Sterben das Ende dieser Leistung. Es sei eine der wichtigsten Phasen unseres Lebens. Ich erzählte ihr von meiner Arbeit an diesem Buch und fragte sie, was ich den Menschen mit auf den Weg geben solle. »Sagen Sie ihnen, daß sie keine Angst vor dem Sterben haben sollen«, antwortete sie. »Es ist ganz einfach. Die Sterbenden brauchen liebevolle Pflege, weiter nichts.«

David Kessler
Los Angeles, California
November 1996

Ein lebender Mensch

Das Recht, als lebender Mensch behandelt zu werden und sich ein Gefühl der Hoffnung zu bewahren, egal, wie subjektiv diese Hoffnung auch sein mag.

Jeden Tag versammeln sich in Tausenden von Krankenhäusern im ganzen Land Familien neben den Betten ihrer Lieben, die an Krebs oder einer Unzahl von anderen Krankheiten sterben. Ehemänner und Ehefrauen, Eltern, Söhne und Töchter, Enkel, Brüder, Schwestern und Freunde sitzen oder stehen verlegen neben dem Bett und fragen sich, was sie sagen, tun, fühlen oder denken sollen.

Schließlich erwähnt jemand den Patienten, seine Krankheit oder vielleicht die Beerdigung. Entsetzt unterbricht ein anderer sofort die Unterhaltung und besteht im Flüsterton darauf, daß alle auf den Gang hinausgehen, um »das« zu besprechen. Während sie Anstalten machen, den Raum zu verlassen, meldet sich aus dem Bett des Patienten eine überraschend starke Stimme zu Wort: »Ich bin noch nicht tot! Ihr könnt ruhig mit mir reden. Ihr könnt auch *über* mich reden. Aber redet nicht ohne mich!«

Solche Worte sind jeden Tag zu hören, egal ob im Krankenhaus, zu Hause oder in einem Hospiz.

Sie werden voller Wut geschrien oder in bittendem Ton geflüstert, mit klagender, fordernder Stimme geäußert oder in nüchternem Ton gesprochen. Die Sterbenden wollen bis zum Moment ihres Todes wie lebende Menschen behandelt werden – und sie haben das Recht, so behandelt zu werden.

Die Rechte des Sterbenden

Aber oft »begraben wir sie bei lebendigem Leib«, indem wir nur noch ihre Krankheiten sehen und so tun, als wären sie nicht mehr in der Lage, eigene Entscheidungen zu treffen. Wir ignorieren ihre Meinung, übersehen ihre Wünsche, enthalten ihnen Informationen vor und schließen sie aus unseren Gesprächen aus. Ohne uns dessen bewußt zu sein, berauben wir sie ihrer Würde, ihrer Hoffnung und sogar ihrer Menschlichkeit.

Eine meiner ersten Erfahrungen mit der Hospizidee war ein Gespräch mit den Eltern eines Mannes, der an Leukämie litt. Er war Ende Zwanzig, nicht viel älter als ich damals. Das ältere Paar schilderte mir, wie sie sich ganz bewußt bemühten, auf ihren Sohn einzugehen und ihn nicht mit ihrer Meinung zu überfahren. Seine Mutter sagte mit sanfter Stimme zu mir: »Wir haben ihn seit seiner Geburt beschützt, vor Kinderkrankheiten, vor den Gefahren des Straßenverkehrs, vor Unwissenheit und Armut. Wir haben ihm geholfen, auf eigenen Beinen zu stehen. Jetzt würden wir ihn gerne vor dem Tod beschützen, aber das können wir nicht. Wir müssen akzeptieren, daß es *sein* Leben und *sein* Tod ist.« Obwohl wir nie leugnen sollten, daß die Sterbenden tatsächlich sterben, sollten wir sie auch nie als gebrochene oder nicht mehr vollwertige Menschen behandeln. Trotz ihrer Krankheiten und trotz der Tatsache, daß sie sterben, sind sie noch immer vollwertige menschliche Wesen. Wir müssen uns immer wieder ins Gedächtnis rufen, daß das Leben mit dem Tod endet, und nicht schon vorher. Wenn wir die Sterbenden nicht mehr als lebende Menschen behandeln, nehmen wir ihnen etwas von dem Bild, das sie selbst von sich haben. Wir nehmen ihnen etwas von ihren Geschichten, ihren Hoffnungen und ihrer Würde. Wir müssen sie weiterhin als sie selbst sehen, uns ihre Geschichten anhören, ihre Hoffnung stärken und sie mit Würde behandeln.

BILDER DES LEBENS

Vor zehn Jahren stand ich auf der Intensivstation eines Krankenhauses in Sacramento am Bett meines Vaters. Es war drei Uhr morgens. Ich war gerade aus Los Angeles hergeflogen, nachdem man mich informiert hatte, daß er die Nacht nicht überleben würde. Ich weiß noch, wie ich aus dem Aufzug auf das Stockwerk trat, auf dem sich die Intensivstation befand – es war so still, wie es mitten in der Nacht in allen Krankenhäusern ist. Als ich an Dads Bett trat, war er nicht bei Bewußtsein. Ich blickte auf diesen jetzt so zerbrechlichen kleinen Mann hinunter. Es war seltsam, ihn so ruhig und still zu sehen, dominiert von dem großen, lauten Herzmonitor und anderen Maschinen. Er war immer so vital und stark gewesen. Ich setzte mich an sein Bett und versuchte zu verstehen, daß das die letzte Nacht im Leben meines Vater sein würde. Ich konnte mir kein Leben ohne ihn vorstellen. Weinend saß ich neben ihm, als er, vielleicht als Reaktion auf meine Tränen, plötzlich aufwachte und fragte: »Was hast du, David?« Er sagte es, als wäre ich wieder ein kleiner Junge und er der Vater, der alle Probleme verschwinden lassen konnte. Einen Moment lang kam es mir so vor, als müßte er gar nicht sterben.

Als wir über seine Situation sprachen, erklärte er mir, daß er bereit sei zu sterben. Meine Gefühle waren widersprüchlich. Ich hatte schreckliche Angst, ihn zu verlieren, war gleichzeitig aber froh, daß er bereit war, in Frieden zu gehen. Außerdem wies er mich in jener Nacht auf etwas hin, über das ich noch nie nachgedacht hatte. »Jeden Morgen«, erklärte er, »wenn ich aufwache, fühle ich mich, als wäre ich wieder siebenundzwanzig. Dann wird mir natürlich klar, daß ich ein vierundachtzigjähriger alter Mann bin. Trotzdem sehe ich mich selbst als Siebenundzwanzigjähri-

Die Rechte des Sterbenden

gen, und nicht als alten, herzkranken Mann. Das ist das Bild, das ich von mir selbst habe. Und so möchte ich auch behandelt werden. Nicht als der alte, herzkranke Mann, der bald abtreten wird. Egal, was mit meinem Körper geschieht, ich sehe mich noch immer als starken, gesunden Menschen. Und genau so möchte ich behandelt werden.«

Dabei hatte sich gar nichts Besonderes ereignet, als mein Vater siebenundzwanzig war. Er war nicht auf dem Höhepunkt seiner beruflichen Karriere angelangt; er gewann weder einen Preis, noch erfand er irgend etwas. Aber es war eine Zeit, in der er voller Leben und Hoffnung war, eine Zeit, in der die Zukunft noch darauf wartete, entdeckt und genossen zu werden. Wenn *ich* meinen Vater anschaute, sah ich einen müden alten Mann, der zum Sterben bereit war. *Er* blickte in sich hinein und sah einen jungen, siebenundzwanzigjährigen Mann, der zum Leben bereit war. So würde er sich immer sehen, und deswegen mußte auch ich ihn jetzt so sehen.

Jeder von uns trägt ein Bild von sich selbst im Kopf herum. Es ist unsere Vorstellung davon, »wer wir sind«, ein Bild, das sich geformt hat, bevor wir älter wurden, zu einem Zeitpunkt, als wir am meisten Leben in uns spürten. Dieses Bild, das wir von uns haben, überdauert alles, was wir durchmachen. Wir sehen uns weiterhin in der Blütezeit unseres Lebens, egal, wie alt oder krank wir inzwischen sind. Wir klammern uns an den Teil von uns, der undefinierbar und unveränderlich ist – den Teil, der nicht verlorengeht und dem weder Alter noch Krankheit etwas anhaben können.

Eine ältere Frau mit Krebs im Endstadium sieht sich vielleicht als kleines Mädchen, das auf einer Schaukel sitzt und die Beine in den Himmel reckt, als schöne junge Frau vor dem Traualtar oder als stolze Mutter, die ihrem Baby

Ein lebender Mensch

hilft, seinen ersten Schritt zu tun. Wir dagegen sehen sie als alte Dame, die eine Sauerstoffmaske auf dem Gesicht und eine Infusionsnadel am Arm hat, nur mit Mühe atmet und nicht mehr gehen kann. Wir sehen nur mehr ihre Krankheit und ihren bevorstehenden Tod. Oft sprechen wir von ihr nur mehr als »meine sterbende Mutter«, obwohl wir eigentlich sagen sollten: »meine Mutter, die im Sterben liegt«. Indem wir sie als »meine sterbende Mutter« sehen, grenzen wir sie ein, sowohl in ihrem als auch in unserem Kopf. Sie ist nach wie vor ein ganzer Mensch und wird es immer sein, auch wenn sie gerade im Sterben liegt. Jede andere Sehweise nimmt ihr ein Stück weg, läßt sie uns nicht mehr als vollwertigen Menschen sehen, stellt ihre geistige Zurechnungsfähigkeit in Frage und beraubt uns viel zu früh jener wundervollen Frau, die *nach wie vor* unsere Mutter ist. Das Bild, das wir von ihr haben, ist für uns – ihren Ehemann, ihre Kinder, Geschwister und Freunde – ebenso wichtig wie für sie selbst.

Wir alle haben ein Bild von uns selbst, mit dem unsere Geschichte beginnt. Wir alle haben Geschichten, die erklären, wer wir sind, was wir denken, wovon wir träumen, wovor wir Angst haben, was uns unsere Familie bedeutet, was wir erreicht haben, was uns noch zu tun bleibt, worauf wir stolz sind, was uns zum Lachen und was uns zum Weinen bringt. Daß wir solche Geschichten haben, ist Teil unseres Menschseins. Wir erzählen sie ständig – unserer Familie, unseren Freunden, ja sogar Fremden. Geschichten zu erzählen ist ein menschliches Urbedürfnis, das nicht nachläßt, wenn unser Körper schwächer wird.

Unsere Geschichten erzählen, wer wir sind. Sie sind das, was unseren Tod überlebt. Egal, welcher Religion oder Kultur wir angehören – wenn wir gestorben sind, werden unsere Geschichten erzählt werden. Das kann in Form ei-

Die Rechte des Sterbenden

ner Lobrede, eines Nachrufs oder eines Denkmals geschehen. Egal, welche Form die Geschichte annimmt, sie wird zumindest ein letztes Mal erzählt werden.

Wir neigen dazu zu vergessen, daß auch die Sterbenden noch Geschichten zu erzählen haben. So, wie die Gesunden tagtäglich kleine Stücke ihrer Geschichten erzählen, wollen uns auch die Menschen, die mit einer unheilbaren Krankheit konfrontiert sind, erzählen, wer sie sind, womit sie ihren Lebensunterhalt verdient haben, was für eine Art von Familie sie hatten. Sie wollen uns von ihren Hoffnungen, ihren Träumen und ihrem Bedauern erzählen. Eine vielbeschäftigte Krankenschwester, die normalerweise wenig Zeit hat, sich mit ihren Patienten zu unterhalten, erzählte mir, daß sie sich irgendwann endlich die Zeit genommen habe, ein paar Minuten mit einer gebrechlichen alten Frau zu sprechen, die sie im Krankenhaus pflegte. Zu ihrer großen Überraschung und Freude erfuhr die Schwester, daß ihre Patientin vierzig Jahre zuvor eine olympische Goldmedaille als Langstreckenläuferin gewonnen hatte. »Von da an sah ich sie mit ganz anderen Augen«, erklärte mir die Schwester. »In ihr steckte so viel mehr, als ich je vermutet hätte.«

Oft hören wir uns solche Geschichten gar nicht an, weil wir den Geschichtenerzähler nur als einen herzkranken Vierundachtzigjährigen sehen; wir glauben, daß seine Geschichte längst zu Ende ist. Wir sehen nur die äußere Schale, statt uns auf den Geist im Inneren zu konzentrieren – den lebenslustigen Siebenundzwanzigjährigen. Indem wir uns die Geschichten der Sterbenden anhören, bringen wir ihre Würde und Menschlichkeit zum Vorschein. Sie haben schöne Bilder von sich selbst, Bilder voller Geschichten, die sie uns erzählen wollen. Wir müssen bis zum Ende genau hinsehen und zuhören, um ihrer und um unser selbst willen.

Ein lebender Mensch

Oft lassen wir uns zu sehr vom veränderten Aussehen eines lieben Menschen ablenken. Viele Menschen fühlen sich beim Anblick eines geliebten Menschen, der durch Krankheit oder Unfall entstellt ist, schrecklich unbehaglich. Unter diesen Umständen ist es am besten, dem geliebten Menschen in die Augen zu blicken, die unverändert braun oder grün oder blau sind. Auch dann, wenn sich der Körper in einem schlimmen Zustand befindet, kann man in der Regel den Menschen im Inneren sehen, indem man in seine unveränderten Augen blickt.

Raj Neesh hat einmal gesagt, daß der Himmel immer blau ist. Dunkle Wolken kommen und gehen. Sie können uns vorübergehend die Sicht nehmen, aber irgendwann ziehen sie weiter. Wenn wir einen kranken Menschen betrachten, neigen wir dazu, uns auf die dunklen Wolken zu konzentrieren, und vergessen, daß irgendwo dahinter der ewig blaue Himmel liegt. Die dunklen Wolken der Krankheit kommen und gehen, und unter Umständen entstellen sie den Körper, aber die Augen bleiben das Fenster zur Seele.

Wenn ein geliebter Mensch zum erstenmal krank wird, ist es leicht, ihn als ganzen Menschen mit einer kleinen Krankheit zu sehen. Aber wenn die Krankheit fortschreitet, scheint der geliebte Mensch immer weniger Mensch und immer mehr Krankheit zu werden. Mit der Zeit fällt es uns immer schwerer, die ganze Persönlichkeit zu sehen. An diesem Punkt, wenn die Dinge am schlimmsten stehen, ist es für den Kranken am wichtigsten, daß wir ihn weiterhin als ganzen, vollwertigen Menschen sehen. Über die Krankheit hinauszusehen ist das größte Geschenk, das wir ihm machen können. Und ein noch größeres Geschenk für uns selbst.

Die Rechte des Sterbenden

DIE MACHT DER HOFFNUNG

Vor kurzem besichtigte ich eine Reihe von Krebskliniken in Tijuana. Zusammen mit etwa zwanzig anderen bestieg ich im kalifornischen Pasadena einen Bus, der uns Richtung mexikanische Grenze brachte. Meine Mitreisenden – überwiegend an Krebs erkrankte Frauen – waren alle gebildet, hatten gutbezahlte Berufe und konnten auf finanzielle Rücklagen zurückgreifen. Sie suchten alle nach alternativen Behandlungsmethoden, von denen sie sich Rettung erhofften.

Sally, eine Anwältin Anfang Fünfzig, hoffte, eine Heilungsmethode für ihren Gebärmutterkrebs zu finden. Trotz einer Totaloperation hatte sich der Krebs ausgebreitet, und die Ärzte gaben ihr keine Chance mehr. In ihrer Tasche steckte ein dicker Ordner mit Kopien ihrer Untersuchungsergebnisse.

Der sechsunddreißigjährige John hatte Hautkrebs. Begonnen hatte alles mit einem Leberfleck, der die Farbe wechselte. Sein Arzt hatte sich den Fleck angesehen und zu ihm gesagt, er brauche sich deswegen keine Sorgen zu machen. Monate später fiel der Leberfleck einem anderen Arzt auf, der eine Gewebeprobe entnahm und feststellte, daß der Fleck bösartig war. Das verspätete Einsetzen der Behandlung hatte dem Krebs Zeit gegeben, sich auszubreiten. Als ich ihn fragte: »Was hat Sie zu dieser Fahrt veranlaßt?« antwortete er einfach: »Die Hoffnung.«

Während unseres Aufenthalts in Tijuana besichtigten wir acht Kliniken, die verschiedene alternative Behandlungsmethoden anboten, darunter spezielle Diäten und eine Therapie, die auf Haifischknorpeln basierte. Alle diese Kliniken boten den Kranken Hoffnung, das, was sie von ihren eigenen Ärzten nicht bekamen.

Ein lebender Mensch

Unser Leben gründet sich auf Hoffnung. Sie ist auch das wichtigste, wenn es darum geht, selbst über unseren Tod zu bestimmen. Wir versuchen, auf das »wann« des Todes Einfluß zu nehmen, indem wir weiter auf Heilung hoffen. Wenn wir diese Hoffnung verlieren, trösten wir uns mit der Hoffnung, bestimmen zu können, wie, wo und mit wem wir sterben. Wir hoffen, nicht die Kontrolle über unser Leben zu verlieren, während wir unsere letzten Monate oder Tage antreten. Wir hoffen, daß wir nicht allzu große Schmerzen leiden müssen. Wir hoffen, daß unsere Lieben in der Lage sein werden, ohne uns zurechtzukommen. Wir hoffen, daß wir am Ende nicht allein sein werden.

Jeder, der mit einer unheilbaren Krankheit kämpft, steckt voller Hoffnung und Angst. Beide Emotionen sind unvermeidlich und begleiten den Menschen bis zum Augenblick seines Todes. Wenn wir einem Menschen die Hoffnung nehmen, bleibt ihm nur noch die Angst.

Die griechische Mythologie erzählt uns die Geschichte von dem Mädchen Pandora, dem die Götter eine Büchse schenkten, ihr aber gleichzeitig verboten, ihr hübsches Geschenk zu öffnen. Unfähig, ihre Neugier in Zaum zu halten, hob Pandora den Deckel ein klein wenig an. Heraus flogen Krankheiten, Plagen, Hungersnöte, Fluten und all die anderen Katastrophen und Tragödien der Welt. Entsetzt versuchte sie, den Deckel wieder zuzuschlagen, aber es war zu spät. Nur eines blieb in der Büchse: die Hoffnung. Da entließ Pandora auch die Hoffnung in die Welt. Die Hoffnung ist das Geschenk der Götter an uns. Solange wir am Leben sind, können wir bis zum letzten Augenblick hoffen. Das ist unser Recht.

Leider schmälern wir diese Hoffnung oft, indem wir sie negieren oder nach »objektiven« Maßstäben beurteilen. Wir berauben die Sterbenden ihres Rechts auf Hoffnung,

Die Rechte des Sterbenden

wenn wir sie drängen, der »Realität ins Auge zu blicken« oder sie auffordern, »endlich aufzuhören, auf ein Wunder zu warten«.

Als Sally ihrem Mann erzählte, daß sie sich die Kliniken in Tijuana ansehen wolle, sagte er: »Das ist doch reine Zeitverschwendung.« Ihm war nicht klar, daß er ihr damit etwas von ihrer Hoffnung nahm. Er verstand nicht, daß das Ergebnis der Suche nicht annähernd so wichtig ist wie die Suche selbst. Hoffnung ist eine Reise, kein Ziel; ihr Wert liegt in der Suche. Hoffnung ist ein Lebensprinzip, und die Reise der Hoffnung sollte andauern, bis unser Ende gekommen ist.

Für Angehörige, Ärzte und Pflegepersonal ist das sehr schwer zu verstehen. Unser Denken ist begrenzt: Wir sehen Hoffnung nur in einer Heilung. Sobald wir glauben, daß keine Aussicht auf Heilung besteht, fühlen wir uns unserer Hoffnung beraubt. Die Sterbenden dagegen spüren, wie wichtig es ist, sich die Hoffnung zu bewahren, statt ohne Hoffnung zu leben, und deshalb wählen sie die Hoffnung als Begleiterin für ihre letzte Reise. Viele finden Hoffnung in Selbsthilfegruppen, wo die gemeinsame Hoffnung die Lebensqualität verbessert. Andere finden Hoffnung im Glauben oder anderen geistigen Dingen.

Auch wenn das Ende bereits in Sicht ist, haben die Sterbenden ein Recht auf Hoffnung. Egal, ob wir diese Hoffnung für sinnvoll halten oder nicht, sie ist auf jeden Fall etwas, das wir bewahren sollten. Die Hoffnung sollte uns nie verlassen, aber das, worauf wir hoffen, kann sich ändern. Anfangs hoffen wir unter Umständen, wieder gesund zu werden; dann hoffen wir vielleicht auf einen friedlichen Tod. Vielleicht hoffen wir auch, daß unsere Kinder ohne uns zurechtkommen werden, oder wir hoffen, daß es einen Himmel gibt.

Ein lebender Mensch

Hoffnung und Realität müssen sich nicht widersprechen. Man muß keine Lügen erzählen, um die Hoffnung lebendig zu erhalten. Ich habe schon am Bett von Hunderten von Menschen gesessen, die ihre letzten Tage, Stunden oder Minuten durchlebten, und ich habe kein einziges Mal gesagt: »Es besteht keine Hoffnung mehr.« Statt dessen habe ich gesagt: »Es sieht so aus, als müßten Sie sterben, aber es besteht noch immer die Möglichkeit, daß irgend etwas passiert. Es ist völlig in Ordnung, weiterhin zu hoffen.« Wenn man ihnen das zugesteht, fangen die Todkranken oft an, über ihre Hoffnung auf Heilung oder eine Therapie zu sprechen, und gehen dann dazu über, darüber zu reden, auf welche Art von Tod sie hoffen, falls keine Heilung mehr möglich sein sollte.

Die Hoffnung sollte immer genährt und nie in Frage gestellt werden. Wir können wochenlang ohne Nahrung und tagelang ohne Wasser leben, aber wir können nur wenige Stunden ohne Hoffnung existieren. Solange sie genährt wird, ist die Hoffnung wie eine starke Kletterpflanze, die über alle Hindernisse hinwegwachsen kann. Unsere Lieben sehen sich mit so vielen Hindernissen konfrontiert, daß wir nicht noch weitere hinzufügen müssen, indem wir »realistisch« sind oder den »Advocatus Diaboli« spielen. Erlauben Sie denen, die mit der Krankheit fertig werden müssen, die Wege zu finden, die am besten für sie sind. Helfen Sie ihnen, ihre Hoffnung gut zu nutzen.

Jeder hat das Recht, auf ein Wunder zu hoffen, bis er oder sie stirbt, und solche Wunder kommen tatsächlich vor. Als Patricia im Krankenhaus lag, wußte ihre Familie, daß es an der Zeit war, Abschied von ihr zu nehmen. Sie litt an akuter Leukämie, wurde bereits künstlich beatmet und war auf Medikamente angewiesen, die ihren Blutdruck stabil hielten und ihr Herz regelmäßig schlagen ließen. Da ich

Die Rechte des Sterbenden

schon oft Zeuge geworden war, wie der Tod von einem Menschen Besitz ergriff, wußte ich, daß sie sterben würde. Doch obwohl sie nur noch von Maschinen und Medikamenten am Leben gehalten wurde, war irgend etwas in Patricia noch nicht zum Sterben bereit. Es passierte nichts Bestimmtes, das die Situation umschlagen ließ, aber irgendwann ging es Patricia plötzlich besser, und sie erholte sich. Inzwischen ist sie wieder zu Hause bei ihrer Familie. Sie hat noch immer Krebs, aber sie ist den Toren des Todes zumindest für eine Weile entronnen. Es gibt solche Wunder. Ich habe sie gesehen.

ÄRZTE UND HOFFNUNG

So wie die Sterbenden ein Recht auf Hoffnung haben, haben sie auch ein Recht darauf, von Menschen behandelt und gepflegt zu werden, die ein Gefühl der Hoffnung bewahren können, egal wie subjektiv oder relativ es ist. Ärzte zu finden, die es verstehen, ihren Patienten Hoffnung zu machen, kann sehr schwer sein, weil den meisten Ärzten beigebracht wurde, bis zum Ende zu »kämpfen, kämpfen, kämpfen!«. Für viele von ihnen bedeutet der Tod das Gegenteil von Leben, eine schreckliche Geißel, die vernichtet werden muß, ein Scheitern – ihr Scheitern. Sobald sie zu dem Schluß gekommen sind, daß sie für einen Patienten nichts mehr tun können, neigen sie dazu, die Hoffnung aufzugeben.

Aber Hoffnung ist weit mehr als ein optimistischer Wunsch, eine Garantie auf Heilung oder Besserung. Hoffnung ist ein Teil unserer Identität, ein Teil unseres Lebens und ein wichtiger Teil unseres Todes.

Die siebzigjährige Sara, eine große, weißhaarige Frau,

Ein lebender Mensch

war College-Dozentin im Ruhestand. Sie hatte einen liebevollen Ehemann, Hugh, und drei erwachsene Kinder. Obwohl sie nicht mehr lehrte, nahm sie weiterhin aktiv am akademischen Leben teil. Kurz nach ihrem siebzigsten Geburtstag erfuhr Sara, daß ihre ständigen, krampfartigen Bauchschmerzen durch einen großen Tumor in ihrer Bauchhöhle verursacht wurden, der von zahlreichen kleineren Tumoren umringt war. Der große Tumor konnte operativ entfernt werden, aber es war nur eine Frage der Zeit, bis einer von den kleineren lebensbedrohlich werden würde.

Sara und ihre Familie akzeptierten die Tatsache, daß sie an einer unheilbaren Krankheit litt, so gut sie konnten. Ein paar Tage später aber erzählte eine Freundin Sara von einem Medikament, das zwar erst in der Testphase sei, möglicherweise aber solche Tumore zum Schrumpfen bringen könne. Sara sprach darüber mit ihrem Arzt, der ihre Chancen herunterspielte. »Sara, sehen Sie den Tatsachen ins Auge«, sagte er in mitfühlendem Ton. »Es besteht keine Hoffnung mehr.«

Sie schwieg einen Moment und schien sich dann mit einer Stärke aufzublasen, die von irgendwo tief in ihrem Inneren zu kommen zu schien. »Meine Hoffnung gehört mir. Sie hat mich mein ganzes Leben lang begleitet. Manchmal wird sie Realität, manchmal bleibt sie bloß eine Hoffnung. Ich habe vor, meine Hoffnung zu behalten. Ich habe sogar vor, mit ihr zu sterben. Über diese neue Behandlungsmethode kann man sicher streiten, aber meine Hoffnung lasse ich mir nicht nehmen.«

Manche sonst sehr guten Ärzte machen die Hoffnung ihrer Patienten zunichte, indem sie ihnen davon abraten, nach alternativen Behandlungsmethoden zu suchen. Andere Ärzte, die aus Zeitmangel nicht in der Lage sind, jede neue

Die Rechte des Sterbenden

Idee, die im Umlauf ist, zu prüfen und aufzugreifen, bleiben trotzdem offen für neue Möglichkeiten. Als sich Anfang 1980 der AIDS-Virus ausbreitete, mußten viele von den Spezialisten für Krebs und Infektionskrankheiten zugeben, daß sie keine Antworten hatten und bereit waren, ihre Patienten Alternativen erforschen zu lassen. Nach anderen Behandlungsmethoden gefragt, antworteten sie: »Ich weiß nichts über die alternativen Therapien, nach denen Sie mich fragen, und deswegen kann ich Ihnen nicht dazu raten. Aber bitte lassen Sie es mich wissen, falls Sie sie ausprobieren. Ich bin gerne bereit, über Ihre Fortschritte und Untersuchungsergebnisse Buch zu führen. Auf diese Weise können wir zusammen daraus lernen.« Diese Herangehensweise trug dazu bei, die Hoffnung lebendig zu halten, und half vielen Leuten, die Qualität ihres Lebens zu verbessern.

Leider sind nicht alle Ärzte so offen. Viele von den Leuten, die nach Tijuana fuhren, erzählten ihren Ärzten lieber nicht, was sie dort taten. Sie befürchteten, daß ihre Ärzte ihr Tun mißbilligen und sich vielleicht sogar weigern würden, sie weiter zu behandeln. Es wäre schön, wenn es statt einem »entweder-oder« (entweder man tut, was einem sein Arzt rät, oder man ist auf sich allein gestellt) ein »zusätzlich« gäbe, das es den Ärzten erlauben würde, ihre Patienten alternative Therapien ausprobieren zu lassen und über die Ergebnisse Buch zu führen.

Manche Patienten brauchen besonders viel Hoffnung und zahlreiche Alternativen. Sie haben vielleicht das Bedürfnis, einen weiteren Arzt zu konsultieren, eine weitere Therapie auszuprobieren oder über die Grenze in den Nachbarstaat zu reisen. Gesagt zu bekommen, daß man an einer unheilbaren Krankheit leidet, beraubt einen Menschen vieler Hoffnungen. Ein Sterbender muß mit der Tatsache fertig werden, daß er kein langes Leben führen wird,

Ein lebender Mensch

daß seine Träume für den Ruhestand nie Realität werden können, daß er keinen großen Roman schreiben oder um die Welt segeln wird, daß er seine Enkel nie zu Gesicht bekommen wird, daß er seine eigenen Kinder nicht wird aufwachsen sehen – oder daß er nicht einmal Kinder haben wird. Ein Mensch, der sich über diese Dinge klargeworden ist, hat in der Regel nicht mehr viel, worauf er hoffen kann. Wir müssen dem Sterbenden helfen, sich an das zu klammern, was ihm an Hoffnung geblieben ist.

Wie Sara haben wir alle das Recht, mit unserer Hoffnung zu leben und zu sterben.

HOFFNUNG UND SINN

Hoffnung ist im Leben eng mit der Frage nach dem Sinn verbunden. Wenn Sie Menschen, die ums Überleben kämpfen, fragen, warum sie weiterleben wollen, werden Sie feststellen, daß manche sehr wichtige Ziele haben, gute Gründe, um am Leben zu bleiben. Andere werden ihr Leben einer Prüfung unterziehen und feststellen, daß sie morgens immer nur aufgestanden sind, weil der Wecker klingelte. Manche dürften sofort in der Lage sein, Ihnen zu sagen, was der Sinn ihres Lebens ist, andere müssen vielleicht erst darüber nachdenken, während wieder andere es tatsächlich nicht wissen.

Manche Leute werden sagen: »Ich liege nur noch im Bett. Ich bin nicht produktiv. Ich tue nichts, um meinen Enkeln zu helfen. Was für einen Sinn hat mein Leben noch? Was gibt es für mich noch zu lernen?«

Der Sinn des Lebens kann ebensoviel mit der Frage zu tun haben, wer wir sind, wie mit der Frage, was wir tun.

Die Rechte des Sterbenden

Der Grund für unsere Existenz ist nicht immer daran gebunden, produktiv zu sein oder unseren Enkeln zu helfen. Man braucht nur ein Sandkorn vom Strand zu entfernen, und der ganze Strand ändert sich. Jeder Mensch ist wichtig. Allein durch unsere Existenz verändern wir alle die Welt. Über den Sinn des Lebens nachzudenken hilft den Menschen zu verstehen, daß das Leben an sich schon sinnvoll ist, und daß es für alles einen Grund gibt. Aber die Antwort liegt in der Frage, nicht in der »Antwort«.

Ich erinnere mich noch an mein Gespräch mit Jonathan, einem College-Studenten, der sich hoffnungslos und nutzlos fühlte, weil er zusehen mußte, wie seine ältere Schwester Mary vom Krebs zerstört wurde. »Ich verstehe das nicht«, eiferte er sich, »warum muß Mary so lange leiden, solche Schmerzen erdulden? Was hat das für einen Sinn? Warum darf sie nicht einfach gehen?«

Es erscheint immer grausam, wenn jemand lange leiden muß. Aber wir wissen nicht, was dieser Mensch noch lernen, lehren oder erfahren soll. Vielleicht konnte Mary deswegen so lange nicht sterben, weil sie sich jahrelang um Jonathan und seine Mutter gekümmert hatte, ohne dafür eine Gegenleistung zu verlangen, und jetzt noch erleben sollte, wie es war, nichts zu tun und selbst die Liebe und Fürsorge der anderen zu empfangen. Vielleicht kämpfte Mary deswegen so gegen den Tod, weil sie Angst hatte, daß ihre Mutter und ihr Bruder zu sehr leiden würden, wenn sie starb. Vielleicht lag es aber auch daran, daß niemand Mary gesagt hatte, daß sie getrost sterben durfte und daß alle irgendwie zurechtkommen würden, auch wenn sie nicht mehr am Leben war.

Die Angst, unseren Lieben weh zu tun, ist oft ein mächtiger Grund, sich ans Leben zu klammern. Viele Menschen können erst dann in Frieden sterben, wenn sie wissen, daß ihre Lieben verstehen, was vor sich geht, und ohne sie zurechtkommen werden.

Ich habe einmal eine ältere Frau kennengelernt, die nur noch ein knappes Jahr zu leben hatte. Ich sage bewußt »kennengelernt«, obwohl sie die ganzen elf Monate, die wir uns »kannten«, im Koma lag. Ich weiß noch, daß mir nach ihrem Tod durch den Kopf ging, wie sinnlos dieses lange Koma doch gewesen war. Jahre später traf ich zufällig ihre Tochter, die mir erzählte, daß sie, ihre zwei Schwestern und ihre zwei Brüder sich früher nur an Weihnachten und gelegentlich bei einer Hochzeitsfeier gesehen hätten. »So sehr ich mir auch gewünscht hätte, daß Mom nicht in dieses Koma gefallen wäre«, sagte sie, »sind wir trotzdem erst dadurch zu einer richtigen Familie geworden. Während ihres letzten Jahres haben wir alle zusammen geholfen und uns gegenseitig getröstet. Wäre das damals anders gelaufen, wären wir noch heute wie Fremde, die bloß durch einen Zufall zusammen aufgewachsen waren. Ich habe das Gefühl, daß dieses schreckliche Jahr wirklich einen Sinn hatte. Es war Moms letztes Geschenk an uns.«

Die Würde des Lebens

Wenn sich der körperliche Zustand eines Menschen verschlechtert, sollte das nicht seine Rechte beeinträchtigen. Wir neigen dazu, den Verlust an körperlicher Leistungsfähigkeit mit einem Mangel an geistigen und emotionalen Fähigkeiten gleichzusetzen, und behandeln die Sterbenden dann, als wären sie weniger wert als die Lebenden. Wenn ein Mensch beispielsweise nicht mehr in der Lage ist zu sprechen, bedeutet das nicht, daß er nicht mehr denken

Die Rechte des Sterbenden

kann. Deswegen wird Ärzten, Schwestern, Pflegern und physikalischen Therapeuten beigebracht, mit Koma-Patienten zu reden, als wären sie voll funktionsfähige menschliche Wesen. Sie sagen zum Beispiel: »Mrs. Smith, ich drehe Sie jetzt um«, oder: »Mrs. Smith, ich massiere Ihnen den Rücken.« Es ist wichtig, nicht zu vergessen, daß Mrs. Smith während des ganzen Prozesses ein menschliches Wesen bleibt. Auch wenn sie nicht mehr voll funktionsfähig ist, ist sie trotzdem noch ein Mensch, der es verdient, mit Würde behandelt zu werden.

Mit Würde behandelt zu werden bedeutet, in Gespräche über den eigenen Tod mit einbezogen zu werden und an allen Entscheidungen teilhaben zu dürfen. Oft versuchen wir die Sterbenden zu schonen, indem wir sie von diesen Gesprächen ausschließen. Wir verlassen beispielsweise das Zimmer, um zu besprechen, was wir mit Mom tun werden, und haben dabei das Gefühl, als würden wir sie irgendwie schonen, indem wir nur in ihrer Abwesenheit über ihre Pflege diskutieren und sie an den entsprechenden Entscheidungen nicht teilhaben lassen. Aber damit tun wir ihr nichts Gutes. Alles, was als Folge eines solchen Gesprächs passiert, passiert *ihr*. Wir fügen Mom sogar Schaden zu, indem wir ihr das Recht verweigern, ihre eigenen Entscheidungen zu treffen, und so tun, als wäre sie zu gebrechlich oder einfach nicht mehr in der Lage, über ihr Leben zu bestimmen. Wir rauben ihr ihre Würde und ihre Rechte als menschliches Wesen, indem wir sie aus diesem Prozeß ausklammern.

Mit Würde behandelt zu werden heißt, als Teil der Familie behandelt zu werden. Viele Menschen sind wie Barry, ein zweiunddreißigjähriger Fernsehbeleuchter, der seinem sterbenden Vater nicht sagen wollte, daß seine Ehe am Ende war. »Was hat es für einen Sinn, Dad davon zu erzäh-

Ein lebender Mensch

len?« fragte Barry. »Das würde ihn nur aufregen. Er ist alt und krank. Warum soll ich ihn mit meinen Sorgen belästigen?«

Als Barry seinem Vater schließlich doch von seiner gescheiterten Ehe erzählte, brachte sein Vater viel Verständnis auf und bemühte sich nach Kräften, seinen Sohn zu unterstützen. Die beiden führten ein großartiges Gespräch, zu dem es nie gekommen wäre, wenn Barry weiterhin versucht hätte, seinen Vater zu »schonen«. Nachdem sie das Thema angesprochen hatten, erzählte der Vater dem Sohn von seiner eigenen gescheiterten Ehe, von der Barry überhaupt nichts gewußt hatte. Die beiden Männer genossen ihren liebevollen Umgang miteinander, der nur möglich war, weil der Vater weiterhin ein Mitglied der Familie sein durfte. Wir vergessen oft, daß es im Leben in erster Linie darum geht, die Dinge mit anderen zu teilen und einander zu helfen.

Das Leben kann wundervolle Überraschungen für uns bereithalten, wenn wir um uns herum keine Wände errichten, weil ein geliebter Mensch stirbt. Eine Mutter hatte sich immer gescheut, ihren Kindern zu erzählen, daß sie ihr erstes, uneheliches Kind zur Adoption freigegeben hatte. Erst am Ende ihres Lebens, als die Fürsorge und Güte ihrer Kinder sie rührte und sie mehr Würde denn je empfand, verriet sie ihnen die Wahrheit. Heute gibt es die Mutter nicht mehr, aber ihre Kinder haben einen neuen Bruder gefunden.

Mit Würde behandelt zu werden bedeutet, in alle Aspekte des Lebens voll einbezogen zu werden, egal, bis zu welchem Grad man daran teilhaben kann. Anthony Perkins kämpfte dagegen an, nicht mehr als vollwertiger Mensch behandelt zu werden. Ich weiß noch, daß ich ihn eines Abends in seinem ländlichen, an einem Hang gelegenen

35

Die Rechte des Sterbenden

Haus besuchte, weil er mich zum Essen eingeladen hatte. Hier und dort entdeckte ich ein paar Film-Memorabilia, die auf seine lange, erfolgreiche Karriere hinwiesen, darunter sogar ein winziges Schild mit der Aufschrift »Bates Hotel«, das von den Küchenutensilien halb verdeckt wurde. Während er kochte, erzählte er mir von seiner Angst, daß seine Krankheit ihn daran hindert könnte, weiterzuarbeiten und seine Familie zu ernähren, daß er als kranker Mensch nicht mehr voll am Leben teilhaben könnte. Er erzählte mir, daß er Angst habe, die Leute würden ihn nicht mehr engagieren, weil man ihn als krank abstempelte. (Zu dem Zeitpunkt ging es ihm gesundheitlich noch recht gut.) In Tonys Fall spielte das Stigma AIDS eine besondere Rolle, aber fast jeder, der an einer fortschreitenden Krankheit leidet, wird irgendwann als nicht mehr so leistungsfähig betrachtet und aus immer mehr Bereichen des Lebens ausgeschlossen. Alles, was ich in Tonys Fall tun konnte, war zuhören, denn ich wußte, daß das, was er sagte, zutraf. Später an diesem Abend bekamen wir Gesellschaft von seiner liebevollen Frau Berry und ihren beiden Kindern, die ihren Vater als noch sehr lebendig betrachteten. Sie betrachteten ihn auch weiterhin auf diese Weise, und zwar so lange, bis wir das Leben tatsächlich aus seinem Körper weichen sahen.

Michael Landon kämpfte ebenfalls gegen die verbreitete Meinung an, daß ein Mensch, der an einer unheilbaren Krankheit leide, schon so gut wie tot sei. Kurz nachdem die Nachricht von seinem inoperablen Leber- und Bauchspeicheldrüsenkrebs bekannt wurde, trat Michael in der »Tonight Show« auf. Voller Humor und Energie scherzte er über seinen Zustand und sprach über seine neue Fernsehserie. Er erzählte der Welt, daß mein Team ihm an diesem Tag zur Kräftigung eine Bluttransfusion gegeben habe.

Ein lebender Mensch

Seine Offenheit und Ehrlichkeit brachte Amerika dazu, krebskranke Menschen mit anderen Augen zu betrachten. Er sagte:»Ich habe keine Angst, das Wort mit K zu benutzen – Krebs«, und er redete offen über das, was mit ihm geschah. Er machte einen Scherz darüber, daß er mit Karottensaft und Kaffee-Einläufen behandelt werde, und erzählte lachend von einem Brief, in dem ihm jemand eine »sexuelle Therapie« vorgeschlagen habe. Die Leute konnten sehen, daß er noch voll am Leben teilnahm, seinem Beruf nachging und in engem Kontakt mit seinen Fans blieb. Er wollte weiterhin als vollwertiger, lebender Mensch gesehen werden, und genau das war er auch.

Ich lerne nie »sterbende Menschen« kennen. Ich lerne Sara und Anthony und Sally kennen. Ich lerne ältere Menschen kennen, die am »Alter« sterben, junge Menschen, die mit AIDS kämpfen, und Kinder, die an Krebs im Endstadium leiden. Ich lerne Menschen kennen, die bis zum Schluß kämpfen wollen, und andere, die damit zufrieden sind, schnell und kampflos zu sterben. Für mich sind diese Menschen nicht anders als der Rest der Welt. Ich sehe sie einfach als Menschen. Trotz ihrer Krankheit und trotz der Tatsache, daß sie sterben, sind sie noch immer vollwertige Menschen. Sie als solche zu behandeln, bewahrt ihnen ihre Würde und ihre Hoffnung. Alle Menschen verdienen es, mit Zärtlichkeit, Würde, Ehrlichkeit und Mitgefühl behandelt zu werden. Und vor allem verdienen sie, daß man ihnen zugesteht, daß das Leben mit dem Tod endet, und keinen Augenblick davor.

Vor kurzem besuchte ich Elisabeth Kübler-Ross in ihrem Haus in der Wüste. Da sie an den Folgen eines Schlaganfalls und einer gebrochenen Hüfte leidet, ist sie zur Zeit an ihr Haus gefesselt. Das Wohnzimmer der Familie wird von einem Krankenhausbett dominiert. Als ich kam, saß

Die Rechte des Sterbenden

sie in ihrem Lieblingssessel, und wir unterhielten uns. Während sie sich ihre Dunhill-Zigarette anzündete, erzählte sie mir, daß sie jetzt mit denselben Problemen konfrontiert sei, denen sie ihr Leben gewidmet habe und die sie in einundzwanzig Büchern besprochen habe. Nur daß dieses Mal *sie* diejenige sei, die dem Tod ins Auge blicke. Während wir so dasaßen und uns den Sonnenuntergang ansahen, bat sie mich, ihr von dem Buch zu erzählen, an dem ich gerade schrieb. Ich erzählte ihr, daß es darin um die Rechte der Sterbenden gehe, und fragte sie, ob sie zu diesem Thema irgendwelche Kommentare oder Ratschläge abgeben wolle. »Wenn wir daran denken würden, die Lebenden gut zu behandeln«, antwortete sie, »bräuchten wir uns über die Rechte der Sterbenden keine Sorgen zu machen.«

GEFÜHLE ZUM AUSDRUCK BRINGEN

Das Recht, Gedanken und Gefühle zum Thema Tod auf seine Weise zum Ausdruck zu bringen.

Oft haben wir sogar in sehr positiven Situationen Schwierigkeiten, unsere Gedanken und Gefühle zum Ausdruck zu bringen. Noch schwerer fällt es uns, die Gedanken und Gefühle anderer zu akzeptieren. Besonders schwierig wird das alles in Krisenzeiten, wenn wir uns unsere Ängste eingestehen und unsere Gefühle schmerzhafter Natur sind. Wir haben dann Angst, diese Gefühle zum Ausdruck zu bringen. Wir haben Angst, von allen verlassen zu werden, Angst, daß unsere Gefühle bodenlos sein könnten. Aber wenn wir unsere Emotionen während des Sterbensprozesses zum Ausdruck bringen, wird das, was wir in diesen Momenten mit unseren Lieben teilen, später unser größter Trost sein.

Wir haben ein Urbedürfnis, Gefühle zum Ausdruck zu bringen. Wenn der Tod naht, wird dieses Bedürfnis, uns anderen mitzuteilen und unser Herz auszuschütten, noch stärker. Wir nehmen uns selbst und den Menschen um uns herum etwas weg, wenn wir Barrieren errichten und keine Vertrautheit zulassen. Es ist nicht allein die Aufgabe derer, die am Leben bleiben, diejenigen zu trösten, die sterben müssen. So, wie wir uns im Leben gegenseitig getröstet haben, sollten wir es auch dann tun, wenn der Tod naht. Selbst wenn wir nicht wissen, wie wir uns verabschieden sollen, uns gar nicht verabschieden *wollen*, können wir unsere Beziehungen auf ein neues Niveau heben, wenn wir es schaffen, unseren Widerwillen zu überwinden, und den Mut finden, unsere Gefühle zum Ausdruck zu bringen. Wir können unsere Beziehungen damit vervollkommnen. Wenn wir unsere Gefühle mit anderen teilen und gemeinsam trauern, heißt das nicht, daß wir uns dem Tod unterwerfen. Uns in unserem Kummer gegenseitig in die Arme zu nehmen kann uns zu neuen Höhen der Vertrautheit und Liebe emporheben.

MIT DEN STERBENDEN REDEN

Oft bereitet uns der Gedanke an den Tod so enormes Unbehagen, daß es uns schwerfällt oder sogar unmöglich ist, mit einem sterbenden Menschen über das zu reden, was mit ihm passiert. In vielen Fällen reden Familienangehörige und Freunde über alles mögliche, *nur nicht* über die Tatsache, daß jemand stirbt.

Wenn ich im Krankenhaus mit einem Patienten allein bin, frage ich oft: »Was passiert mit Ihnen?« Viele antworten dann ruhig: »Ich sterbe.« Andere reagieren sarkastisch oder wütend oder verwirrt, weil sie den Eindruck haben, daß mir ihr Zustand entgangen ist, obwohl doch offensichtlich ist, wie es um sie steht. Auf jeden Fall aber haben wir damit das Thema Tod angeschnitten. Wenn ich sage: »Ihre Familie und Freunde glauben, daß Sie nicht übers Sterben sprechen können«, antworten sie in der Regel: »Nein, *sie* können nicht darüber sprechen.« Und dann führen wir Gespräche übers Kranksein und Sterben, über die ihre Familien später ganz erstaunt sind. Sie fragen sich, wie ihre Lieben mit

Gefühle zum Ausdruck bringen

einem völlig Fremden über den Tod sprechen können, nicht aber mit ihnen.

Es ist nur verständlich, daß man nervös ist, wenn man mit einem Menschen reden soll, der an einer unheilbaren Krankheit leidet. Die meisten von uns haben Angst, daß das, was wir sagen, entweder zu bedrohlich oder zu banal sein könnte. Ich erinnere mich an eine Mutter, deren zweiundvierzigjähriger Sohn Steve zu einem Zeitpunkt an Leukämie erkrankt war, als sich in seinem Leben und seinem Beruf erste Erfolge abzuzeichnen begannen. Während sie in seinem Krankenzimmer saß, erwähnte seine Mutter eines Tages, daß sich einer ihrer Bekannten einen wundervollen neuen Mercedes gekauft habe. Steve blickte zu ihr auf und sagte: »Weißt du, wie wenig mich ein Mercedes im Moment interessiert?« Seine Stimme klang so wütend, daß sie ihn bestürzt anstarrte. War er wütend, weil ihn das Leben ausgerechnet in seiner Blütezeit dahinraffte? Wütend auf seine Mutter, weil sie über so banale Dinge sprach? Wütend auf sich selbst, weil er es im Leben nicht auf einen Mercedes gebracht hatte? Wütend, weil seine Mutter ihn manchmal geschlagen hatte, als er ein kleiner Junge war? Sie fragte ihn nie nach dem Grund.

Was sagt man zu einem sterbenden Menschen? Heitert es ihn auf oder macht es ihn traurig, wenn man über Autos redet? Sollte man lieber über Dinge reden, die er früher gerne gemacht oder sich gewünscht hat? Über die neuesten Untersuchungsergebnisse? Über das Wetter? Man weiß nie so genau, was ein Mensch gerade braucht, wenn man ein Gespräch anfängt. Der Mensch, mit dem man redet, weiß es vielleicht selbst nicht so genau, denn das Sterben ist für jeden eine neue Erfahrung. Die Gefühle des Betreffenden können sich von Tag zu Tag, von Sekunde zu Sekunde ändern. Wenn man sagt: »Ich habe heute einen großartigen

Die Rechte des Sterbenden

Mercedes gesehen«, und dann zu hören bekommt: »Tolle Autos interessieren mich nicht mehr«, ist es wohl am besten, so ehrlich wie möglich zu sein. Es ist völlig in Ordnung zu sagen: »Ich weiß nicht, was ich zu dir sagen soll. Sollen wir über Baseball reden oder lieber über deine Chemotherapie?«

Es ist nichts dagegen einzuwenden, übers Sterben zu reden, wenn der Gesprächspartner dafür empfänglich ist. Das ist von Fall zu Fall verschieden. Es gibt kein Patentrezept. Das Thema Tod zu vermeiden ändert nichts an den Tatsachen, aber darüber zu reden kann eine Beziehung neu beleben. Mit einem Gespräch über den Tod betritt man unbekanntes Territorium. Das kann eine sehr befreiende, kathartische Wirkung haben.

Selbst dann, wenn man mit einem Menschen vorher noch nie über etwas Tiefgründigeres als das Wetter geredet hat, kann man offen über seine Gefühle sprechen. Howard und Bob waren alte Freunde, die seit ihrer Kindheit Tür an Tür gelebt hatten. Während ihrer High-School- und College-Zeit waren sie und ihre Freundinnen zusammen ausgegangen, und später hatten sie gemeinsam sechs Kinder aufgezogen. Beide waren stolz darauf, daß sie seit ihrer Pensionierung noch kein Spiel der Los Angeles Dodgers verpaßt hatten. Aber sie hatten noch nie über ihre Gefühle gesprochen. Als der fünfundsiebzigjährige Bob im Sterben lag – er litt an einem Emphysem – verspürte Howard den Wunsch, ihm zu sagen, wie sehr er ihn liebte. Deshalb sagte Howard zu ihm: »Weißt du, Bob, wir haben schon als Jungs zusammen Baseball gespielt, wir sind immer Freunde gewesen, unsere Kinder sind zusammen aufgewachsen, und wir quatschen nun schon seit fünfundsechzig Jahren miteinander. Ich möchte dir sagen, daß das großartige Jahre waren. Ich liebe dich sehr, und ich werde dich vermissen.«

Gefühle zum Ausdruck bringen

Howard hoffte, mit diesen Worten eine Tür zu öffnen und ein richtiges Gespräch über ihre Gefühle möglich zu machen. Er sagte, was er sagen mußte, und gab Bob die Gelegenheit, dasselbe zu tun. Howards Bedürfnisse waren unabhängig von denen Bobs. Howard hatte den Wunsch, ihre Beziehung zu vervollkommnen, aber Bob zog es vor, seine Gefühle bis zum Schluß für sich zu behalten. Ihm reichte es zu hören, was Howard zu sagen hatte. Anschließend wandten sich die beiden Freunde wieder dem Spiel zu, das sie sich in Bobs Krankenzimmer gemeinsam ansahen, wie sie sich schon unzählige Spiele zuvor angesehen hatten.

Manchmal ist zuviel die Rede von Gefühlen und Tabletten, Operationen, Tod und Sterben. Manchmal ist es am besten zu sagen: »Hey, hast du gewußt, daß die Lakers jetzt schon fünfmal hintereinander gewonnen haben?« oder: »Hast du gesehen, was Martha Stewart in ihrer letzten Show gemacht hat!« Es gibt keine Regeln außer der, zu improvisieren und sich anzuhören, was die Sterbenden zu sagen haben.

DEN STERBENDEN ZUHÖREN

Den Sterbenden zu erlauben, gehört zu werden, ist eines der größten Geschenke, die wir ihnen machen können. Ärzten, Krankenschwestern und Pflegern wird beigebracht, daß aufmerksames Zuhören ein Weg ist, um Informationen zu sammeln und den körperlichen und seelischen Zustand eines Patienten zu beurteilen. Darüber hinaus ist bloßes Zuhören aber auch eine gute Möglichkeit, Trost zu spenden. Angehörige und Freunde treffen oft voller Panik

Die Rechte des Sterbenden

im Krankenhaus ein, weil es ihnen angst macht, einem Menschen gegenübertreten zu müssen, der mit dem Tod konfrontiert ist. Da sie nicht wissen, was sie sagen sollen, wenden sie sich oft an die Schwester oder den Arzt und fragen:»Was sollen wir tun? Was sollen wir sagen?« Die Antwort ist immer: zuhören, einfach nur zuhören. Hören Sie zu, wenn sich der Kranke beklagt. Hören Sie ihm zu, wenn er weint oder lacht. Hören Sie ihm zu, wenn er in Erinnerungen schwelgt. Hören Sie ihm zu, wenn er über das Wetter oder über den Tod redet. Hören Sie einfach nur zu.

Menschen, die an einer tödlichen Krankheit leiden, werden Ihnen nach und nach alles erzählen, was Sie wissen müssen: wie sie ihre Situation empfinden und – wenn es ihnen leichtfällt, darüber zu reden – wie sie gerne sterben würden.

Der fünfundsiebzigjährige Joseph begann sich plötzlich schwach zu fühlen. Er rief seinen Sohn Daniel an und sagte zu ihm:»Daniel, ich habe das Gefühl, daß mit mir etwas nicht in Ordnung ist, und daß es diesmal mehr ist als nur das Alter. Ich möchte nicht, daß du mich für einen törichten alten Mann hältst, aber ich glaube, meine Zeit ist gekommen. Du weißt doch, daß wir immer darüber geredet haben, mal nach Maine zu fahren, wo ich aufgewachsen bin und du zur Welt gekommen bist. Laß uns das doch möglichst bald machen. Ich möchte, daß wir noch ein bißchen Zeit miteinander verbringen können, bevor ich sterbe.«

»Dad, warum gehst du nicht zum Arzt?« schlug der besorgte Sohn vor.

»Ich gehe gleich morgen«, antwortete der Vater. »Und dann fahren wir los, ja? Daniel, ich bin jetzt fünfundsiebzig. Ich habe in meinem Leben viele Erkältungen durchgemacht. Ich hatte die Grippe. Ich hatte Arthritis. Ich weiß,

Gefühle zum Ausdruck bringen

wie es sich anfühlt, alt zu sein. Was ich diesmal spüre, ist ganz anders. Ich weiß genau, daß mit meinem Körper etwas ernsthaft nicht in Ordnung ist.«

Daniel faßte einen Entschluß. Wenn er auf seinen Vater hörte, diese Reise mit ihm machte und hinterher feststellte, daß ihm gar nichts fehlte, würde er durchaus mit der Tatsache leben können, daß sie zusammen eine Reise gemacht hatten und alles in Ordnung war. Aber wenn er nicht auf seinen Vater hörte und ihm tatsächlich etwas fehlte, würde er sich bestimmt ganz schrecklich fühlen, weil er die vielleicht letzte Chance verpaßt hatte, Zeit mit seinem Vater zu verbringen. Er erklärte sich bereit, die nostalgische Reise anzutreten.

Am nächsten Tag suchte Joseph wie versprochen seinen Arzt auf. Da sich der Arzt nicht sicher war, was Josephs Müdigkeit verursachte, führte er ein paar Tests durch. Die Ergebnisse würden erst in ein paar Tagen vorliegen. In der Zwischenzeit fuhren Vater und Sohn nach Maine hinauf. Sie mieteten sich in einem Hotel nahe des Sees ein, an dem Joseph aufgewachsen war und Daniel seine ersten Jahre verlebt hatte. Sie verbrachten die Woche mit Fischen, schwelgten in Erinnerungen und besuchten alte Freunde. Trotz seiner Müdigkeit redete Joseph viel, und Daniel hörte ihm zu. Schon am ersten Tag ihrer Reise war Daniel wirklich froh, diese Zeit mit seinem Vater verbringen zu können, ganz unabhängig davon, was die Untersuchungen ergeben würden. Keiner von beiden redete über Josephs Müdigkeit. Beide genossen einfach den Spaß, den sie miteinander hatten.

Eine Woche später saßen sie zusammen in der Praxis des Arztes und mußten zu ihrer Bestürzung erfahren, daß Joseph an Bauchspeicheldrüsenkrebs litt. In diesem Stadium der Krankheit gab es keine erfolgversprechende Therapie

Die Rechte des Sterbenden

mehr. In den wenigen Wochen, die ihm bis zu seinem Tod noch blieben, wurde Joseph immer schwächer, aber beide, Vater und Sohn, fanden viel Trost in der Tatsache, daß sie sich noch die Zeit genommen hatten, etwas miteinander zu unternehmen. Rückblickend ist Daniel sehr froh, daß er auf seinen Vater gehört hat, statt auf seine übliche Weise zu reagieren und davon auszugehen, daß der alte Mann aus einer Mücke einen Elefanten machte.

Wenn wir todkranken Menschen zuhören, tun wir das oft in der Hoffnung, daß sie ihre Ansichten und Gedanken mit uns teilen, uns vielleicht sogar trösten werden. Aber manchmal ist das, was sie uns sagen, kein Trost für uns. Manchmal sind wir anderer Meinung als sie. Manchmal stellen wir beunruhigt fest, daß ihre Vorstellungen vom Tod unseren eigenen widersprechen. Dann müssen wir uns ins Gedächtnis rufen, daß die Sterbenden das Recht haben, zu denken, was sie wollen, und ihre Gedanken über ihren bevorstehenden Tod auf ihre eigene Weise zum Ausdruck zu bringen, auch wenn es uns das Herz bricht, diese Gedanken zu hören. Es ist ihr Recht, zu leben und zu sterben, wie sie wollen.

Der sechsunddreißigjährige William Green erfuhr, daß er mit dem AIDS-Virus HIV infiziert war. Die nächsten paar Jahre war sein Gesundheitszustand gut, und es sah ganz danach aus, als hätte er noch mehrere Jahre zu leben. William – er war Ingenieur – informierte sich über die Krankheit und die verschiedenen Möglichkeiten, die ihm offenstanden, und mußte feststellen, daß es zu der Zeit, Mitte der achtziger Jahre, noch kaum gute Behandlungsmethoden gab. Seiner neunundzwanzigjährigen Schwester Jennifer erzählte er erst von seiner Krankheit, nachdem sein Zustand ein paar Jahre stabil gewesen war. Bis dahin hatte er sich daran gewöhnt, mit HIV zu leben. Als sie da-

Gefühle zum Ausdruck bringen

von erfuhr, stand sie voll hinter ihm und war optimistisch, daß die Medizin ihren Bruder retten würde. Eines Tages ging es William ziemlich schlecht. Er ging zum Arzt, der eine Grippe diagnostizierte. Aber nach einer Woche war die Grippe noch immer nicht vorbei, und William sah viel schlechter aus. Beunruhigt drängte Jennifer ihren Bruder, den Arzt anzurufen. Aber William sagte: »Ich weiß, was vor mir liegt, ob nun heute oder morgen. Ich weiß, wie diese Krankheit abläuft. Sie können im Moment nicht viel für mich tun, deswegen hat es keinen Sinn, den Arzt kommen zu lassen.«

Williams Einstellung dem Tod gegenüber beunruhigte Jennifer. Sie wollte, daß er bis zum letzten Moment kämpfte, aber er wollte nicht kämpfen, weil er das Gefühl hatte, diesen Kampf auf keinen Fall gewinnen zu können. Er entschied sich dafür, der Natur ihren Lauf zu lassen, und ließ keinen Zweifel daran, daß das *seine* Entscheidung war.

Ein paar Wochen später bekam William kaum mehr Luft. Jennifer bestand darauf, ihren Bruder, der zu schwach war, um zu protestieren, zum Arzt zu fahren. Der Arzt, der schockiert darüber war, wie sehr sich Williams Zustand verschlechtert hatte, gab William eine Infusion und Sauerstoff. Dann sorgte er dafür, daß er möglichst schnell ins Krankenhaus eingeliefert wurde. Jennifer verlangte, daß ihr Bruder, der inzwischen schon fast im Koma lag, an ein Beatmungsgerät angeschlossen wurde und die Ärzte alles in ihrer Macht Stehende taten, um ihn zu retten. Doch trotz der Bemühungen der Ärzte dauerte es nicht mehr lange, bis William starb.

Im Gegensatz zu Jennifer war William nicht zum Kampf bereit gewesen. Er hatte seine Entscheidung getroffen und seine Gefühle zum Ausdruck gebracht. Jennifer wollte von dieser Entscheidung nichts hören, weil sie damit nicht ein-

Die Rechte des Sterbenden

verstanden war, *aber es war seine Entscheidung.* Indem sie gegen seine Entscheidung ankämpfte, verpaßte Jennifer die Gelegenheit, mit ihrem Bruder über ihr gemeinsames Leben zu reden, miteinander ins reine zu kommen und gemeinsam zu trauern.

Wir können mit unseren Lieben weinen, Behandlungsmethoden analysieren, anderer Meinung sein als sie und die ganze Situation ablehnen, aber am Ende ist das Beste, was wir tun können, einfach zuzuhören.

Und wenn sie uns sagen, daß das Ende naht, müssen wir ihnen noch aufmerksamer zuhören.

WENN SPRACHLICHE KOMMUNIKATION NICHT MEHR MÖGLICH IST

Ab einem bestimmten Zeitpunkt werden wir auf den Luxus sprachlicher Kommunikation verzichten müssen. Irgendwann werden unsere Lieben nicht mehr in der Lage sein zu sprechen, weil ihre Krankheit es ihnen unmöglich macht oder weil sie nicht mehr bei Bewußtsein sind oder der Tod kurz bevorsteht. Oft sieht es dann so aus, als würden sie auch nichts mehr hören, einfach, weil sie nicht zu reagieren scheinen, wenn man sie anspricht. An diesem Punkt sagen viele Leute, daß sie wünschten, sie hätten noch dieses oder jenes gesagt, oder sich zumindest verabschiedet.

Es wird allgemein angenommen, daß das Hören als einer der letzten Sinne schwindet, weshalb Ärzten, Schwestern und Pflegern beigebracht wird, sich so zu verhalten, als könnten die Patienten sie bis zum Schluß hören. Wenn mich Leute fragen, ob ihre Lieben sie noch hören können, antworte ich immer mit »ja«. Wenn nicht körperlich, dann können sie sie zumindest auf einer geistigen Ebene hören. Sie sind vielleicht nicht wach, aber wenn man etwas zu ihnen sagt, das von Herzen kommt, werden sie es in ihrem Herzen hören.

Man kann noch immer sagen, was man gerne schon früher gesagt hätte, selbst wenn der geliebte Mensch bereits im Koma liegt. Sagen Sie es laut, wenn Sie können. Wenn die Umstände lautes Sprechen nicht erlauben, sagen Sie es im Geiste. Ein Großteil unserer Kommunikation ist nichtverbal. Vieles kann man auch mit einem Lächeln oder einer Berührung sagen.

Wenn Sie mit Ihren Lieben sprechen, dann teilen Sie Ihre Gedanken und Gefühle mit ihnen. Erzählen Sie ihnen Dinge, die sie interessieren würden, beispielsweise die neuesten Nachrichten oder Geschichten über gemeinsame Freunde und Verwandte. Sie können viel reden, Sie können aber auch mal schweigen. Haben Sie keine Angst vor der Stille. Man kann auch mit einem Händedruck oder durch seine bloße Anwesenheit am Krankenbett alles sagen, was gesagt werden muß.

Wenn Reden Tabu ist

Zu sagen, was noch nicht gesagt worden ist, kann uns näher zusammen bringen. Außerdem erlaubt es dem Sterbenden, weiterhin am Leben teilzuhaben. Er kann noch immer ein Vater sein, der seinen Kindern hilft, ein Junge, der sanft seine Brüder neckt, ein Kind, das seine Großeltern beeindruckt. Aber solche Gespräche laufen nicht immer reibungslos ab. Sie können unerwartete Auswirkungen haben, vor allem, wenn sie die Familiendynamik stören.

Die Rechte des Sterbenden

Don litt seit seiner Geburt an einer seltenen, fortschreitenden Leberkrankheit. Er hatte fünfunddreißig Jahre lang damit gelebt; die Krankheit hatte seine Gesundheit oder seine Aktivitäten nie beeinträchtigt, bis ein akuter Ausbruch ihn zwang, sein Immobiliengeschäft zu verkaufen und wieder bei seinen Eltern einzuziehen. Obwohl sie alles in ihrer Macht Stehende für ihren Sohn taten, gestanden seine Eltern sich nie ein, daß sein Zustand sich nicht mehr bessern würde, daß er nie mehr so leben und arbeiten könnte wie früher.

Kurz nachdem Don wieder im Haus seiner Eltern eingezogen war, reiste sein jüngerer Bruder Mike an, um bei ihm sein zu können. Die beiden Brüder, die sich sehr nahe standen, hatten oft über die Krankheit und ihren möglichen Ausgang gesprochen. Während sein Bruder auf Besuch war, verschlechterte sich Dons Zustand rapide. Als er und Mike eines Tages in Dons Zimmer saßen, fragte Don plötzlich: »Es wird besser, nicht wahr?«

Mike sah ihm in die Augen und antwortete traurig: »Nein, wird es nicht.«

»Wie geht es mir dann deiner Meinung nach?«

Mike antwortete ehrlich: »Du stirbst.« Sie sprachen eine Weile über den Tod und versicherten sich dann mit Tränen in den Augen, wie froh sie seien, Brüder zu sein. In diesem Moment kam ihre Mutter Hannah herein. Ohne nachzudenken, blickte Don auf und sagte zu ihr: »Ich sterbe. Hast du das gewußt?«

Entsetzt wandte sich Hannah an Mike und fauchte: »Was tust du deinem einzigen Bruder an! Warum kommst du hier her und regst ihn so auf?« Weinend lief sie aus dem Zimmer.

»Oje, nun haben wir sie aufgeregt«, sagte Don.

Mike fragte: »Was ist denn los?«

Gefühle zum Ausdruck bringen

»Mike, du hast das Wort mit T gesagt. Über den Tod wird in diesem Haus nicht gesprochen.«

»Was hätte ich denn sagen sollen, als du mich gefragt hast, ob es dir schon besser geht?« fragte Mike. »Hätte ich lügen sollen?«

»Mom wäre es lieber gewesen, wenn du gesagt hättest: ›Man hat eben gute und schlechte Tage.‹ Das sagen Mom und Dad immer.«

Mike wußte nicht genau, was er von dem, was eben passiert war, halten solle. Er hatte nicht die Absicht gehabt, die Familie in Aufregung zu versetzen. Er wäre auf jeden Fall unpassend gewesen, wenn er in ein Gespräch zwischen Don und ihrer Mutter hineingeplatzt wäre und gesagt hätte: »Heute sprechen wir mal über den Tod.« Aber er hatte allein mit seinem Bruder gesprochen und auf Dons Frage mit derselben Aufrichtigkeit reagiert, die ihre Beziehung schon ihr ganzes Leben lang geprägt hatte.

Unsere Versuche, miteinander zu reden, haben manchmal zur Folge, daß wir andere in Aufregung versetzen – manchmal gerade die Menschen, die wir am meisten lieben. Mike befand sich in einer schwierigen Situation: Er hatte keine Möglichkeit, seiner Beziehung mit Don gerecht zu werden, ohne das Familientabu zu durchbrechen, indem er sich eingestand, daß die Krankheit tödlich geworden war. Aber wenn wir das Gefühl haben, daß es an der Zeit ist, über den Tod zu sprechen, dann sollten wir nicht zögern, das zu tun.

Oft ist die Reaktion darauf ganz anders als im Fall von Dons Mutter, die völlig durcheinander war, als das Tabu gebrochen wurde. Ich betrat einmal ein Krankenzimmer, in dem ich eine junge Frau vorfand, die heilfroh darüber war, daß das Thema vom Seelsorger des Krankenhauses angeschnitten worden war. »Ich wußte nicht, wie ich mit Mom darüber reden sollte«, sagte sie. »In unserer Familie ist über dieses Thema nie geredet worden. Ich bin froh, daß jemand anderer es angeschnitten hat. Jetzt können wir endlich darüber sprechen.«

Die letzten Tage, die man mit einem geliebten Menschen verbringt, mögen schwierig sein, aber es sind Tage, an die man sich später einmal lebhaft erinnern wird. Auch wenn man manchmal das Gefühl hat, auf rohen Eiern zu gehen, sollte jeder die Möglichkeit haben, zu sagen, was gesagt werden muß. Diese letzten Tage sind eine besondere Zeit, weil die Gefühle, die man dabei empfindet, so authentisch sind. Wir müssen uns selbst und unseren Lieben erlauben, alle Gedanken und Gefühle zum Ausdruck zu bringen, egal, welche Reaktionen das hervorruft. Ich empfinde oft große Ehrfurcht vor den Gefühlen, die zwischen den Sterbenden und ihren Lieben zum Ausdruck gebracht werden. Diese Gefühle gehören zu den reinsten, die man im Leben findet. Es ist unsere heilige Pflicht, diese Gefühlsäußerungen zu respektieren. Das sind wir einander schuldig.

MITEINANDER INS REINE KOMMEN

In jeder Phase des Lebens finden wir Frieden und Erfüllung in Beziehungen, in denen wir mit unserem Partner im reinen sind. Zwei Menschen sind dann miteinander im reinen, wenn beide alles gesagt haben, was sie einander zu sagen hatten, egal, ob sie gleicher oder unterschiedlicher Meinung sind. Wir sind erst dann mit unserem Partner im reinen, wenn wir keine unausgesprochenen Gefühle mehr in uns aufstauen.

Wenn eine Beziehung jedoch blockiert ist – wenn es

Gefühle zum Ausdruck bringen

Dinge gibt, die ungesagt geblieben sind –, fühlen wir uns zwangsläufig unbehaglich und unglücklich. Die Blockade und das Unbehagen sind dann am schlimmsten, wenn Dinge schon jahrelang zurückgehalten wurden und jemand ernstlich krank wird. Ironischerweise haben viele Menschen in dieser Situation Probleme, mit dem Partner ins reine zu kommen, weil sie Angst haben, dem Kranken damit zu schaden. Aber wenn unausgesprochene Gedanken nicht zum Ausdruck gebracht werden, besteht vielleicht nie mehr die Möglichkeit dazu. Die Krisensituation Krankheit ist eine gute Gelegenheit, alte Blockaden zu durchbrechen und offen und ehrlich miteinander zu reden.

Stan, ein siebenundsechzigjähriger Buchhalter, litt unter einem schmerzhaften und unheilbaren Prostatakrebs. Er war ein charmanter Geschichtenerzähler mit einem koboldhaften Lächeln und einem Funkeln in den Augen, das kein noch so großer Schmerz vertreiben konnte. Wir saßen oft im Wohnzimmer seines Hauses, das inzwischen sein Krankenzimmer war, und sprachen über dieses und jenes. Als ich Stan und seine Frau Joan mit der Zeit etwas besser kennenlernte, merkte ich, daß bei Joan unterschwellig eine große Wut vorhanden war, die sie mit aller Kraft zu unterdrücken versuchte.

Schließlich wagte ich es, zu Joan zu sagen: »Ich spüre, daß in Ihnen viel Wut steckt.« Sie gab zu, daß es ein paar alte, aber wichtige Punkte gab, über die sie mit ihrem Mann nie gesprochen hatte. Dann fügte sie hinzu: »Jetzt kann ich nicht mehr mit ihm darüber reden. Er ist so zerbrechlich und schwach, er hat soviel Gewicht verloren. Jetzt da hineinzugehen und zu versuchen, ihm die Dinge klarzumachen, wegen der ich so aufgebracht bin, erscheint mir falsch.«

Ich erklärte Joan, daß man negative Gefühle auch zum

Die Rechte des Sterbenden

Ausdruck bringen kann, ohne jemanden zu verletzen. Als Joan klar wurde, daß sie ein Recht hatte, ihre Gefühle zum Ausdruck zu bringen, und daß Stan ein Recht hatte, sie zu hören, redete sie endlich mit ihm. Auf sehr liebevolle Weise erklärte sie ihm, wieso sie ihre Wut so viele Jahre lang unterdrückt hatte. Ihr Gespräch erlaubte Joan nicht nur, ihre Gefühle »rauszulassen«, sondern führte zu vielen weiteren, zärtlichen und liebevollen Gesprächen.

Während sie an seinem Bett saß, ließ sie ihn auf eine sanfte Weise wissen, wie sie sich während ihrer vielen Ehejahre von ihm beurteilt gefühlt hatte. Sie hatte das Gefühl, daß er sie nicht zu schätzen wußte und enttäuscht war, weil sie keinem Beruf nachging. Er erwiderte, daß es ihm völlig egal sei, ob sie einen Beruf habe oder nicht, weil er immer genug Geld verdient habe. Dann wies er sie darauf hin, wie erfolgreich sie ihre verschiedenen Talente eingesetzt habe: »Du hast unsere Kinder großgezogen«, sagte er. »Du hast unser Heim eingerichtet. Du hast für einen guten Zweck ehrenamtlich ein Musterhaus eingerichtet. Du hast für die Kinderklinik ganze Wände bemalt. Daß du für diese Dinge nicht bezahlt worden bist, heißt noch lange nicht, daß du kein Talent hast und ich dich nicht zu schätzen weiß.« Je mehr sie miteinander sprachen, desto mehr schwand Joans Wut. Nachdem ihre Wut völlig verraucht und die Blockade in ihrer Beziehung abgebaut war, blieb für ihre Liebe mehr Raum denn je.

Wenn eine Beziehung blockiert ist, müssen wir einen Blick in die Vergangenheit werfen und sagen, was unserer Meinung nach gesagt werden muß. Ich habe erlebt, wie wichtig das ist, als ich Rose pflegte, eine siebenundsiebzigjährige Frau, die an Leukämie litt. Auf nur zweiundachtzig Pfund abgemagert, lag Rose in einem Krankenhausbett, das wir in ihre Wohnung gestellt hatten. Sie hatte bereits

Gefühle zum Ausdruck bringen

zwei Zyklen Chemotherapie und andere Therapien hinter sich, aber es ging ihr noch immer nicht besser. Frank, ihr einziges Kind, saß an diesem Abend an ihrem Bett. Überrascht fuhr er hoch, als Rose, die schon seit Tagen zu schwach war, um zu reden oder auch nur den Kopf zu bewegen, plötzlich den Kopf vom Kissen hob und mit drängender Stimme flüsterte: »Frank! Frank!«

»Ja?« antwortete er, besorgt, daß sie plötzlich große Schmerzen haben könnte.

»Ich habe dir nie gesagt, daß ich dich liebe.«

»Aber Mom, ich weiß doch, daß du mich liebst«, antwortete er verwirrt.

»Aber ich habe es dir nie *gesagt*«, entgegnete sie. Mit diesen Worten ließ sie den Kopf aufs Kissen zurücksinken und schloß die Augen. Von da an sagte sie nichts mehr und bewegte sich auch nicht mehr, und am nächsten Tag starb sie. Frank war verblüfft. Er verstand nicht, warum es für Rose so wichtig gewesen war, ihm zu sagen, daß sie ihn liebte, wo das für ihn doch so offensichtlich war.

Rose *mußte* ihrem Sohn einfach sagen, daß sie ihn liebte. Das war für sie eine unerledigte Sache, etwas, das sie noch zu Ende bringen mußte, um mit ihrem Sohn ins reine zu kommen. Zu solchen unerledigten Dingen gehört alles, was wir in unseren Beziehungen nie sagen konnten, weil wir keine Gelegenheit dazu hatten. Wenn eine ernste Krankheit auftritt, haben viele Menschen plötzlich das Bedürfnis, alle unerledigten Aspekte ihrer Beziehungen zu Ende zu bringen, indem sie den anderen an ihren Gefühlen teilhaben lassen und so offen wie möglich miteinander reden. Wenn sie es nicht tun, verbringen die, die am Leben bleiben, oft den Rest ihrer Tage damit, zu bedauern, daß sie die ungeklärten Punkte nicht zur Sprache gebracht haben.

Wenn man jemanden fragt, was denn gesagt werden

müsse, um mit dem Partner ins reine zu kommen, brauchen die Betreffenden meist nicht lange nachzudenken. In der Regel wissen sie, was ihnen in ihrer Beziehung gefehlt hat. Sie wissen, daß ihnen dieses oder jenes leid tut, oder daß sie dem anderen nie dafür gedankt haben, daß er ein so liebevoller Vater, Ehemann, Sohn oder Freund war. Sie haben nie gesagt: »Ich bin stolz auf dich«, oder: »Du hast mir weh getan«, oder: »Wir haben schwierige Zeiten durchgemacht, aber ich bin froh, daß du mein Freund bist.« Jetzt ist die richtige Zeit, um diese Dinge zu sagen.

Miteinander ins reine zu kommen kann Folgen haben, die das ganze Leben verändern. Ein anderes Mal reicht es bereits, etwas einfach nur auszusprechen. Was wir sagen, ist nicht so wichtig wie die Tatsache, daß wir uns erlauben, es zu sagen.

Elisabeth Kübler-Ross erzählt die Geschichte einer Ehefrau, die sich an ihren Mann erinnert. Die Frau erinnert sich an den Tag, als sie einen Heidelbeerkuchen auf den Teppich seines geliebten Autos fallen ließ. Sie rechnete damit, daß er sie umbringen würde, aber das tat er nicht. Die Frau erinnert sich an den Tag, an dem sie ihn zu einer Tanzveranstaltung schleppte, zu der er nicht wollte, und ihm zu sagen vergaß, daß dort formelle Kleidung erwartet wurde. Sie rechnete damit, daß er vor Wut kochen würde, aber das tat er nicht. Sie erinnert sich an den Tag, als sie mit seinem Freund tanzte, um ihn eifersüchtig zu machen. Sie rechnete damit, daß er sie verlassen würde, aber das tat er nicht. Sie wollte ihm all diese Dinge sagen, wenn er aus Vietnam zurückkam, aber er kam nicht zurück. Da sie vorher nicht in der Lage gewesen war, sich selbst zu gestatten, über diese Dinge mit ihm zu reden, hatte sie ihr Leben lang das Gefühl, nie mit ihm ins reine gekommen zu sein.

Manchmal aber ist es gar nicht nötig, etwas zu sagen.

Gefühle zum Ausdruck bringen

Wenn man miteinander im reinen ist, reicht es aus, einfach nur da zu sein.

ZUSAMMEN TRAUERN

Cynthia hatte Gebärmutterhalskrebs im Endstadium. Als das Ende nahte, führten wir viele offene Gespräche über den Tod. Während ihrer letzten Wochen war tagsüber meist ihre langjährige Freundin Anne bei ihr. Abends ging Anne dann mit Freunden aus.

Cynthia und Anne sprachen beide sehr offen über ihre Gefühle. »Wir haben unzählige Male miteinander geweint«, erzählte mir Anne. »Manchmal hat nur sie geweint, während ich zuhörte, oder ich habe geweint, während sie zuhörte. Ich weiß noch, daß meine Freunde irgendwann zu mir sagten: ›Das mit Cynthia und dir ist schon seltsam. Du wirkst ihretwegen gar nicht besonders traurig. Wir haben dich ihretwegen noch nie weinen sehen.‹«

Anne fragte sich sofort, ob mit ihr etwas nicht in Ordnung war. »Cynthia lag im Sterben. Warum weinte ich nicht mit meinen Freunden? Da wurde mir klar, daß ich bereits sämtliche Tränen, die ich hatte, mit Cynthia vergossen hatte, so daß ich abends nicht mehr weinen mußte. Cynthia und ich waren miteinander im reinen. Wenn ich bei ihr war, fühlte ich mich ihr immer sehr nahe, und es gab zwischen uns keine ungeklärten Fragen. Wenn ich dann abends mit meinen Freunden ausging, war ich nicht verstört oder traurig, sondern genoß ihre Gesellschaft.«

Viele Leute wollen ihre kranken Freunde oder Verwandten nicht mit ihrem Kummer belasten. In ihrem Bemühen, stark und selbstlos zu sein, schieben sie ihre Gefühle beisei-

57

Die Rechte des Sterbenden

te. Aber wenn mir diese Leute erzählen, wie traurig sie sind, frage ich sie: »Haben Sie vor ihm geweint? Haben Sie ihm gesagt, wie sehr er Ihnen fehlen wird, und wie traurig oder wütend Sie sind?« Dann sagen sie meistens nein.

Es gibt keinen Grund, warum eine Beziehung nicht bis zum Schluß auf Gegenseitigkeit beruhen sollte. Andrew verlor vor ein paar Jahren seinen älteren Bruder Kevin. Obwohl sie zusammen aufgewachsen waren, stammt eine seiner schönsten Erinnerungen aus der letzten Woche vor dem Tod seines Bruders.

»Er war erst zweiunddreißig, als bei ihm Lymphdrüsenkrebs festgestellt wurde. Während der vielen Jahre seiner Krankheit empfand ich es als meine Pflicht, stärker zu werden, je schwächer er wurde. Mein Entschluß, ›tapfer‹ zu sein, festigte sich noch, als ich sah, wie er seine ganze Energie darauf verwandte, seine Situation zu akzeptieren und gut damit umzugehen. Deswegen hielt ich es für falsch, ihn noch zusätzlich mit meinem Kummer zu belasten. Er hatte selbst schon genug Probleme. Also bemühte ich mich nach Kräften, stark zu sein und nicht vor ihm zu weinen. Lange Zeit war ich in der Lage, die Fassade aufrechtzuerhalten. Dann, eine Woche vor seinem Tod, brach ich schließlich zusammen. Zu meiner großen Überraschung tröstete er mich und wischte meine Tränen weg. Zwischen uns fielen keine Worte. Es reichte, daß er mich in den Armen hielt, während ich weinte.«

Es ist eine zutiefst bewegende Erfahrung, von einem Sterbenden getröstet zu werden. Diese Erfahrung kann auch für den Sterbenden selbst äußerst wichtig sein. Ich weiß noch, wie ich kurz vor seinem Tod zu meinem Vater sagte: »Ich kann mir die Welt einfach nicht ohne dich vorstellen.« Er sagte in beruhigendem Ton zu mir: »Keine Angst, die Zeit heilt alle Wunden.« Daß er in der Lage war,

Gefühle zum Ausdruck bringen

mich zu trösten, bewirkte, daß er sich wieder als Vater fühlte. Obwohl sein Tod nun schon Jahre zurückliegt, kann ich, wenn ich traurig bin, noch immer seine tröstenden Worte hören.

Wir neigen dazu, außerhalb des Krankenzimmers Trost zu suchen. Statt an den Kranken, wenden wir uns lieber an andere Menschen. Aber wir sollten unseren Lieben nicht die Chance nehmen, uns weiter ihre Liebe zu schenken. Das wollten sie, als sie noch gesund waren, und das wollen sie auch weiterhin. Indem wir uns ihnen öffnen, schließen wir sie in unser Leben und unseren Kummer mit ein. Wir sind ehrlich zu ihnen, und wir ehren sie mit unserer Ehrlichkeit.

Wir werden den Rest unseres Lebens allein trauern müssen und sie auch dann noch vermissen, wenn sie schon lange tot sind. Eine kurze Zeit lang, während sie im Sterben liegen, können wir mit ihnen zusammen trauern. Während des letzten Krankenhausaufenthalts meiner Mutter – sie starb an einem Nierenleiden –, lernten mein Vater und ich eine Frau namens Edith kennen, deren Mann ebenfalls auf der Intensivstation lag. Kurz nachdem meine Mutter gestorben war, nahm mich Edith beiseite und sagte: »Du mußt deinem Vater zuliebe stark sein. Sei sehr stark. Sei ein Mann und weine nicht.«

Also war ich meinem Vater zuliebe stark. Obwohl ich damals erst zwölf war, weinte ich nie in seiner Gegenwart. Aber wenn ich allein in meinem Zimmer lag, weinte ich, ohne daß mein Vater es wußte. Und ich hörte ihn in seinem Zimmer weinen, weil er ebenfalls nicht wollte, daß ich ihn leiden sah. *Nie* weinten wir gemeinsam.

Oft ermutigen sich Angehörige gegenseitig, tapfer zu sein und nicht in der Öffentlichkeit zu weinen oder zu trauern. Ich rate immer zum Gegenteil: Teilen Sie Ihren

Die Rechte des Sterbenden

Kummer miteinander. Weinen Sie vor anderen Menschen, und weinen Sie mit ihnen. Wenn man sieht, wie ein anderer seinem Kummer freien Lauf läßt, fällt es einem leichter, dem eigenen Kummer ebenfalls freien Lauf zu lassen. Als Peter seinen einzigen Sohn verlor, stand der alte Mann den Trauergottesdienst in stoischer Ruhe durch. Erst, als ein Geschäftsfreund ihn umarmte und zu Peters Überraschung zu weinen begann, fing Peter auch zu weinen an. Er wußte, daß sein Kollege, der selbst Vater war, verstand, welch großen Verlust der Tod seines Sohnes für ihn bedeutete. Die beiden Männer schluchzten gemeinsam. In diesem Augenblick erlaubten ihnen ihre Nähe und ihr gegenseitiges Verstehen, ihren Tränen freien Lauf zu lassen.

Die Frage ist nicht, *ob* man trauert, sondern *wann* man trauert. Verpassen Sie nicht die Gelegenheit, mit einem anderen Menschen zu trauern, der Ihren Kummer teilt. Wer zu trauern versteht, versteht auch zu leben.

UNSERE LIEBEN BIS ANS TOR BRINGEN

Vor nicht allzu langer Zeit war es noch üblich, daß man seine Lieben zum Flughafen oder zum Bahnhof brachte, wenn sie verreisten, und am Bahnsteig oder am Tor mit ihnen wartete, bis es losging. Dasselbe machte man, wenn sie zurückkamen – man erwartete sie am Tor, und nicht erst draußen am Randstein oder bei der Gepäckabholung.

Heutzutage bringen wir die Menschen nicht mehr bis ans Tor. Wir reisen mehr, und es gibt Taxis, Flughafen-Shuttles, Langzeitparkplätze und langwierige Sicherheitskontrollen. Seit etwa einem Jahr versuche ich, den alten Brauch wieder aufleben zu lassen und meine Lieben zum

Gefühle zum Ausdruck bringen

Flughafen zu bringen und wieder abzuholen, wenn sie zurückkommen. Wenn man weg war, weit entfernt von seinem Zuhause und seiner Familie, ist es großartig, jemanden zu haben, der einen am Tor abholt. Die Fahrt zum Flughafen wird zu einem Akt der Liebe.

Das Konzept »jemanden bis ans Tor bringen« hat uns viel zu bieten, sowohl im Hinblick auf das Leben als auch im Hinblick auf den Tod. Wenn heute ein Baby auf die Welt kommt, wird es »gleich am Tor« – das heißt bereits im Kreissaal – von seinem Vater in Empfang genommen. Der Vater reicht das Baby an die Mutter weiter, und unter Umständen durchtrennen sie gemeinsam die Nabelschnur. Dad ist nicht länger gezwungen oder damit zufrieden, im Wartezimmer zu sitzen. Das, was wir für das Neugeborene tun, indem wir es »am Tor« begrüßen, sollten wir auch für die Sterbenden tun.

Als Robert, ein guter Geschäftsfreund von mir, knapp neben seiner Wirbelsäule einen verdächtigen Knoten entdeckte, war er zunächst recht optimistisch. Wir gingen erst mal davon aus, daß es sich um einen gutartigen Tumor handelte, und sprachen über verschiedene Möglichkeiten der Behandlung. Dann sah mich Robert an, sah mir direkt in die Augen und fragte: »Was, wenn das Schlimmste eintritt? Was, wenn ich sterben muß?«

Ich suchte in meinem Inneren nach meiner ehrlichsten und zugleich mitfühlendsten Antwort. »Dann, Robert, mein Freund, werde ich bei dir sein, so lange ich kann. Ich werde dich bis ans Tor bringen.« Roberts Zeit ist noch nicht gekommen, aber er weiß, daß er nicht allein sein wird, wenn es soweit ist.

Die zweiundneunzigjährige June lebte in einem Seniorenheim ganz in der Nähe ihres Sohnes und ihrer Schwiegertochter. Die beiden »Kinder«, beide schon Ende fünf-

Die Rechte des Sterbenden

zig, waren June immer nahe. Sie besuchten sie ein paarmal die Woche und unternahmen am Wochenende möglichst oft etwas mit ihr. Die Schwiegertochter, die ihre Mutter schon sehr jung verloren hatte, liebte June seit vierzig Jahren wie ihre eigene Mutter.

Eines Tages wurde June vom Arzt des Seniorenheims untersucht. Nachdem er ein paar Tests durchgeführt hatte, stellte er fest, daß sich ein Tumor um ihre Aorta, das größte Blutgefäß im Körper, geschlungen hatte. In Anbetracht ihres Alters und ihres schlechten Gesundheitszustands erschien keine der üblichen Behandlungsmethoden angebracht.

Nachdem ihr Sohn und ihre Schwiegertochter über diese neue Entwicklung gesprochen hatten, sagten sie zu June: »Wenn sich dein Zustand verschlechtert, wollen wir nicht, daß du ins Krankenhaus mußt, wo du von Leuten gepflegt wirst, die du nicht kennst. Wir wollen, daß du bei uns zu Hause stirbst, in unserer Mitte. Wenn wir beide und die Kinder zusammen helfen, werden wir das schon schaffen. Du warst immer für uns da, jetzt werden wir für dich da sein.«

Die Idee, unsere Lieben bis ans Tor zu begleiten, findet immer mehr Anhänger. Wir begleiten sie bis ans Tor, indem wir sie zum Sterben zu uns nach Hause bringen, statt sie Fremden zu überlassen. Wenn unsere Lieben im Krankenhaus liegen, begleiten wir sie bis ans Tor, indem wir neben ihrem Bett sitzen, statt im Wartezimmer auf ihren Tod zu warten. Wir bringen sie bis ans Tor, indem wir sie wissen lassen, daß wir bei ihnen sein werden, egal was passiert. Wir kommen miteinander ins reine, indem wir sagen, was gesagt werden muß. Wir weinen mit ihnen und für sie, und wir halten ihre Hand, während wir sie bis ans Tor begleiten.

An Entscheidungen teilhaben

*Das Recht, an allen die eigene Pflege betreffenden
Entscheidungen teilzuhaben.*

Wir sind es nicht gewöhnt, viel übers Leben nachzudenken, was vielleicht auch der Grund ist, weshalb
wir so wenig ans Sterben denken. Wir sterben sowieso,
egal, ob wir über den Tod nachdenken oder ihn völlig ignorieren. Aber wenn wir uns dazu entscheiden, darüber nachzudenken, können wir Einfluß darauf nehmen, wie und wo
wir sterben, und was vorher und nachher passieren soll.
Mit dieser Entscheidung übernehmen wir die Verantwortung, voll an unserer Pflege und unserem Tod teilzuhaben.
Die Idee, das eigene Sterben und den eigenen Tod zu planen, mag zunächst seltsam erscheinen. Andererseits verbringen wir Tage, Wochen und Monate damit, zu entscheiden, wo wir studieren, welches Haus wir kaufen und ob
wir heiraten sollen. Der Tod ist ein ebenso wichtiges Ereignis. Es liegt an einem selbst, sein Recht in Anspruch zu
nehmen, an allen Entscheidungen teilzuhaben, die die eigene Pflege betreffen, und, falls es nötig sein sollte, über das
Wie und Wo des eigenen Todes zu bestimmen, aber man
kann nur dann zu seinen eigenen Bedingungen sterben,
wenn man tatsächlich an allen wichtigen Entscheidungen
teilhat. Das jedoch erfordert langfristiges Planen und enorme Entschlossenheit.

Die Rechte des Sterbenden

ENTSCHEIDUNGEN TREFFEN

Fragen Sie sich, was Ihre Ziele sind, wenn Sie in die letzte Phase Ihres Lebens eintreten. Wollen Sie:

- weitermachen wie zuvor, ohne an das Kommende zu denken?
- sich einer aggressiven Behandlung und Pflege unterziehen?
- der Natur erlauben, ihren Lauf zu nehmen, ohne radikale Maßnahmen oder lebensverlängernde Technologien in Anspruch zu nehmen?
- die volle Verantwortung für die eigene Pflege übernehmen?
- jemand anderen entscheiden lassen, was am besten für Sie ist?

Es ist Ihre Entscheidung, und was immer Sie entscheiden, ist richtig für Sie. Sie haben das Recht, sämtliche Entscheidungen zu treffen, die die Art Ihres Sterbens betreffen. Niemand kann Ihnen das Recht nehmen, diese Entscheidungen zu treffen, aber erst einmal müssen Sie dieses Recht in Anspruch nehmen.

Manchmal treffen die Leute »zweifache« Entscheidungen, indem sie zwei Ziele gleichzeitig verfolgen und hoffen, daß sich das erste verwirklichen läßt, zugleich aber bereit sind, das zweite zu akzeptieren, falls das erste scheitern sollte. Der achtzigjährige Marty traf eine solche Entscheidung, als er feststellen mußte, daß seine Lungen von Krebs befallen waren. Der energische alte Herr, der noch Tennis spielte, jeden Morgen eine Runde marschierte und am Wochenende zum Fischen ging, begann irgendwann einen leichten Schmerz in Brust und Rücken zu spüren. Zu-

An Entscheidungen teilhaben

nächst ignorierte er das Problem und schob seine Beschwerden aufs Alter. Aber der Schmerz wurde schlimmer, und nur einen Monat, nachdem er das erste Stechen verspürt hatte, saß er in einem großen Krankenhaus und hörte zu, während der Arzt die acht Zentimeter große Masse beschrieb, die in seinen Lungen wucherte. Der Krebs hatte bereits auf seine Leber übergegriffen und drohte, ihn zu töten.

Seine Familie stand unter Schock. Lynn, seine Tochter, schluchzte, als sie sagte, daß sie alle immer geglaubt hätten, »Dad würde an Altersschwäche sterben, und nicht an so etwas«. Marty und seine Familie hielten einen Familienrat ab, um zu besprechen, wie es nun weitergehen sollte. Sie einigten sich darauf, daß für den Fall, daß Martys Zustand sich drastisch verschlimmerte, keine radikale Wiederbelebung stattfinden sollte, sondern Marty das Recht haben sollte, in Frieden zu sterben. Es fiel ihnen schwer, sich gemeinsam zu dieser Entscheidung durchzuringen. Als sie mir mitteilten, was sie beschlossen hatten, fragte ich sie, ob sie diese Instruktionen auch an das Pflegepersonal weitergegeben hätten. Wie so viele Leute hatten sie das versäumt. Oft treffen wir im Kreis unserer Familie eine solche Entscheidung und vergessen, ausgerechnet die Menschen zu informieren, deren Aufgabe es sein wird, mitten in der Nacht zu handeln, wenn der Herzmonitor plötzlich seine Warnung hinausschreit. Daraufhin informierte Lynn das Personal mündlich über die Wünsche ihres Vaters und ihrer Familie.

Als ich Marty am nächsten Tag im Krankenhaus besuchen wollte, traf ich vor seiner Tür auf Lynn und eine Krankenschwester. Die Schwester, eine Freundin von Lynn, schimpfte mit ihr. »Daß ihr ihnen gesagt habt, ihn nicht wiederzubeleben, war ein großer Fehler«, erklärte die

Die Rechte des Sterbenden

Schwester mit Nachdruck. »Ihr hättet sie erst die Untersuchungen abschließen und verschiedene Behandlungsmöglichkeiten vorschlagen lassen sollen. Jetzt denken sie, daß euer Dad sterben möchte. Sie werden sich nicht mehr richtig um ihn kümmern.«

Ich wies die Schwester darauf hin, daß die Familie weder irgendwelche Untersuchungen abgeblasen noch eine endgültige Entscheidung getroffen habe. »Sie haben eine zweiteilige Entscheidung gefällt«, erklärte ich. »Er will keine drastischen Maßnahmen, er will aber auch nicht ignoriert werden. Wenn sein Herz mitten in der Nacht aufgibt, sollt ihr ihn nicht wiederbeleben. Ansonsten aber sollt ihr durchaus mit den Untersuchungen fortfahren und verschiedene Behandlungmöglichkeiten vorschlagen. Ausgehend davon, wird die Familie dann entscheiden, was weiter geschehen soll.«

Die Entscheidung, die Marty und seine Familie getroffen hatten, war in sich keineswegs widersprüchlich. Sie besagte lediglich, daß die Untersuchungen weitergehen sollten, *es sei denn* sein Zustand verschlimmerte sich plötzlich auf drastische und unwiderrufliche Weise. Manche von den Leuten, die im Krankenhaus arbeiten, haben Schwierigkeiten, das zu verstehen, aber es *ist* möglich, gleichzeitig gegen die Krankheit anzukämpfen und sich dem Unvermeidlichen zu beugen. Es ist Ihr gutes Recht, das zu tun.

Sollten Sie sich jemals in der gleichen Situation befinden wie Marty und seine Familie, dann sagen Sie zu der zuständigen Krankenschwester oder dem zuständigen Arzt: »Ich hätte gerne, daß Sie meinen Vater weiter behandeln, aber wenn sich sein Zustand plötzlich verschlimmern sollte, möchte ich nicht, daß er an ein Beatmungsgerät angeschlossen wird.« Machen Sie deutlich, daß Sie alle Behandlungsmöglichkeiten nutzen wollen, wenn auch nur *bis zu einem gewissen Punkt* – einem Punkt, über den Sie, der Patient und der Arzt/die Ärzte sich einig sein sollten. Wenn Sie das Pflegepersonal über diese oder eine andere Entscheidung informieren, bitten Sie die zuständige Schwester immer, das im Behandlungsplan zu vermerken. Wenn die Schwester gerade nicht verfügbar ist, fragen Sie nach der Oberschwester. Erklären Sie den Schwestern und Pflegern, daß Sie das Pflegepersonal und alle Ärzte über eine Entscheidung informieren möchten, die Sie im Hinblick auf die Art der Pflege getroffen haben, und daß Sie möchten, daß diese Entscheidung im Behandlungsplan vermerkt wird.

DIE VERANTWORTUNG ÜBERNEHMEN

In einer denkwürdigen Szene aus dem Film *Zeit der Zärtlichkeit* spielt Shirley MacLaine eine Mutter, deren Tochter an Krebs stirbt. »Wie geht es ihr?« fragt sie den Arzt.

»Ich sag den Leuten immer: ›Hoffen Sie auf das Beste und rechnen Sie mit dem Schlimmsten‹«, antwortet der Arzt.

Wütend über diese Antwort, faucht Shirley: »Und damit lassen sich die Leute abspeisen?«

Oft lassen wir zu, daß unsere Ärzte uns zu wenig sagen oder sich auf Platitüden beschränken, die weder tröstlich noch informativ sind. Man kann sich nur dann Ziele setzen und Entscheidungen treffen, wenn man weiß, was vor sich geht. *Sie haben das Recht, auf alle Ihre Fragen ehrliche und vollständige Antworten zu bekommen.* Denken Sie immer an folgende Punkte:

Die Rechte des Sterbenden

- Stellen Sie Fragen – und verlangen Sie Antworten, wenn diese nicht von selbst kommen.
- Bestehen Sie darauf, daß sich Ihr Arzt mit Ihnen und Ihrer Familie zusammensetzt, um Ihnen die Situation zu erklären und alle Ihre Fragen zu beantworten.
- Bereiten Sie sich auf dieses Gespräch vor, indem Sie Ihre Krankenschwester zu Ihrer Krankheit befragen, Bücher darüber lesen, sich Informationen aus dem Internet besorgen.
- Schreiben Sie sich eine Liste mit Fragen zusammen.
- Erwarten Sie nicht, bei den Ärzten beliebt zu sein, denen Sie Ihre Fragen stellen.

Offene, ehrliche, energische und Fragen stellende Individuen, die auf Informationen aus sind, sind in unserem Gesundheitssystem nicht immer willkommen. Manche Ärzte sehen es lieber, wenn Sie einfach nur die Einverständniserklärungen unterschreiben und sie tun lassen, was sie für richtig halten. Ein mir bekannter Arzt weigert sich grundsätzlich, Untersuchungsergebnisse an seine Patienten herauszugeben. »Machen Sie sich keine Sorgen«, sagt er, wenn er etwas gefragt wird. »Ich kümmere mich schon um Sie.« Ein anderer Arzt reagierte auf die Bitte eines Patienten, die Untersuchungsergebnisse einsehen zu dürfen, indem er den Behandlungsplan auf den Boden schleuderte und schrie: »Ich bin Ihnen doch keine Rechenschaft schuldig!« Sollte Ihnen etwas Ähnliches passieren, tun Sie folgendes:

- Vereinbaren Sie zunächst einen Termin in der Praxis des Arztes oder der Ärztin (oder in Ihrem Krankenzimmer, wenn Sie im Krankenhaus liegen).
- Erklären Sie dem Arzt, daß es für Sie wichtig ist, im Hinblick auf Ihre Pflege informiert und einbezogen zu werden und Fragen stellen zu dürfen.

An Entscheidungen teilhaben

• Warten Sie, wie der Arzt reagiert – und fragen Sie ihn dann, ob es ihm recht ist, Fragen zu beantworten. Wenn nicht, erklären Sie ihm, daß Sie sich möglicherweise einen anderen Arzt suchen werden, der offener für Ihre Vorstellungen ist.

Zum Glück ändert sich die Einstellung der Ärzte ihren Patienten gegenüber zunehmend. Immer häufiger erwarten und begrüßen sie es sogar, Fragen gestellt zu bekommen. Viele Patienten jedoch stellen keine Fragen. Für viele ist es undenkbar, Ärzten Fragen zu stellen oder ihnen zu sagen, was sie tun sollen. Diesen Patienten ist nicht klar, was für eine Macht es einem geben kann, für das einzustehen, woran man glaubt. So war es im Fall von Rose, der siebenundsiebzigjährigen Frau, die zu ihrem Sohn Frank sagte: »Ich habe dir nie gesagt, daß ich dich liebe.« Als Frank seine Mutter zum erstenmal ins Krankenhaus fuhr, hatte sie Fieber und immer wiederkehrende, grippeartige Symptome. Einen Tag, nachdem er sie ins Krankenhaus gebracht hatte, bekam er einen Anruf von ihrem Arzt. Da Frank nicht am Telefon mit ihm sprechen wollte, eilte er sofort ins Krankenhaus, um sich davon zu überzeugen, daß es seiner Mutter gut ging. Zwei Stunden später erschien der Arzt zur Visite. Nachdem er Mutter und Sohn fröhlich begrüßt hatte, bat er Frank, mit ihm auf den Gang hinauszukommen. Dort erklärte ihm der Arzt, daß Rose Leukämie habe.

»Aber ich war jetzt zwei Stunden bei ihr, und sie hat kein Wort darüber verloren«, stotterte Frank erschrocken und verwirrt.

»Wissen Sie«, antwortete der Arzt, »Ihre Mutter ist jetzt siebenundsiebzig. Was für einen Sinn hat es, sie wegen dieser Sache zu beunruhigen?«

Frank kochte vor Wut. »Was für einen Sinn es hat? Das

Die Rechte des Sterbenden

kann ich Ihnen schon sagen!« schrie er wütend. »Schließlich ist es *ihr* Leben!«

»Ich wollte sie doch nur schonen«, antwortete der Arzt beleidigt.

»Sie hat siebenundsiebzig Jahre gelebt, ohne von Ihnen geschont zu werden. Sie ist sehr gut in der Lage, mit ihren Problemen selbst fertig zu werden. Sie hat das Recht, über ihr Leben, ihre Krankheit und sogar über ihren Tod mitzuentscheiden, falls es dazu kommen sollte. Und jetzt gehen Sie bitte zu ihr hinein und reden Sie mit ihr!«

Zerknirscht ging der Arzt hinein, um Rose zu sagen, daß sie Leukämie hatte.

Manchmal ist der Arzt bereit, offen mit dem Patienten zu sprechen, aber die Familie nimmt ihn oder sie beiseite und erklärt: »Es ist besser, wir sagen nichts davon.« Viele Ärzte machen bei einer solchen Verschwörung des Schweigens mit, weil sie glauben, dem Patienten damit unnötiges Leid zu ersparen. Das ist gut gemeint, aber wenn man einem unheilbar Kranken Informationen vorenthält, hindert man ihn daran, an allen Entscheidungen, die seine Pflege betreffen, teilzuhaben, und schließt ihn aus dem letzten Kapitel seines Lebens aus.

Am besten ist es, wenn die Ärzte sich mit ihren Patienten zusammensetzen und sagen: »Ich wünschte, ich hätte andere Neuigkeiten für Sie, aber leider sieht es so aus, als müßten Sie sterben. Wann es soweit sein wird, weiß ich nicht. Ich werde Ihnen jetzt sagen, was ich für Sie tun kann und was ich nicht für Sie tun kann. Was möchten Sie sonst noch gerne wissen? Wie möchten Sie, daß wir jetzt vorgehen?«

Für Patienten, die eine Entscheidung treffen müssen, sind Informationen eine Art Medizin. Wie können wir von ihnen erwarten, daß sie entscheiden, ob sie eine aggressive oder eine passive Therapie verfolgen wollen, wenn sie nicht

wissen, was vor ihnen liegt? Wie kann jemand, der beispielsweise die Charcot-Krankheit (amyotrophische Lateralsklerose) hat, eine Entscheidung treffen, wenn er nicht
weiß, daß diese Krankheit irgendwann die Brustmuskeln
so sehr schwächt, daß ihm das Atmen zunehmend schwer-
fallen wird?

Krankheit und Tod sind niemals leicht. Informationen
ändern selten etwas am Verlauf Ihrer Krankheit, aber sie
helfen Ihnen mit Sicherheit, Ihren Weg durch die schwierigen Zeiten zu planen, die vor Ihnen liegen. Das ist der
Grund, warum die Patienten stets informiert werden *müssen*. Es ist auch der Grund, warum die Patienten bereit sein
müssen, gegen Ärzte aufzubegehren, die nicht bereit sind,
sie zu informieren. Dieses Aufbegehren kann in Form einer einfachen, höflichen Bitte erfolgen. Es kann aber auch
nötig werden, lange auf den Arzt einzureden, mit ihm zu
streiten oder ihn anzuschreien. Was auch immer nötig sein
sollte, bestehen Sie darauf, informiert zu werden.

ZIELE ÄNDERN

Egal, ob Sie nun beschlossen haben, über Ihre Behandlung
mitzubestimmen oder nicht, egal, ob Sie sich so gut wie
möglich informiert haben oder nicht, *Sie haben das Recht,
weiter medizinisch betreut zu werden, selbst wenn sich Ihre
Ziele ändern.* Diese Ziele können sich von Monat zu Monat, von Woche zu Woche oder von Tag zu Tag ändern.
Vielleicht treffen Sie eine bestimmte Entscheidung, nachdem Sie zum erstenmal die Diagnose gehört haben, und
eine völlig andere, nachdem Sie sechs Monate Chemotherapie hinter sich haben. Vielleicht bestehen Sie zunächst auf

Die Rechte des Sterbenden

dem Ziel »Heilung«, bis Ihnen irgendwann klar wird, daß das nicht möglich ist, und Sie sich dafür entscheiden, Ihr »Wohlbefinden« als neues Ziel ins Auge zu fassen. Vielleicht bewegen Sie sich aber auch in die entgegengesetzte Richtung und ändern Ihre Anweisung »nicht wiederbeleben« in »Tun Sie alles in Ihrer Macht Stehende, um mich am Leben zu erhalten«. *Ihre letzte Entscheidung ist diejenige, die zählt.* Sie haben das Recht, Ihre Meinung zu ändern. Wenn Sie es tun, sollte das von allen respektiert werden.

Leider reagiert unser träges medizinisches System nur sehr langsam auf Änderungen, so daß manche Leute gezwungen sind, ungewöhnliche Maßnahmen zu ergreifen. Tom, ein zweiundvierzigjähriger Mann, dessen Nieren kaum mehr arbeiteten, machte kein Hehl aus der Tatsache, daß er seine Ärzte manipulierte, als ich ihn zu Hause besuchte. Da ich seine Pflege gerade erst übernommen hatte, stellte ich mich erst einmal vor und erkundigte mich nach seinen Wünschen. Was er mir erzählte, war nicht ungewöhnlich, seine Unverblümtheit dagegen schon. »Es fällt mir schwer, eine endgültige Entscheidung zu treffen«, erklärte er. »Oft bekomme ich Angst vor dem Sterben und habe ein paar Wochen lang das Gefühl, bis zum Ende kämpfen zu müssen. Dann wieder habe ich das ewige Leiden satt und tendiere dazu, der Natur ihren Lauf zu lassen. Aber ich kann keinen Arzt finden, der flexibel genug ist, um meine Meinungsumschwünge mitzumachen. Den meisten Ärzten ist nicht klar, wie beängstigend es sein kann, dem Tod ins Auge zu blicken. Mein ständiges Hin und Her geht ihnen auf die Nerven. Deswegen habe ich jetzt zwei Ärzte. Wenn ich mich stark fühle und in Kampfstimmung bin, rufe ich ›Dr. Brutalo‹ an. Wenn ich dagegen den Wunsch habe, einfach nur schmerzfrei zu sein und der Natur ihren Lauf zu lassen, rufe ich ›Dr. Softie‹ an. Der eine weiß nichts vom anderen, und ich werde die beiden bestimmt nicht aufklären.«

Natürlich wäre es besser, von nur einem Arzt betreut zu werden, aber es kann schwierig sein, einen zu finden, der mit Ihren sich ändernden Zielen klarkommt. Ich kann Toms Lösung nicht empfehlen, verstehe aber, warum er sie für nötig hielt. Statt dessen schlage ich vor, daß Sie sich einen Arzt suchen, der mit Ihrer Behandlungsphilosophie übereinstimmt und flexibel genug ist, Ihre Vorgehensweise zu akzeptieren.

WÜNSCHE RESPEKTIEREN

Jeder hat schon in der Zeitung von Familien gelesen, die vor Gericht gehen, um die Ärzte zu zwingen, ein geliebtes Familienmitglied, das schon seit Jahren im Koma liegt, von seinem Beatmungsgerät zu erlösen. Solche Prozesse können Monate dauern, Familien auseinanderreißen und den Patienten unter Umständen zwingen, gegen seinen Willen »am Leben« zu bleiben. Die zentrale Frage ist dabei immer die nach den Wünschen des Patienten. Die meisten Leute bringen ihre Wünsche nie klar zum Ausdruck. Mrs. Smith glaubt vielleicht, daß ihr Mann, der inzwischen im Koma liegt, schnell und friedlich sterben wollte, während ihr Sohn glaubt, daß sein Vater bis zum Schluß kämpfen wollte. Wenn wir Mr. Smith nicht mehr fragen können, was er will, müssen wir uns an Anwälte und Richter wenden, die Mr. Smith nie begegnet sind und unmöglich wissen können, was er wünscht.

Die meisten Leute wollen einfach nicht über den Tod und das Sterben reden. Darüber zu reden bedeutet, sich der

Die Rechte des Sterbenden

Tatsache zu stellen, daß ein geliebter Mensch eines Tages, vielleicht schon bald, sterben wird. Manchmal haben wir sogar Angst, daß das bloße Reden darüber das Ganze passieren lassen wird. Viele schweigen so lange, bis sie nicht mehr sprechen können. Dann muß ein anderer die Entscheidung fällen und beschließen, ob das Beatmungsgerät und die anderen Maschinen angeschaltet bleiben oder abgeschaltet werden sollen. Die Entscheidung bleibt normalerweise den Frauen überlassen, weil sie meist länger leben als ihre Ehemänner. Viele Frauen haben Schwierigkeiten, ihre Meinung gegenüber willensstarken männlichen Ärzten durchzusetzen, die oft andere Vorstellungen haben. Es besteht die Gefahr, daß Ihre Wünsche nicht respektiert werden, wenn Sie sie nur Ihrem Ehepartner mitteilen.

Patricia, die an akuter Leukämie litt, war erst kürzlich nach Hause gekommen, nachdem sie sechs Wochen lang auf der Intensivstation zwischen Leben und Tod geschwebt hatte. Da sie niemanden über ihre Vorstellungen informiert hatte und ihr Körper nicht mehr in der Lage war, aus eigener Kraft zu funktionieren, war sie während dieser Zeit hundertprozentig von Maschinen abhängig. Trotzdem erholte sie sich irgendwie. Als sie kurz darauf ihren fünfzigsten Geburtstag feierte, schien sie richtig zu strahlen; sie hatte ein Leuchten an sich, das ich noch nie zuvor bei ihr gesehen hatte. Nachdem wir uns umarmt hatten, erzählte sie mir, daß sie sich an nichts erinnere, was mit ihr geschehen sei, als sie auf der Intensivstation lag und alle damit rechneten, daß sie jeden Augenblick sterben würde. »Meine Erinnerung setzt erst ein, als ich schon wieder auf der normalen Station lag. Ich nehme an, ich war einfach noch nicht bereit zu gehen«, sagte sie lächelnd. »Ich brauchte mehr Zeit mit meinen Kindern. Sie sind noch so jung, neunzehn, siebzehn und vierzehn. Das klingt gar nicht so jung, ist es aber.« Ich spürte, wie mir die Tränen in die Augen stiegen, während sie weitersprach. »Ich bin so glücklich, euch alle wiederzusehen und hier zu sein.«

Als ich die Party verließ, fragte ich mich, ob Patricia den Ärzten diesmal klare Anweisungen geben würde. Sie war so optimistisch, so glücklich, noch am Leben zu sein, daß es ihr vielleicht »falsch« erschien, sich gleichzeitig auf das Leben und den Tod vorzubereiten.

Einen Monat später war der Krebs wieder da. Patricia entschied sich dafür, selbst dann nicht über ihre Situation zu sprechen, wenn ihre Kinder das Thema auf den Tisch brachten. Es entsprach einfach nicht ihrem optimistischen Wesen, Anweisungen zu erteilen, die medizinische Versorgung abzubrechen. Statt dessen machte sie Pläne, wie sie den Kampf gegen den Krebs aufnehmen würde.

Drei Tage später legte sich Patricia wie üblich schlafen, aber am nächsten Morgen wachte sie nicht mehr auf. Ihr Mann Peter rief den diensthabenden Arzt an, der ihm riet, den Notarzt anzurufen oder Patricia selbst in die Notaufnahme zu bringen. Den ganzen Tag über saß die Familie zu Hause an Patricias Bett und hielt Wache. Sie wußten einfach nicht, was sie tun sollten. In der folgenden Nacht begann sie ihren Abstieg in die Arme des Todes. Voller Panik riefen sie den Notarzt an, und die Sanitäter trafen gerade noch rechtzeitig ein, um Patricia sterben zu sehen. Als sie sahen, daß sie sich bereits im Krebs-Endstadium befand, fragten sie Peter, ob sie sie wiederbeleben sollten. Er blickte auf den vom Krebs zerstörten Körper seiner Frau hinunter und sah dann den Bruder seiner Frau fragend an. Ihr Bruder schüttelte den Kopf, und damit war die Entscheidung gefallen. Es war eine gnädige, liebevolle Entscheidung.

Patricias Angehörige werden nie wissen, ob es die richtige Entscheidung war. Sie werden nie wissen, ob es das war,

Die Rechte des Sterbenden

was Patricia selbst gewollt hätte. Deswegen ist es so wichtig, mit Ihrer Familie, Ihren Freunden und Ärzten über Ihre Wünsche zu sprechen und die anderen genau wissen zu lassen, was geschehen soll, wenn Sie nicht mehr in der Lage sind, diese Entscheidung selbst zu treffen.

Der Notfallmediziner Dr. Mark Katz hat hauptsächlich mit Patienten zu tun, denen keine Zeit mehr bleibt, ihre Wünsche zu äußern. Er erzählte mir von einem Patienten, den er an einem besonders hektischen Tag behandelte. Schwer verletzt, völlig benommen und unfähig zu sprechen, versuchte der Mann Marks Hand wegzuschieben, als der sich abmühte, einen Schlauch in die Luftröhre des Mannes einzuführen. Mark konnte nicht sagen, ob der Patient ihm auf diese Weise klarmachen wollte, daß er keine medizinische Versorgung mehr wünschte, oder ob der Mann gar nicht mehr wußte, was mit ihm passierte, und einfach nur versuchte, das unangenehme Ding wegzustoßen, das ihm da ihn den Mund geschoben wurde. War seine Bewegung nichts als ein unbewußter Reflex? »Es gab keine Möglichkeit, das festzustellen«, sagte Dr. Katz traurig. »Am Ende seines Lebens war der Mann nicht mehr in der Lage, seine Wünsche zum Ausdruck zu bringen, und unfähig, über das Wie, Wann und Wo seines Todes zu entscheiden.«

Wir *können* unsere Wünsche zum Ausdruck bringen, aber vielen von uns widerstrebt es, das zu tun, einfach, weil sie das Thema nicht zur Sprache bringen wollen. Andere haben Angst, daß sie nicht mehr so gut – oder gar nicht mehr – versorgt werden, wenn sie dem Pflegepersonal ihre Wünsche mitteilen. Aber wenn wir uns heute nicht der Tatsache stellen, daß wir eines Tages sterben werden, müssen wir vielleicht schon morgen feststellen, daß es nicht mehr in unserer Macht steht, auf das Einfluß zu nehmen, was mit uns passiert.

An Entscheidungen teilhaben

SCHRIFTLICHE ANWEISUNGEN

Wenn es Ihnen schwerfällt, über Ihre Wünsche zu sprechen, können Sie sie auch als schriftliche Anweisung formulieren. Dieses Dokument wird dann für Sie sprechen, wenn Sie selbst dazu nicht mehr in der Lage sind. Eine solche schriftliche Anweisung erlaubt es Ihnen, genau zu spezifizieren, inwieweit sie behandelt werden wollen, angefangen vom Einsatz aller zur Verfügung stehenden Mittel bis hin zu einer reinen Schmerzbehandlung, die nur das Ziel verfolgt, Ihnen ein schmerzfreies Sterben zu ermöglichen. Sie können auch einen Bevollmächtigten ernennen, eine Person Ihres Vertrauens, die für Sie die Entscheidungen treffen wird, wenn Sie es nicht mehr können. Die folgende, von der *California Medical Association* entworfene Musteranweisung bietet drei Alternativen, aus denen Sie auswählen können:

1. Ich möchte weder, daß der Versuch unternommen wird, mein Leben zu verlängern, noch möchte ich, daß eine lebenserhaltende Behandlung durch- oder weitergeführt wird: (1) wenn ich mich in einem irreversiblen Koma oder einem anhaltenden Zustand der Bewußtlosigkeit befinde oder (2) wenn ich unheilbar krank bin und die Durchführung lebenserhaltender Maßnahmen nur dazu dienen würde, den Moment meines Todes künstlich hinauszuzögern, oder (3) in jeder anderen Situation, in der die Nachteile der Behandlung die zu erwartenden Vorteile überwiegen. Ich möchte, daß mein Bevollmächtigter bei allen Entscheidungen, die eine lebenserhaltende Behandlung betreffen, neben der Linderung meines Leidens auch die Qualität und das Ausmaß einer eventuellen Verlängerung meines Lebens in Betracht zieht.

77

Die Rechte des Sterbenden

oder:

2. Ich möchte, daß der Versuch unternommen wird, mein Leben zu verlängern, und ich möchte auch, daß lebenserhaltende Maßnahmen ergriffen werden, es sei denn, ich befinde mich im Koma oder einem Zustand der Bewußtlosigkeit, den mein Arzt nach eingehender Prüfung als irreversibel einstuft. Sobald mein Arzt zu dem Schluß gelangt ist, daß ich den Rest meines Lebens bewußtlos bleiben werde, möchte ich nicht, daß lebenserhaltende Maßnahmen ergriffen oder fortgeführt werden.

oder:

3. Ich möchte, daß auf jeden Fall der Versuch unternommen wird, mein Leben zu verlängern, und auch dann eine lebenserhaltende Behandlung durchgeführt wird, wenn ich mich in einem irreversiblen Koma oder einem anhaltenden Zustand der Bewußtlosigkeit befinde.

Leider ist eine schriftliche Anweisung nicht gesetzlich bindend, wenn Ihre Familie mit Ihren Wünschen nicht einverstanden ist. So war es beispielsweise im Fall zweier Brüder, Benjamin und Saul. Der siebenundsechzigjährige Saul litt an Diabetes und war schon seit mehreren Jahren Dialysepatient. Er hatte bereits zwei Herzinfarkte hinter sich. Seine Sehkraft nahm rapide ab, und es bestand die Gefahr, daß sein rechtes Bein wegen eines Gangräns amputiert werden mußte. Der früher so robuste Mann, der sich zum vielfachen Millionär hochgearbeitet hatte, besaß kaum noch genug Kraft, um den Weg von seinem Bett ins Badezimmer zu schaffen.

Eines Abends rief Saul seinen jüngeren Bruder Benjamin

An Entscheidungen teilhaben

an und bat ihn, sofort zu kommen. Benjamin kam seinem Wunsch nach und fand Saul im Bett vor. Sauls Frau, Phyllis, war nicht zu Hause. Saul wirkte sehr schwach. Seine Atmung ging flach, und sein Herz schlug nur mehr ganz schwach. Erschrocken sagte sein jüngerer Bruder:»Ich hole Hilfe«, aber Saul antwortete sofort:»Nein.«

»Möchtest du sterben?«

Saul nickte und fügte dann hinzu:»Laß nicht zu, daß sie mich wiederbeleben.« Er deutete auf ein Dokument, das auf dem Nachttisch lag.»Ich habe meine Wünsche schriftlich niedergelegt. In dem Papier steht, daß ich nicht wiederbelebt werden möchte.«

Benjamin wußte genau, wovon Saul sprach, weil sie schon öfter über dieses Thema gesprochen hatten. Saul war bereit zu sterben, aber seine Frau Phyllis war nicht bereit, ihn gehen zu lassen. Beide Männer wußten, daß sie die Anweisung, die er vorbereitet hatte, ignorieren würde. Saul wollte, daß sein Bruder Benjamin sicherstellte, daß seinen Wünschen entsprochen wurde.

Der jüngere Bruder setzte sich ans Bett des älteren, hielt seine Hand und rief ihm ihre liebsten Kindheitserinnerungen ins Gedächtnis, während er seine Tränen zurückblinzelte. Er wußte, daß Saul viel gelitten hatte und bereit war zu gehen, aber er wollte seinen Bruder nicht verlieren. Und er haßte es, derjenige zu sein, der dafür sorgen mußte, daß er auch wirklich sterben konnte. Aber er war trotzdem bereit, es zu tun.

Alles ging glatt, bis Phyllis unerwartet nach Hause kam. Als sie sah, was vor sich ging, rief sie sofort den Notarzt. Innerhalb kürzester Zeit waren die Sanitäter zur Stelle und verlangten von Benjamin beiseitezutreten, damit sie sich um Saul kümmern konnten. Als Benjamin sich weigerte, riefen sie die Polizei.

Die Rechte des Sterbenden

»Ich bin sein Bruder«, erklärte Benjamin den Polizeibeamten. »Ich weise Sie hiermit darauf hin, daß er sterben möchte. Sie dürfen nicht Hand an ihn legen, wenn er sterben möchte!« Er hielt die schriftliche Erklärung hoch. »Hier sind seine schriftlichen Anweisungen!«

»Und ich bin seine Frau!« rief Phyllis, riß ihm das Dokument aus der Hand und zerfetzte es. »Und ich sage, daß er leben möchte!«

Benjamin wandte sich zu Saul um, dessen Augen geschlossen waren, und sagte: »Saul. Wenn du möchtest, daß sie dich in Ruhe lassen, dann drücke meine Hand.« Alle erstarrten und beobachteten schweigend Sauls Hand. Sie drückte die von Benjamin.

Auf diese Weise kämpften Benjamin und Saul weiterhin gegen den Rest. Solange Saul soweit bei Bewußtsein war, daß er Benjamins Hand drücken konnte, waren den Sanitätern die Hände gebunden. Aber sobald Saul das Bewußtsein verlor, würde seine Ehefrau Phyllis das Regiment übernehmen. Dann konnte die Polizei Benjamin beiseiteschieben und es den Sanitätern ermöglichen, an die Arbeit zu gehen. Deshalb versuchte Saul, bei Bewußtsein zu bleiben, während er starb, in der Hoffnung, solange durchzuhalten, bis er dem Tod nahe genug war, um die Bemühungen der Sanitäter nutzlos zu machen. Alle sechzig Sekunden drückte er auf Benjamins Wunsch dessen Hand und gab auf diese Weise zu verstehen, daß er sterben wollte. Dann drückte er plötzlich nicht mehr.

»Jetzt!« rief Phyllis. Die Polizisten stießen Benjamin beiseite, während die Sanitäter Nadeln und Schläuche in Sauls Körper schoben, alle möglichen Flüssigkeiten in ihn hineinpumpten und sein Herz mit Elektroschocks traktierten. Aber es war zu spät. Saul hatte fast bis zum Ende gegen die Bewußtlosigkeit angekämpft und auf diese Weise sichergestellt, daß man ihn sterben ließ. Die Polizei drohte damit, Benjamin zu verhaften, verzichtete dann aber darauf.

Phyllis sprach nie wieder ein Wort mit ihm, weil sie ihn für den Tod ihres Mannes verantwortlich machte. Brenda und ihr Mann Percy erlebten einen wesentlich angenehmeren Abschied. Brenda war schon immer dafür gewesen, sich rechtzeitig um alles zu kümmern. Als ihr Brustkrebs wiederkehrte, reichte sie Percy einen Umschlag mit ihren schriftlichen Anweisungen. Er las ihre Wünsche, und hinterher sprachen sie darüber und überlegten, was in der und der Situation zu tun sei. Kurz bevor sie starb, sagte Brenda zu mir:»Ich bin wirklich froh, daß ich diese Anweisungen vorbereitet hatte. Das half uns, über alles zu sprechen und uns rechtzeitig zu einigen. Auf diese Weise konnten Percy und ich die Zeit, die uns zusammen mit unseren Kindern blieb, noch richtig genießen, ohne uns ständig fragen zu müssen: ›Was, wenn … ‹«

Es ist wichtig, daß Sie zur Wahrung Ihrer Wünsche eine starke Persönlichkeit auswählen, die auch unter großem Druck für Sie eintreten wird, selbst wenn der oder die Betreffende mit Ihrer Entscheidung nicht einverstanden ist. Ihr erster Instinkt ist vielleicht, diese Verantwortung demjenigen Menschen zu übertragen, der Ihnen am nächsten steht, aber diese Person ist nicht immer stark oder entschlossen genug, um Ihre Wünsche auszuführen. Es ist außerdem von entscheidender Bedeutung, daß Sie Ihre Wünsche mit dieser Person besprechen, *bevor* Sie ihn oder sie als Ihren Bevollmächtigten einsetzen. Bringen Sie Ihre Gefühle klar zum Ausdruck. Lassen Sie die Person wissen, daß Sie ihre Hilfe als einen Akt der Liebe betrachten. Betonen Sie, daß sie Ihnen nichts nimmt, sondern etwas *gibt*. Machen Sie deutlich, daß die *Krankheit* Sie töten wird,

Die Rechte des Sterbenden

nicht Ihre Anweisungen, und ebensowenig die Entscheidung, die der oder die Betreffende wird fällen müssen.

Es ist nur normal, daß man sich schuldig fühlt, wenn man ein Beatmungsgerät oder andere medizinische Gerätschaften abschalten läßt. Viele Leute sagen: »Ich möchte, daß meine Lieben auf natürliche Weise sterben, und nicht, weil das Beatmungsgerät abgeschaltet wurde.« Dabei vergessen wir, daß Beatmungsgeräte etwas Künstliches sind. Künstlich ernährt zu werden ist – wie der Name schon sagt – etwas Unnatürliches. Das Natürlichste auf der Welt ist es, der Natur ihren Lauf zu lassen. Ihr Bevollmächtigter muß nicht über Ihren Tod entscheiden – Sie tun das. Ihr Bevollmächtigter vollführt nur einen Akt der Liebe und Gnade, indem er oder sie dafür sorgt, daß Ihre Wünsche respektiert werden.

Stellen Sie sicher, daß Ihr Bevollmächtigter über eine Kopie Ihrer schriftlichen Erklärung verfügt, und geben Sie eine weitere Kopie Ihrem Arzt, damit er sie in Ihre Unterlagen aufnehmen läßt, wenn Sie ins Krankenhaus kommen. Teilen Sie Ihrer Familie mit, wo sie das Dokument schnell und problemlos finden kann. Versammeln Sie Ihre Familie bereits in einem frühen Stadium der Krankheit – oder noch bevor Sie richtig krank werden – zu einem Familienrat. Zeigen Sie Ihren Lieben Ihre schriftlichen Anweisungen, machen Sie ihnen Ihre Wünsche klar und diskutieren Sie über ihre Einwände. Sprechen Sie lieber jetzt darüber, als später von Ihrem Krankenbett aus. Wenn Sie im Koma liegen, ist es zu spät, denn dann kann *jeder* Ihrer Verwandten darauf beharren, Sie am Leben zu erhalten, so daß die Ärzte gezwungen sind, die Maschinen angeschaltet zu lassen. Aus Angst, gerichtlich belangt zu werden, werden die Ärzte lieber zuviel tun als zuwenig.

Ärzte und schriftliche Anweisungen

Ein Arzt möchte vielleicht, daß Sie »am Leben« bleiben, weil er das Gefühl hat, versagt zu haben, wenn Sie sterben. Möglicherweise wurde dem Arzt beigebracht, bis zum bitteren Ende zu kämpfen, so daß er den Tod noch nie als das Wunder gesehen hat, mit dem das Leben endet, genauso, wie die Geburt das Wunder ist, mit dem es beginnt. Man hat ihm vielleicht eingeschärft, keine mündlichen Anweisungen von verstörten Verwandten entgegenzunehmen. (Aber wer wäre nicht verstört, wenn ein geliebter Mensch mit dem Tod ringt?) Viele Ärzte befürchten, gerichtlich verfolgt zu werden, wenn sie nicht alles Erdenkliche tun, um ihre Patienten am Leben zu erhalten. Und sie wollen nicht in endlose Prozesse zwischen verschiedenen Familienmitgliedern verstrickt werden. Wenn auch nur ein einziger Verwandter sagt: »Erhalten Sie ihn am Leben«, werden die meisten Ärzte den gesetzlich ungefährlichsten Weg gehen und diese Anweisung befolgen. Sogar ein entfernter Verwandter, den Sie seit zwanzig Jahren nicht mehr gesehen haben, kann ins Krankenhaus marschieren und die Ärzte anweisen, alles in ihrer Macht Stehende zu tun, um Sie am Leben zu erhalten.

Vor einigen Jahren bekam Heather den Anruf, vor dem sich jeder Mensch fürchtet. Ihr Vater hatte einen Herzinfarkt erlitten und war ins Krankenhaus eingeliefert worden. Sofort setzte sie sich ins Auto und fuhr die zwei Stunden, um bei ihm sein zu können. Als sie feststellte, daß ein Arzt mit dem Fall betraut war, der ihrem Vater noch nie begegnet war, erklärte sie ihm: »Mein Vater wünscht ausdrücklich, daß keine drastischen Wiederbelebungsmaßnahmen unternommen werden.«

Mit beleidigter Miene antwortete der große, grauhaarige

Die Rechte des Sterbenden

Arzt: »Das kann ich nicht akzeptieren, weil ich nicht weiß, ob das wirklich der Wunsch Ihres Vaters ist.«

»Ich bin seine Tochter, seine einzige Verwandte«, antwortete sie. »Ich weiß, was sein Wunsch ist.«

»Haben Sie das schriftlich?« fragte der Arzt ausweichend.

Heathers Vater hatte eine schriftliche Erklärung unterschrieben, aber Heather hatte vergessen, sie mitzubringen. »Ja«, antwortete sie, »aber das Dokument liegt bei mir zu Hause.«

»Aha«, antwortete er. »Solange ich es nicht gesehen habe, kann ich nicht davon ausgehen, daß es tatsächlich existiert.«

»Ich werde ihn bestimmt nicht vier Stunden allein lassen, nur, um es zu holen«, erklärte sie mit Nachdruck. Sie wollte sich von dem Arzt nicht einschüchtern lassen.

An diesem Punkt ging der Arzt zum Angriff über. »Können Sie überhaupt beweisen, daß Sie seine Tochter sind?« fragte er sie.

»Und ob ich das kann!« schrie sie zurück. »Glauben Sie wirklich, ich schleiche mich in Krankenhäuser und tue so, als wäre ich die Tochter irgendeines Komapatienten, bloß, damit ich bei ihm den Stecker ziehen kann? In Wirklichkeit geht es Ihnen doch gar nicht um Dokumente oder Ausweise. Was wollen Sie eigentlich?«

Nachdem ihm die Ausreden ausgegangen waren, gab der Arzt zu, daß er persönlich nichts davon halte, die Leute sterben zu lassen. »Ich will auch nicht, daß mein Vater stirbt«, antwortete Heather sanft, »aber er hat sehr deutlich gemacht, daß er es, falls er an einem Beatmungsgerät enden oder nur noch dahinvegetieren sollte, vorzieht, der Natur ihren Lauf zu lassen. Sie sind für uns ein völlig Fremder, Sie sind meinem Vater noch nie zuvor begegnet. Aus welchem

Grund sollte Ihr Wertesystem mehr Gewicht haben als unseres?«

Noch ehe der Arzt etwas antworten konnte, fuhr Heather fort: »In Wirklichkeit interessiert es Sie gar nicht, was mein Vater möchte, stimmt's? Schicken Sie sofort einen anderen Arzt herauf. Wenn Sie noch einmal in die Nähe meines Vaters kommen, rufe ich die Polizei!«

Zum Glück sind derart dramatische Konfrontationen selten und auch nur selten nötig. Aber wenn Sie und Ihr Arzt oder der Arzt Ihres Verwandten miteinander nicht klarkommen, ist es durchaus angebracht, einen anderen Arzt zu verlangen. Das ist Ihr gutes Recht. Sie können das Pflegepersonal bitten, Ihnen einen zu empfehlen, oder bei der Krankenhausverwaltung anrufen.

In den meisten Fällen spiegelt die Pflege, die ein Patient bekommt, die Überzeugungen und Wertvorstellungen seines Arztes wieder. Es ist von entscheidender Bedeutung, daß Sie sich einen Arzt aussuchen, der Ihre Wertvorstellungen und Überzeugungen teilt. Wenn wir uns von Ärzten behandeln lassen, deren Wertvorstellungen sich von unseren unterscheiden, werden wir oft dazu überredet, aggressivere oder weniger aggressive Maßnahmen zu ergreifen, als wir selbst eigentlich möchten. Es ist sehr wichtig, daß Sie Ihre Wünsche in Form einer schriftlichen Erklärung deutlich machen und eine starke Persönlichkeit zu Ihrem Bevollmächtigten ernennen, der dafür sorgt, daß Ihre Wünsche respektiert werden. Andernfalls müssen Sie womöglich feststellen, daß Ihnen die Kontrolle über die Umstände Ihres Todes immer mehr entgleitet.

Die Rechte des Sterbenden

POSITIVE MÖGLICHKEITEN

Wir haben das Recht, an allen Entscheidungen teilzuhaben, die unsere Pflege betreffen. Wir haben das Recht, uns eigene Ziele zu setzen und diese Ziele wieder zu ändern. Außerdem haben wir das Recht, eine ehrliche und informative Betreuung zu erwarten. Diese Art von Ehrlichkeit schadet niemandem. Im Gegenteil, sie kann sogar manchmal Leben retten. Viele Patienten betteln regelrecht darum, »abgeschaltet« zu werden und sterben zu können, nicht, weil sie sterben wollen, sondern weil sie so große Schmerzen haben. Wenn diese Patienten besser über den Verlauf ihrer Krankheit informiert werden und wissen, welche Möglichkeiten zur Verfügung stehen, um ihnen ihre Schmerzen zu nehmen oder sie zumindest zu lindern, entscheiden sich die meisten fürs Weiterleben.

Viele Ärzte aber drücken sich gerne negativ aus und neigen dazu, ihren Patienten Informationen vorzuenthalten. Auch beantworten sie die Fragen, die ihnen gestellt werden, oft nicht vollständig. Statt zu sagen, was sie tun können, sagen sie, was sie *nicht* tun können. Sie sagen, daß »nichts mehr zu machen ist«, statt dem Patienten die vielen Medikamente und anderen Therapien zu beschreiben, die zur Verfügung stehen, um seine Schmerzen zu lindern.

Selbst dann, wenn keine Chance auf Heilung mehr besteht, können die Ärzte einem Menschen helfen, indem sie sich positiv ausdrücken. Wenn eine Krankheit unheilbar geworden ist, sollten sie den Patienten auf mögliche Behandlungsmethoden hinweisen:

- »Wir können drastische Maßnahmen ergreifen, um Ihr Wohlbefinden zu sichern.«
- »Wir können für Sie eine Schmerztherapie entwickeln,

An Entscheidungen teilhaben

die Ihren Bedürfnissen immer wieder neu angepaßt wird.«

- »Wir können Ihrer Familie gestatten, Sie rund um die Uhr zu besuchen.«
- »Wir können Ihnen erlauben, Ihr Haustier mitzubringen.«
- »Wir können Ihnen erlauben, Pizza zu essen.«
- »Wir können die Qualität der Ihnen verbleibenden Zeit verbessern und Ihnen die letzten Tage oder Monate so angenehm wie möglich machen.«
- »Wir können Sie über die letzte Phase Ihres Lebens mitbestimmen lassen.«
- »Wir können über Ihr Leiden und Ihre Schmerzen sprechen.«
- »Und wenn die Zeit gekommen ist, können wir Ihr Sterben so gestalten, wie Sie es möchten.«

Sie haben das Recht, diese Art von Pflege zu erwarten, und wenn Sie sie nicht bekommen, haben Sie das Recht, alles dafür Nötige in die Wege zu leiten.

DIE PHYSIOLOGIE DES SCHMERZES

Das Recht, körperlich schmerzfrei zu sein.
Das Recht, von mitfühlenden, sensiblen und kompetenten
Menschen gepflegt zu werden, die sich bemühen, die
Bedürfnisse des Kranken zu verstehen.

Eines frühen Morgens vor zehn Jahren stand ich auf einem Krankenhausgang und fürchtete mich vor dem Anblick, der sich mir bieten würde, wenn ich die Tür aufschieben und in Erics Zimmer treten würde. Ich fürchtete mich nicht vor dem Blut, denn Blut gab es keines zu sehen. Es gab auch keine Ärzte, die bei dem Patienten ein und aus rannten und dem Pflegepersonal ihre Anweisungen zuriefen, keine pfeifenden oder piepsenden Maschinen, und auch keine verängstigten Angehörigen, die weinend auf dem Gang oder um das Bett herumstanden. In diesem Zimmer herrschte absolute Stille, und genau diese extreme Stille war es, die mir so zu schaffen machte.

Normalerweise geht es in einem Krankenhaus morgens sehr lebhaft und laut zu: Das Frühstück wird verteilt; Schwestern und Pfleger sehen nach ihren Patienten; Ärzte drehen ihre Runden; Patienten werden zu Untersuchungen auf andere Stationen gebracht; Verwandte kommen ihre Lieben besuchen. Aber in Zimmer 601 am Ende des betriebsamen Gangs war alles still. Der Patient war am Leben, aber er hatte Angst, sich zu bewegen.

Auf Nummer 601 starb Eric, ein Designer Anfang dreißig, an AIDS. Außer an PCP (einer durch *Pneumocystis*

Die Physiologie des Schmerzes

carinii verursachten Pneumonie, an der AIDS-Patienten häufig leiden), litt Eric zusätzlich an Neuropathie, einer Krankheit, die die Nervenenden in seinen Armen und Beinen zerstört hatte.

Neuropathie ist eine Komplikation, die bei AIDS häufig auftritt. Bei vielen Patienten führt sie lediglich zu einem lästigen Kribbeln oder Taubheitsgefühl. Aber Eric hatte nicht soviel Glück. Die Krankheit zerstörte die schützenden Hüllen um die Nerven in seinen Beinen und Füßen sowie in seinen Händen und Unterarmen. Die freiliegenden, ungeschützten Nervenenden waren extrem empfindlich. Schon die kleinste Bewegung seiner Beine, Arme, Füße oder Hände – ja selbst eine Bewegung seiner Schultern, die an seinen Armen »zerrte« – sandte schreckliche Schmerzbotschaften in sein Gehirn. »Ich kann nicht einmal den Kopf drehen«, flüsterte er, wobei er die Lippen langsam und vorsichtig bewegte. »Es ist, als würden meine Arme und Beine in Schraubstöcken stecken, an denen jemand ständig die Schrauben fester dreht«, sagte er voller Kummer und Angst. Wochenlang lag er im Bett und hielt sich so still wie möglich.

Ich hatte sterbende Menschen schreien, weinen, fluchen, reden, betteln, lachen, zucken, sich winden und um sich schlagen sehen. Aber noch nie hatte ich jemanden gesehen, der sich so stillhielt. Natürlich war es Eric auf Dauer nicht möglich, völlig reglos dazuliegen. Ab und zu berührten ihn ein Arzt oder eine Schwester, oder ein Muskel seines Körpers zuckte. Dann zerschnitten seine Schreie die Stille. Die meiste Zeit aber war es in Zimmer 601 totenstill. Selbst der Ton des Monitors war abgeschaltet worden, weil er Eric störte.

Als ich merkte, daß das Ende nahte, riet ich Erics Familie und seinem Lebensgefährten Scott, ins Krankenhaus zu

Die Rechte des Sterbenden

kommen und sich von ihm zu verabschieden. Wir saßen in jener Nacht still an seinem Bett und beobachteten sein Gesicht. Seine Mutter streichelte sanft seine Stirn, aber ansonsten konnten wir nichts für ihn tun. Wir wagten nicht, seine Hand zu halten oder ihn zu berühren. Das einzige, was wir tun konnten, wenn er vor Schmerz aufschrie, war, unsererseits zu weinen. Am frühen Morgen starb Eric genauso still und reglos, wie er seine letzten paar Wochen verbracht hatte.

Seine Mutter, die endlich wieder in der Lage war, ihren Sohn zu berühren und zu streicheln, legte den Kopf auf seine Brust und weinte. Später sagte sie: »Als er damals auf die Welt kam, hatte ich das Gefühl, schreckliche Schmerzen zu leiden, aber das war nichts in Vergleich zu diesem Schmerz«, schluchzte sie. »Der Schmerz, sein eigenes Kind leiden zu sehen, ist entsetzlich. Wir haben Eric großgezogen und all die Jahre nur das Beste für ihn gehofft. Ihn jetzt so enden zu sehen ist mehr, als ich ertragen kann. Ich konnte seine Schmerzen nicht spüren, aber ich konnte sehen, was sie ihm antaten. Ich habe mich so hilflos gefühlt. Das einzige, was ich tun konnte, war, seine Stirn zu streicheln. Ich weiß nicht, ob ihm das geholfen hat, aber es war das einzige, was ich tun konnte. Ich konnte bloß bei ihm sein. Ich habe gehofft und gebetet, daß irgendein Wunder seinen Schmerzen ein Ende setzen würde. Nun *sind* seine Schmerzen zu Ende. Und wir bleiben mit unserem Schmerz zurück.«

Zum Glück kommen solche Fälle immer seltener vor, weil es inzwischen bessere Schmerztherapien gibt, die uns helfen, selbst die hartnäckigsten Schmerzen zu lindern.

Viele Menschen sagen, daß sie nicht den Tod an sich fürchten, sondern nur den schmerzhaften Prozeß des Sterbens. Angehörige und Freunde von Sterbenden pflichten

Die Physiologie des Schmerzes

dem bei: einen geliebten Menschen leiden zu sehen ist eine schreckliche Erfahrung. Leider ist der Schmerz am Ende des Lebens ein häufiger Begleiter des Menschen. Der Schmerz ist unser inneres Alarmsystem, das uns sagt, daß etwas nicht stimmt. Manchmal warnt es uns mit einem leisen, flüsternden Schmerz. Der Alarm kann aber die Form einer »entsetzlichen Qual« oder »Tortur« annehmen, wie mir viele Patienten berichtet haben. Ein solcher »Schmerz-Alarm« kann eine hilfreiche erste Warnung sein, die uns auf Gefahr aufmerksam macht. Bei vielen todkranken Menschen aber schrillt die Alarmglocke oft und sinnlos. Warum, kann niemand mit Sicherheit sagen. Vielleicht, weil das Alarmsystem langsam versagt oder eine Art »Kurzschluß« hat. Vielleicht liegt es aber auch daran, daß der Tod, genau wie die Geburt, einfach eine schmerzhafte Erfahrung ist.

WAS IST SCHMERZ?

Streng physikalisch gesehen wird Schmerz durch Impulse verursacht, die von speziellen Nervenrezeptoren durch die Nerven ins Rückenmark und Gehirn übertragen werden. Diese Impulse sind Botschaften, die von Gewebeschäden berichten, aber sie allein machen den Schmerz nicht aus. Der Schaden, den die Botschaften beschreiben, wird im Gehirn interpretiert und formuliert. Erst dort werden die Nervenimpulse zu dem, was wir als Schmerz empfinden. Wie sehr uns etwas weh tut und wie wir darauf reagieren, hängt teilweise von unserer Einstellung zum Schmerz ab, von unseren Ängsten und vergangenen Schmerzerfahrungen. Wo und warum der Gewebeschaden auftritt, hat ebenfalls Einfluß auf die Art unseres Schmerzempfindens.

Die Rechte des Sterbenden

Schmerz kann scharf oder dumpf sein, akut oder chronisch, fortwährend oder periodisch auftretend, lästig oder quälend, stechend oder pochend, oberflächlich oder tief. Er kann auf einen kleinen Bereich beschränkt sein oder den ganzen Körper überfluten. Schmerz ist eine sowohl körperliche als auch emotionale Erfahrung. Er kann uns in Bruchteilen von Sekunden überfallen oder sich so langsam anschleichen, daß wir es gar nicht bemerken. Er kann allein kommen oder mit Übelkeit, Angst oder anderen Begleiterscheinungen einhergehen. Unsere Reaktionen sind so unterschiedlich wie der Schmerz selbst. Manche Menschen bitten sofort um Hilfe. Andere reagieren subtiler, so daß man nur an ihrem angespannten Gesichtsausdruck, einer verkrampften Hand oder einem plötzlichen Steifwerden ihres Körpers merkt, daß sie Schmerzen haben. In manchen Fällen wird uns erst dann bewußt, daß jemand Schmerzen hat, wenn der Betreffende anfängt, übernervös auf bestimmte Reize zu reagieren und sich über Lärm, grelles Licht, schlechtes Essen oder andere Dinge aufzuregen, die ihm sonst nie etwas ausgemacht haben.

Schmerz ist immer subjektiv; jeder empfindet ihn anders. Je mehr man darüber weiß, was Schmerz ist und wie das Gesundheitssystem darauf reagiert, desto wirkungsvoller kann man seinen Schmerz zum Ausdruck bringen und bei seiner Bekämpfung mitwirken. Der einzige, der weiß, wie weh es tut, ist der Mensch, der den Schmerz empfindet. Wir wissen nie ganz genau, wie große Schmerzen ein anderer Mensch hat, weil wir alle auf Krankheit und Trauma unterschiedlich reagieren. Wir sehen den Schmerz ausschließlich durch unsere eigenen Augen, und unsere Sehweise wird sowohl durch unsere persönliche Geschichte der Schmerzerfahrung als auch durch die Geschichte unserer Kultur geprägt. Da wir Schmerz nicht

Die Physiologie des Schmerzes

messen oder »beweisen« können, müssen wir immer davon ausgehen, daß er sehr real ist, dürfen ihn nie ignorieren oder bagatellisieren. Egal, ob es sich um schreckliche oder nur leichte Schmerzen handelt – für die Person, die den Schmerz empfindet, ist er immer sehr real.

Manchmal nimmt uns der Schmerz so in Anspruch, daß er uns vom Leben abzuhalten scheint. In ihren letzten Monaten schien Cynthia in ihre eigene Welt abzugleiten. Sie zog sich zunehmend aus dem Leben zurück, verbrachte mehr und mehr Zeit im Bett. Zuerst hielten wir das für ein Zeichen ihres nahenden Todes, denn es kommt oft vor, daß sterbende Menschen sich weniger am Leben beteiligen und sich langsam von den Menschen und Dingen dieser Welt lösen.

Cynthia stritt beharrlich ab, Schmerzen zu haben. Sie machte bloß oft den Eindruck, tief in Gedanken versunken zu sein. »Ich möchte nur in Ruhe gelassen werden«, sagte sie dann. Also ließen wir sie in Ruhe, bis mir eines Tages auffiel, daß sie das Gesicht verzog, als sie versuchte, sich im Bett umzudrehen. »Haben Sie Schmerzen?« fragte ich sie.

»Nein«, antwortete sie matt.

Ich ließ nicht locker. »Cynthia, das hat eben ausgesehen, als täte es Ihnen weh, sich zu bewegen.«

Als sie schließlich zugab, daß das Umdrehen ihr tatsächlich Schmerzen bereitet hatte, fragte ich sie, ob wir ihr ein leichtes Schmerzmittel geben dürften, nur, um ihr das Umdrehen zu erleichtern. Sie stimmte zu. Innerhalb weniger Stunden war sie wieder auf den Beinen. Es war erstaunlich, schon lange hatte sie nicht mehr so wach und am Leben interessiert gewirkt.

»Ich muß mich ganz langsam an den Schmerz gewöhnt haben«, sagte sie. »Mir war klar, daß ich Schmerzen hatte, aber ich glaubte, damit klarzukommen. Erst jetzt, wo der

Die Rechte des Sterbenden

Schmerz weg ist, merke ich, wieviel Kraft er mich gekostet hat.«

Cynthias Reaktion auf ihre Schmerzen war nicht ungewöhnlich. Uns ist oft nicht klar, wieviel von unserer Aufmerksamkeit durch kleinere, alltägliche Probleme wie Zahn- oder Kopfschmerzen in Anspruch genommen wird. Dementsprechend muß man sich vorstellen, wie fixiert man auf starke Schmerzen werden kann. Das kann soweit gehen, daß man sich ganz in sich zurückzieht. Und nun versuchen Sie sich vorzustellen, wieviel geistige Energie es uns kosten kann, mit den Schmerzen fertig zu werden, die durch Krebs oder AIDS verursacht werden, oder mit den Folgen des Alters oder der Angst vor dem Sterben. Wenn schon Zahnschmerzen uns so in Anspruch nehmen, was passiert dann, wenn Menschen sich mit den größten körperlichen Herausforderungen ihres Lebens konfrontiert sehen? Oft ist diesen Menschen gar nicht bewußt, daß der Trancezustand, in dem sie sich befinden, durch Schmerzen verursacht wird.

STERBEN UND SCHMERZ

Sterben ist nicht in jedem Fall schmerzhaft. Manche Patienten mit Krebs im fortgeschrittenen Stadium haben berichtet, im Zusammenhang mit ihrer Krankheit keinerlei Schmerz empfunden zu haben. Ein älterer Mensch, der an einer Lungenentzündung leidet, kann unter Umständen schmerzfrei sterben. Er wird möglicherweise von schlimmen Angstzuständen gequält, weil er immer schlechter Luft bekommt, aber wenn die richtigen Medikamente gegeben werden, muß Schmerz für ihn kein Problem sein. Es

Die Physiologie des Schmerzes

gibt sogar Ärzte, die die Pneumonie als »besten Freund des alten Menschen« bezeichnen, weil sie einen schnellen, meist schmerzfreien Tod garantiert.

Wir können nicht verhindern, daß Krankheiten mit körperlichen Schmerzen einhergehen, aber wir können verhindern, daß kranke Menschen unnötig leiden müssen. Wir verfügen über zahlreiche wirksame Medikamente, und wir haben das Recht, sie einzusetzen. Wir haben es nicht »verdient«, Schmerzen zu leiden; wir verdienen, so schmerzfrei wie möglich zu sein.

Angesichts der vielen schmerzlindernden Wirkstoffe, die heutzutage zur Verfügung stehen, *sollte kein Mensch unter Schmerzen leben oder sterben müssen.* Diejenigen, die für die Verteilung der Medikamente zuständig sind, haben die Pflicht, alles in ihrer Macht Stehende zu tun, um die Schmerzen der Sterbenden zu lindern, da diese ein Recht darauf haben, schmerzfrei zu sein. Mit den richtigen Medikamenten und der richtigen Dosierung lassen sich fast alle Schmerzen lindern. Die *Agency for Health Care Policy and Research*, eine Unterabteilung des *U.S. Department of Health and Human Services*, berichtete 1994, daß theoretisch neunzig Prozent aller Krebspatienten keine Schmerzen leiden müßten. Leider gibt es zu viele Menschen, die trotzdem Schmerzen leiden: Dieselbe Agentur fand heraus, daß zweiundvierzig Prozent der Krebspatienten keine angemessene Schmerztherapie bekämen.

Als ich meinen Vater zum Sterben nach Hause brachte, versprach ich ihm, daß er keine Schmerzen haben würde. Mit dem Arsenal an Medikamenten, das mir die Ärzte, die mit meiner Organisation zusammenarbeiteten, zur Verfügung stellten, meiner Erfahrung im Bereich der Sterbepflege und meiner großen Liebe war ich mir sicher, ihm garantieren zu können, daß er in Frieden und ohne Schmerzen

Die Rechte des Sterbenden

sterben würde. Aber nicht einmal die beste Pflege und die größte Fürsorge können verhindern, daß sich der Schmerz gelegentlich einschleicht, und wenn es nur für ein paar Augenblicke ist.

Noch zwei Tage vor seinem Tod war er mit sehr wenig Morphium ausgekommen. Eine kleine Dosis hatte ausgereicht, um die Bauchschmerzen zu unterdrücken, die ihn quälten, seit der Krebs sich in seinem Körper ausbreitete. Mitten in der Nacht wurde er dann plötzlich von etwas überfallen, das er als den schlimmsten Schmerz seines Lebens bezeichnete. Er packte mich mit der ganzen Wut seines Schmerzes am Arm und stammelte: »Du hast mir versprochen, daß ich keine Schmerzen haben würde! Du hast es mir versprochen!« Es dauerte nur ein paar Augenblicke, bis die Spritze, die ihm seine Krankenschwester eilig gab, zu wirken begann, aber es kam uns vor wie eine Ewigkeit. Ich fühlte mich schrecklich. Ich hatte meinen Vater enttäuscht. Ich hatte ihm etwas versprochen, das ich nicht halten konnte, weil ich vergessen hatte, was ich von anderen Patienten gelernt hatte: daß Schmerzen zur Erfahrung des Sterbens dazugehören.

Trotz unserer Versprechen und trotz unserer stärksten Medikamente kann es sein, daß unsere Lieben leiden müssen. Auch wenn wir es uns noch so wünschen, können die Ärzte nicht *alle* Schmerzen unterbinden, die mit dem Sterben einhergehen. Selbst unter den günstigsten Umständen ist ein gewisses Maß an Schmerz unvermeidlich.

Unter weniger günstigen Umständen kann es sogar vorkommen, daß ein sterbender Mensch all seine Schmerzen ertragen muß. Sally, die Anwältin mit dem Gebärmutterkrebs, die die Krebskliniken in Tijuana besichtigt hatte, war glücklich, als es ihr wieder besser ging. Aber dann bekam sie einen Anruf aus der Praxis ihres Arztes und mußte

Die Physiologie des Schmerzes

erfahren, daß die letzten Untersuchungen ergeben hatten, daß der Krebs erneut ausgebrochen war. Innerhalb weniger Wochen zeigte sich, daß die Ärzte nichts mehr tun konnten, um der Krankheit Einhalt zu gebieten, und daß Sally nicht mehr lange zu leben hatte.

An einem Freitagmorgen, einem schönen, sonnigen, südkalifornischen Morgen, wurde ihrer Familie klar, daß sich ihr Zustand rapide verschlechterte. Als ihr Mann Matthew in der Praxis ihres Arztes anrief, erklärte ihm eine Schwester, daß der Herr Doktor nicht verfügbar sei, und riet ihm, seine Frau ins Krankenhaus zu bringen. Sally aber wollte zu Hause sterben, im Kreis ihrer Familie, in dem Bett, das sie fünfundzwanzig Jahre mit ihrem Mann geteilt hatte. Es kam für sie nicht in Frage, ihre letzten Stunden in einem fremden und sterilen Krankenzimmer zu verbringen.

Die Folge war, daß Sally an jenem schönen Freitag zwar zu Hause in ihrem eigenen Bett lag, dort aber schreckliche Schmerzen litt. Spätabends, kurz nach Mitternacht, beschloß Matthew, noch einmal bei Sallys Arzt anzurufen, erreichte jedoch nur dessen Vertreter. »Können Sie ihr ein Schmerzmittel geben?« fragte Matthew. Der Arzt antwortete, er sei mit dem Fall nicht vertraut und habe kein gutes Gefühl dabei, etwas zu verschreiben, ohne Sally untersucht zu haben. »Entweder wir treffen uns in einer Stunde hier im Krankenhaus, oder Sie kommen am Montag mit ihr in meine Praxis.«

Sally zog es noch immer vor, zu Hause zu sterben, in dem Haus, das sie und Matthew voller Begeisterung gekauft hatten, als sie jung waren; in dem Haus, das sie so liebevoll eingerichtet hatte; in dem Haus, in dem sie ihre Kinder aufgezogen und ihre Freunde bewirtet hatten. »Ich werde bald sterben«, flüsterte sie, als ihre Familie sie

Die Rechte des Sterbenden

drängte, ihre Meinung zu ändern und doch ins Krankenhaus zu fahren. »Ich möchte nicht auf dem Weg ins Krankenhaus sterben. Ich möchte lieber hier sterben.« Und das tat sie am frühen Samstagmorgen dann auch.

Sallys Tod war unvermeidlich, nicht aber ihr Leiden. Es wäre kein großes Problem gewesen, ihrem Mann beizubringen, ihr ein paar einfache subkutane Spritzen zu geben. Eine andere Möglichkeit wäre gewesen, eine Krankenschwester mit einer schmerzstillenden Infusion zu ihr zu schicken. Sally wurde von einem Onkologen betreut, sie hatte eine Familie, die sich um sie kümmerte, und sie wohnte nur dreißig Minuten von zwei großen, weltweit bekannten Kliniken entfernt. Trotzdem mußte sie unter Schmerzen sterben.

Sallys schmerzhafter Tod hatte mit ihrer Entscheidung zu tun, zu Hause zu sterben. Viele unserer Ärzte und Pflegekräfte wissen nicht so recht, was sie mit den Sterbenden anfangen sollen. Wenn Sally um eine weitere Kernspin-Untersuchung oder Operation gebeten hätte, hätten alle genau gewußt, was zu tun gewesen wäre, und Sallys Wunsch wäre ohne weiteres entsprochen worden. Aber Sally wollte nur in Frieden sterben, und zwar zu Hause.

Sollten Sie jemals in eine solche Situation kommen, dann erklären Sie der Schwester oder Sprechstundenhilfe, mit der Sie telefonieren, daß ein Mensch, den Sie lieben, Schmerzen leidet und Medikamente braucht. Bestehen Sie notfalls darauf, mit dem Arzt selbst zu sprechen. Wenn dieser nicht verfügbar ist, verlangen Sie einen seiner Kollegen oder sehen Sie in Ihrem örtlichen Telefonbuch unter Pflege- oder Hospizeinrichtungen nach; viele von ihnen haben sich auf Schmerztherapie spezialisiert. (Diesen Einrichtungen gelingt es oft schneller als Ihnen, zu Ihrem Arzt durchzudringen, und falls Ihr Arzt nicht verfügbar ist, haben sie

Die Physiologie des Schmerzes

für solche Notfälle meist eigene Ärzte.) Lassen Sie ein Nein als Antwort nicht gelten. Es mag Fälle geben, in denen sich Schmerzen nicht vermeiden lassen, aber kein Patient sollte unnötig leiden müssen.

UNNÖTIGE SCHMERZEN

Obwohl Schmerzen ein Teil des Sterbeprozesses sind, gibt es ein ganzes Arsenal von Schmerzmitteln, mit denen man dagegen vorgehen kann. Aber selbst im Krankenhaus, umgeben von hervorragenden Ärzten und engagierten Pflegekräften, bekommen zu viele Sterbende nach wie vor zu wenig Medikamente. Das Problem ist, daß es bei der Verabreichung der Medikamente bestimmte Regeln gibt. Oft sind die Patienten und ihre Angehörigen und Freunde verwirrt und frustriert, wenn Schwestern oder Pfleger ihnen erklären, daß sie erst zu dem und dem Zeitpunkt wieder ein Medikament verabreichen könnten.

Entnervt schrie mich eine ältere Frau namens Beverly an, als ich ihren Transport aus dem Krankenhaus nach Hause organisierte: »Meine Schmerzmittel bekomme ich nach einem genauen Zeitplan, aber meine Schmerzen nicht! Mein Krebs richtet sich nicht nach diesem Zeitplan! Meine Schmerzen kommen nicht erst nach vier Stunden. Ich hasse es, diese letzte halbe Stunde warten zu müssen, bis es endlich drei ist. Dann wäre es eigentlich Zeit für meine Spritze, aber um drei ist Schichtwechsel, und alle sind beschäftigt. Ist denn denen völlig egal, wie es mir geht?«

Dem Pflegepersonal ist nicht egal, wie es Ihnen geht, aber oft wissen die Schwestern und Pfleger gar nicht genau, wie Sie sich fühlen. Deswegen ist es ratsam, Ihre Schmer-

Die Rechte des Sterbenden

zen immer wieder neu einschätzen zu lassen. Die Schmerzen eines Patienten und die Wirksamkeit der Therapie sollten kontinuierlich überwacht werden. Kontinuierlich bedeutet:

- in regelmäßigen Abständen
- jedesmal, wenn der Patient über Schmerzen klagt
- in angemessenen Abständen nach jeder Medikation, also fünfzehn bis dreißig Minuten nach parenteraler (nichtoraler) Verabreichung und eine Stunde nach oraler Verabreichung

Ausgebildete Pflegekräfte sollten die Patienten nach ihren Schmerzen fragen und über ihre Antworten oder Klagen genau Buch führen. Das »ABCDE« der Schmerzeinschätzung ist einfach und wirkungsvoll:

A. Den Patienten regelmäßig nach seinen Schmerzen fragen.
B. Den Aussagen des Patienten und seiner Familie Glauben schenken.
C. Schmerztherapien auswählen, die dem Patienten, seiner Familie und der Situation angemessen sind.
D. Medikamente pünktlich und auf eine verständliche, koordinierte Weise verabreichen.
E. Den Patienten und ihren Familien ein Mitspracherecht einräumen.

Die Leute beschweren sich oft darüber, daß ihre Ärzte mit Schmerzmitteln geizen und einen so abgebrühten Eindruck machen, wenn es um die Schmerzen ihrer Patienten geht. Dabei kann es viele Gründe haben, wenn ein Arzt zu wenig Medikamente verabreicht. Oft wissen die Ärzte ein-

Die Physiologie des Schmerzes

fach nicht genug über den Schmerz. Im Rahmen ihrer Ausbildung lernen sie nur sehr wenig über dieses Thema, und die wenigsten Ärzte haben am eigenen Leib erfahren, wie schmerzhaft Krebs und andere Krankheiten sein können. Die meisten Ärzte, die selbst eine schmerzhafte Krankheit durchmachen mußten, wurden sensibler für die Schmerzen ihrer Patienten. Manche sind der Meinung, daß es die Pflicht eines jeden Patienten ist, tapfer zu sein, oder glauben, daß ein Patient nur simuliert, um Medikamente zu bekommen. Aber in den meisten Fällen haben die Ärzte Angst, ihre Patienten von starken Schmerzmitteln abhängig zu machen. Sie haben Angst, ihnen zu große Dosen zu verabreichen und deswegen verklagt zu werden.

Die Angst vor der Abhängigkeit

Viele Ärzte machen sich Sorgen, daß ihre Patienten von starken Schmerzmitteln abhängig werden könnten, und viele Patienten und deren Angehörige teilen diese Befürchtungen. Doch die Angst vor der Abhängigkeit ist größtenteils unbegründet. Die Zahl der Patienten, die tatsächlich abhängig werden, ist sehr gering. Zum Teil wird sogar davon ausgegangen, daß diese Zahl nur ein Prozent beträgt. Eine Studie kam zu dem Schluß, daß die »meisten Krebspatienten über einen längeren Zeitraum als zwei Wochen Opiate nehmen (Analgetika wie Morphin, Codein und Methadon) und nur in den seltensten Fällen das Suchtverhalten und die psychische Abhängigkeit an den Tag legen, die für eine Drogensucht charakteristisch sind«. Trotzdem ist die Angst vor Abhängigkeit groß, weil die Folgen sehr ernst sein können, wenn es doch einmal dazu kommt.

Die Rechte des Sterbenden

Das trifft vor allem zu, wenn starke Schmerzmittel bereits in einem frühen Stadium einer Krankheit gegeben werden. Ich habe Leute einen wertvollen Teil der ihnen verbleibenden Zeit vergeuden sehen, nur, weil sie auf ein Medikament fixiert waren, das ihnen zu früh gegeben wurde oder zu einer schnellen Gewöhnung führte, so daß es immer häufiger und in immer höheren Dosen verabreicht werden mußte. Das passierte beispielsweise Kevin, einem fünfunddreißigjährigen Künstler, während er zu Hause im Sterben lag. Kevin war ein Mensch, der das Leben wirklich liebte. Man konnte seine Lebenslust aus seinen Bildern »herauslesen«, in seiner Stimme hören und in seinen lachenden Augen sehen. Als bei ihm Lymphdrüsenkrebs diagnostiziert wurde, sagte Kevin zu mir: »Wenn ich um die letzte Kurve biege, werde ich mich nicht lange festklammern, sondern der Natur ihren Lauf lassen. Aber bis dahin, bis zur allerletzten Sekunde, genieße ich das Leben in vollen Zügen! Warum soll ich nicht jede Minute, die mir noch bleibt, mit meiner Familie, meinen Freunden und meinen Haustieren verbringen?«

Schon wenige Monate später litt Kevin unter schweren chronischen Schmerzen, gegen die er Dolantintropfen (= Pethidin) bekam. Wie die Wirkstoffe Morphin, Dilaudid, Paracetamol, Ibuprofen und Acetylsalizylsäure ist Pethidin ein Medikament mit Kurzwirkung. Leider ist es bei chronischen Schmerzen eine schlechte Wahl, weil viele Patienten sich rasch an das Medikament gewöhnen. Nach kurzer Zeit war Kevin nicht nur davon abhängig, sondern total auf diese Dolantintropfen fixiert. Er schenkte seiner Familie, seinen Freunden und seinen geliebten Haustieren kaum mehr Aufmerksamkeit. Er konnte nur noch an seine nächste Dosis denken und starrte ununterbrochen auf die Uhr, während sich der Minutenzeiger quälend langsam

Die Physiologie des Schmerzes

vorwärtsbewegte. Eines Nachts fuhren alle im Haus vor Schreck aus den Betten, weil plötzlich ein ohrenbetäubender Krach durchs Haus hallte: Tische und Stühle wurden umgeworfen, Teller und Tassen aus den Schränken gerissen, Schubladen herausgezogen und auf den Boden geschleudert. Als sie in die Küche stürzten, fanden sie dort Kevin, der schweißgebadet in rasender Verzeiflung nach seinen Dolantintropfen suchte, die sie vor ihm versteckt hatten. Als er die anderen sah, sank er tränenüberströmt auf den Boden.

»Ich kann nicht glauben, was aus meinem Leben geworden ist!« weinte er. »Ich wollte nicht, daß es so endet!«

Kevins Abhängigkeit beeinträchtigte die Qualität der Endphase seines Lebens. Nach diesem Zwischenfall setzten seine Ärzte das Pethidin-Präparat so schnell wie möglich ab und gaben ihm statt dessen ein weniger süchtig machendes, längerfristig wirkendes Schmerzmittel, das es ihm ermöglichte, mehrere wirklich erfüllte Wochen mit seinen Lieben zu genießen. (Längerfristig wirkende Schmerzmittel sind unter anderem Morphinderivate, z.B. Methadon.)

In den frühen und mittleren Stadien einer Krankheit ist die Gefahr der Abhängigkeit ein ernstzunehmender Aspekt, aber in den letzten Phasen des Lebens verliert dieses Problem zunehmend an Bedeutung. Viele Ärzte sind der Meinung, daß es keine Rolle spielt, wenn jemand, der wahrscheinlich in den nächsten Stunden, Tagen, Wochen oder Monaten sterben wird, eine Abhängigkeit entwickelt. Falls solche Patienten wider Erwarten geheilt werden und weiterleben, ist es immer noch früh genug, sich wegen ihrer Sucht Gedanken zu machen.

Wenn eine Familie selbst dann noch vor einer Abhängigkeit Angst hat, wenn der Tod bereits kurz bevorsteht, bedeutet das in der Regel, daß diese Familie die Augen vor der Realität verschließt und sich auf eine eingebildete Abhängigkeit konzentriert, statt sich der Tatsache zu stellen, daß ein geliebter Mensch in Kürze sterben muß. Natürlich wirkt sich eine solche Abhängigkeit massiv auf unsere Psyche aus, aber wir sollten nicht zulassen, daß diese Tatsache mit unserem Bedürfnis kollidiert, den körperlichen Schmerz unter Kontrolle zu bringen. Es ist wichtig, sich über das Problem der Abhängigkeit Gedanken zu machen, aber manchmal ist es noch wichtiger, dafür zu sorgen, daß es unseren Lieben gutgeht. Alles zu seiner Zeit.

DIE ANGST VOR DEM MORPHIUM

Manche Leute haben keine so großen Bedenken wegen der Gefahr der Abhängigkeit. Sie haben eher Angst, daß die Schmerzmittel sie zu sehr betäuben oder ihre körperlichen oder geistigen Fähigkeiten einschränken könnten. Dabei ist unbehandelter Schmerz in dieser Hinsicht ein viel größeres Problem, denn er kann uns ebenfalls unserer geistigen Fähigkeiten berauben. Der Schmerz kann unser ganzes Bewußtsein ausfüllen und alles andere verdrängen.

Christopher, ein fünfunddreißigjähriger Grundstücksmakler, beschloß im letzten Stadium einer langen, aussichtslosen Schlacht gegen seinen Lymphdrüsenkrebs, sich Morphium verabreichen zu lassen. Er hatte sich lange dagegen gewehrt, das Schmerzmittel zu nehmen, aber schließlich wurde der Schmerz zu groß.

Morphium kann oral, per Spritze oder per Infusion verabreicht werden. In diesem Fall erschien letzteres am sinnvollsten. Christopher bat seine Familie, sich um sein Bett zu versammeln, ehe er sich die erste Dosis verabreichen

Die Physiologie des Schmerzes

ließ. Ein Familienmitglied nach dem anderen verabschiedete sich von ihm, ihrem Sohn, Bruder und Cousin. Alle hatten Tränen in den Augen, als das Medikament aus der Infusionsflasche zu tropfen begann, die neben seinem Bett von einer Stange hing. Christopher holte tief Luft und schloß die Augen, als er spürte, wie sein Schmerz langsam nachließ. Seine Familie stand schweigend und traurig daneben und wartete auf das Ende.

Fünf Minuten vergingen. Niemand hatte sich von der Stelle gerührt, ein Wort gesagt oder auch nur gehustet. Dann öffnete Christopher die Augen, und ein Ausdruck von Verlegenheit machte sich auf seinem Gesicht breit. »Ich bin nicht tot«, sagte er fast bedauernd. »Eigentlich müßte ich längst tot sein.«

»Warum?« fragte ich.

»Weil ich gedacht habe, sobald ich das Morphium nehme, ist alles vorbei«, antwortete er verlegen. Und plötzlich begannen alle Anwesenden schallend zu lachen, teilweise vor Erleichterung, teilweise, weil er so witzig auf die Tatsache reagiert hatte, daß er noch lebte. Christopher mußte an diesem Tag noch nicht sterben. Er lebte nach seinem »großen Abgang« noch eine ganze Weile weiter.

Wie Christopher glauben viele Leute, daß nur solche Patienten Morphium bekommen, die tatsächlich schon im Sterben liegen. (Vielleicht ist ihnen aus ihrer Kindheit eine alte Tante in Erinnerung geblieben, die auf dem Sterbebett Morphium bekam.) Wenn ich es nicht nehme, sagen sie sich selbst, dann muß ich nicht sterben. Morphium ist ein hervorragendes Schmerzmittel für die letzte Phase des Lebens, aber es ist keineswegs das Ende oder der Grund für das Ende. Die Menschen sterben an ihren Krankheiten, und nicht am Morphium. Ich habe oft gehört, wie Ärzte zu ihren Patienten sagten: »Lassen Sie es uns doch versuchen.

Die Rechte des Sterbenden

Sollten Sie es irgendwann nicht mehr brauchen, können wir es jederzeit absetzen. Falls es nicht wirken sollte oder einfach nicht das richtige für Sie ist, werden wir etwas anderes probieren.« Ich versuche, diesen Menschen bewußt zu machen, daß sie selbst die Kontrolle über das Medikament haben, und nicht umgekehrt.

Die fünf Regeln der Medikation

Die medizinischen Aspekte des Schmerzes werden von Mißverständnissen, mangelndem Wissen, Angst und juristischen Bedenken überlagert. Deswegen ist es für die Patienten, ihre Familien und Freunde so wichtig zu wissen, was den Ärzten und Pflegekräften durch den Kopf geht, wenn man sie um Hilfe gegen den Schmerz bittet.

Ärzte, Schwestern und Pfleger lernen schon zu einem sehr frühen Zeitpunkt ihrer Ausbildung fünf Regeln der Medikation:

- das richtige Medikament
- der richtige Patient
- die richtige Dosis
- der richtige Zeitpunkt
- die richtige Applikation

Das richtige Medikament – Viele Medikamente, davon einige mit sehr ähnlich klingenden Namen, werden zur Schmerztherapie eingesetzt. Jedes Medikament hat eine andere Wirkung und andere Nebenwirkungen, so daß es entscheidend ist, daß die Patienten genau die Medikamente bekommen, die ihnen der Arzt verschrieben hat, und keine

Die Physiologie des Schmerzes

anderen. Wenn Sie das Medikament eines anderen Patienten nehmen, kann das sehr gefährlich sein, denn es kann die Wirkung anderer Medikamente beeinträchtigen oder einfach die falsche Art von Medikament für Ihren spezifischen Schmerz sein. Wenn Sie noch alte Medikamente haben oder von Bekannten welche bekommen, dann zeigen Sie sie Ihrem Arzt oder Ihrer Ärztin. Er oder sie wird Ihnen entweder erklären, warum das entsprechende Medikament in Ihrem Fall nicht angezeigt ist, oder Sie wissen lassen, ob es noch wirksam oder verwendbar ist. (Die meisten Ärzte wissen, daß Medikamente sehr teuer sein können, und sind durchaus bereit, Sie Arzneien verwenden zu lassen, die Sie noch zu Hause haben oder von Bekannten bekommen, wenn man ihnen die Chance gibt, diese Arzneien zu begutachten und zu beurteilen.)

Ärzte und Pflegekräfte achten außerdem darauf, daß es keine Probleme gibt, wenn mehrere Medikamente gleichzeitig verabreicht werden. Viele Patienten bekommen verschiedene Medikamente, die zum Teil zu verschiedenen Zeiten eingenommen werden müssen. Dadurch erhöht sich das Risiko, Fehler zu machen. Aus diesem Grund werden Schwestern und Pfleger angewiesen, ganz genau nachzusehen, bevor sie irgendwelche Medikamente verabreichen, und nur diejenigen zu verabreichen, die tatsächlich verschrieben worden sind.

Der richtige Patient – Viele Patienten und ihre Lieben reagieren beunruhigt oder erschrocken, wenn Schwestern oder Pfleger wiederholt nach ihrem Namen fragen oder auf den Namensbändern an ihren Handgelenken nachsehen. »Wissen die denn noch immer nicht, wer ich bin?« fragen sie sich. Die Pflegekräfte wissen wahrscheinlich genau, wer Sie sind, aber sie können nicht riskieren, einem Patienten ein falsches Medikament zu geben. Deswegen geht eine gewissenhafte Pflegekraft jedes Mal von neuem auf Nummer Sicher.

Die richtige Dosis – Um sicherzustellen, daß ein Medikament gut wirkt und möglichst wenig Nebenwirkungen hat, muß es in der richtigen Dosis verabreicht werden. Wir beginnen normalerweise mit der niedrigsten wirksamen Dosis, und wenn das nicht reicht, erhöhen wir die Dosis langsam. Bei der Festsetzung der richtigen Dosis sind eine Reihe von Faktoren zu berücksichtigen; dazu gehören neben der Ursache des Schmerzes vor allem das Allgemeinbefinden des Patienten, seine Krankengeschichte, seine Schmerzgrenze und sein Gewicht. Da viele Ärzte zu Recht Angst davor haben, einem Patienten eine zu hohe Dosis zu verabreichen, verschreiben sie lieber zuwenig als zuviel. Sie warten lieber ab, bis ihre Patienten ausdrücklich nach einer höheren Dosis verlangen. Das ist sicher sinnvoll, solange man nicht derjenige ist, der die Schmerzen aushalten muß, aber es ist schrecklich, wenn ein Patient gezwungen ist, immer wieder nachzufragen oder weinend um ein Schmerzmittel zu betteln.

Der richtige Zeitpunkt – Die meisten Schmerzmittel werden alle vier bis sechs Stunden verabreicht. Manche haben längere Wirkungszeiten und können alle acht Stunden oder in noch größeren Abständen gegeben werden. Medikamente können auch »p.r.n.« verabreicht werden. Das ist die Abkürzung für das lateinische *pro re nata*, was soviel heißt wie »nach Bedarf«. In diesem Fall wird das Medikament nur dann gegeben, wenn der Patient über Schmerzen klagt und ausdrücklich danach verlangt.

Leider lindern Medikamente den Schmerz nicht vom Augenblick ihres Eintretens in den Körper bis zum Augenblick ihres völligen Abbaus. Statt dessen sind sie in der mittleren Phase am wirksamsten: nachdem sie »ihre ganze

Die Physiologie des Schmerzes

Kraft entfaltet« haben und bevor sie anfangen »nachzulassen«, weil die Leber sie abzubauen beginnt. Das bedeutet, daß ein Patient nach Verabreichung des Medikaments noch eine Weile Schmerzen haben kann; ebenso kann es sein, daß die Schmerzen bereits wieder einsetzen, bevor es Zeit für seine nächste Dosis ist. Dieses Ab- und Zunehmen der Wirkung hat zur Folge, daß sich der Schmerz nicht gleichmäßig kontrollieren läßt. Abhilfe schaffen Neuentwicklungen wie die tragbaren Schmerzpumpen, die dafür sorgen, daß sich ständig eine wirksame Menge des Medikaments im Blutkreislauf des Patienten befindet.

Am leichtesten lassen sich Schmerzen kurz nach ihrem Einsetzen kontrollieren, am schlechtesten, wenn sie ihren Höhepunkt erreicht haben. Aus diesem Grund ist es am besten, um Hilfe zu bitten, *bevor* die Schmerzen zu schlimm werden.

Neuerdings wird dazu geraten, Medikamente gegen hartnäckige, durch Krebs verursachte Schmerzen rund um die Uhr zu verabreichen und bei Bedarf zusätzliche Dosen zu geben. Das trägt dazu bei, die Wirkstoffmenge im Körper konstant zu halten, so daß ein Wiedereinsetzen der Schmerzen verhindert werden kann.

Die richtige Applikation – Medikamente können oral verabreicht werden (in Form von Tabletten oder Tropfen), sublingual (unter die Zunge), durch intramuskuläre oder subkutane Injektionen (Spritzen), durch Suppositorien (rektal), transdermal (durch wirkstoffabgebende Pflaster) oder in Form von intravenösen Injektionen. Der einfachste Weg ist natürlich, Medikamente durch den Mund einzunehmen. Doch in vielen Fällen ist das nicht möglich. Manche Medikamente werden im Magen schlecht absorbiert oder verursachen Verdauungsprobleme wie Übelkeit, Erbrechen und Verstopfung. Oft können Patienten auch des-

Die Rechte des Sterbenden

wegen keine Tabletten oder Flüssigkeiten einnehmen, weil sie Schluckbeschwerden haben oder aufgrund ihrer Krankheit bereits an Übelkeit oder Erbrechen leiden. Bei starken Schmerzen können Medikamente direkt in die Blutbahn injiziert werden.

Schmerzmittel werden häufig gespritzt, aber die Spritzen machen immer neue Einstiche in die Haut erforderlich, und die Schmerzkontrolle erfolgt ungleichmäßig. Einige Zeit, nachdem Sie die Spritze bekommen haben, spüren Sie, wie das Medikament zu wirken beginnt und der Schmerz nachläßt. Aber sobald die Leber beginnt, das Medikament abzubauen, kehren die Schmerzen langsam zurück. Deshalb ist – insbesondere in einem fortgeschrittenen Stadium der Krankheit – die Infusion oft die geeignetste Applikationsform, weil sie es möglich macht, über einen langen Zeitraum kleine Mengen eines Medikaments in den Körper des Patienten tropfen zu lassen. Viele Patienten wehren sich zunächst gegen eine Infusion, weil sie meinen, das sei nur etwas für Todkranke, oder weil sie Angst haben, dadurch langfristig in ihrer Mobilität eingeschränkt zu werden. Doch die meisten lernen die Vorzüge einer Infusion schnell zu schätzen und verzichten gerne darauf, sich ständig die Haut zerstechen zu lassen. Eine andere Applikationsform – sogenannte Schmerz-»Pumpen« – erlauben den Patienten, die Wirkstoffmenge, die aus der Infusionsflasche in ihren Körper fließt, selbst zu bestimmen. Dank eingebauter Sicherungen gegen Überdosierung können die Patienten auf ihre Schmerzen reagieren, ohne auf andere angewiesen zu sein.

Daß im Moment bevorzugt Infusionen eingesetzt werden, kann sich schnell wieder ändern, denn im Rahmen der Hospizbewegung plädiert eine wachsende Zahl von Ärzten und Pflegekräften dafür, dort, wo es möglich ist, auf

Die Physiologie des Schmerzes

einfachere Applikationsformen zurückzugreifen und die Medikamente statt intravenös sublingual oder oral zu verabreichen.

DEN SCHMERZ LINDERN: WAS SIE TUN KÖNNEN

Wahrscheinlich werden wir alle irgendwann in unserem Leben Schmerzen erdulden müssen. Trotzdem müssen wir nicht Opfer unserer Schmerzen werden oder hilflos mit ansehen, wie unsere Lieben leiden. Es gibt viele Dinge, die wir für uns und für andere tun können:

1. Sprechen Sie klar und deutlich über Ihre Schmerzen. Erklären Sie Ihren Ärzten:
   - welche Art von Schmerzen Sie haben: stechend, brennend, scharf, dumpf, kribbelnd, ziehend
   - wie stark diese Schmerzen sind. Benutzen Sie Worte wie »leicht«, »mittel« oder »stark«, oder siedeln Sie Ihre Schmerzen auf einer Skala von 1 bis 10 an. Eine Schmerzskala ist eine wirksame Methode, einem anderen begreifbar zu machen, wie stark Ihre Schmerzen sind.
   - wo genau es Ihnen weh tut. Benennen Sie den schmerzenden Körperteil oder deuten Sie auf die entsprechende Stelle.
   - wann Sie Schmerzen haben: ständig, periodisch, ausschließlich nach dem Essen; wenn ich mich umdrehe; die Schmerzen überfallen mich schlagartig; sie schleichen sich langsam an.

2. Bitten Sie um einen Therapieplan, aus dem genau hervorgeht, welche Medikamente Sie gegen Ihre Schmerzen

Die Rechte des Sterbenden

bekommen, wann Sie sie bekommen und warum. Das wird nicht nur Ihre Angst mildern, sondern zugleich Ihren Arzt zwingen, über eine geeignete Schmerztherapie für Sie nachzudenken. Fragen Sie den Arzt, wie oft Sie das Medikament bekommen und ob die Zeitabstände mit dem Auftreten Ihrer Schmerzen übereinstimmen. Fragen Sie ihn, was geschehen soll, falls das Medikament nicht wirkt: Wird dann die Dosis erhöht oder ein anderes Medikament ausprobiert? Fragen Sie, was Sie tun können, wenn die Schmerzen mitten in der Nacht oder am Wochenende unerträglich werden.

3. Klären Sie Ihren Arzt und das Pflegepersonal über Ihre Schmerzgeschichte auf. Teilen Sie ihnen mit, ob Sie eine hohe oder niedere Schmerzgrenze haben – falls Sie das selber überhaupt wissen – und mit welchen Medikamenten Sie in der Vergangenheit gute oder schlechte Erfahrungen gemacht haben. Lassen Sie sie wissen, ob es Ihnen leicht- oder schwerfällt, um Linderung Ihrer Schmerzen zu bitten. Als ich Dr. James Thommes, einen angesehenen Onkologen und AIDS-Spezialisten zum Thema Schmerz befragte, antwortete er voller Ironie: »Ich kann ihn nicht empfehlen. Deswegen rate ich meinen Patienten, ihren Ärzten wegen ihrer Schmerzen Dampf zu machen.« Wenn Ihr Arzt Ihre Ansichten in Sachen Schmerztherapie nicht teilt, suchen Sie sich einen anderen. Versuchen Sie, einen Arzt zu finden, der in der Lage ist, Sie mitfühlend zu betreuen. Das allein wird bereits dazu beitragen, Ihre Schmerzen zu lindern.

4. Spielen Sie nicht den Märtyrer. Es bringt nichts, still vor sich hin zu leiden. Beschweren Sie sich, wenn Sie Schmerzen haben. Reden Sie mit den Leuten. Lassen Sie

Die Physiologie des Schmerzes

ein Nein als Antwort nicht gelten. Wenn Ihr Arzt nicht verfügbar ist, verlangen Sie einen anderen. Wenn Ihr Arzt sich weigert, etwas gegen Ihre Schmerzen zu tun, suchen Sie sich einen anderen. Das kann sich als schwierig erweisen, wenn Ihre Betreuung nicht von Ihnen selbst, sondern von einem Dritten organisiert wird, aber Sie können es immerhin versuchen. Haben Sie keine Angst, daß die Leute Sie deswegen nicht mehr mögen könnten. Passivität und Schmerztherapie passen nicht zusammen.

5. Werden Sie aktiv – und reden Sie mit den Leuten –, wenn Ihnen an einer Schmerztherapie gelegen ist. Es gibt noch immer viele Ärzte, Schwestern und Pfleger, die nichts vom Einsatz von Schmerzmitteln halten oder einfach zu unerfahren sind, um zu wissen, welche Art von Schmerztherapie in einem bestimmten Fall nötig ist. Wenn Sie oder jemand aus Ihrer Familie Schmerzen hat, dann melden Sie sich laut zu Wort. Seien Sie energisch. Bitten Sie um ein Beratungsgespräch zum Thema Schmerztherapie – bestehen Sie nötigenfalls darauf.

6. Denken Sie daran, daß unser modernes Gesundheitssystem am Wochenende nicht gut funktioniert. Wenn Sie am Freitag bereits Schmerzen haben, ist es besser, gleich einen Arzt zu rufen, statt zu warten, bis die Schmerzen Samstag nacht unerträglich werden. Seien Sie auf Notfälle vorbereitet. Bitten Sie Ihren Arzt, einen Plan auszuarbeiten und Anweisungen für den Fall zu hinterlassen, daß Sie am Wochenende oder mitten in der Nacht Schmerzen bekommen und er oder sie schlecht zu erreichen sein sollte.

Die Rechte des Sterbenden

7. Informieren Sie sich über alternative Methoden der Schmerzkontrolle. Manche Menschen beten oder meditieren, andere helfen sich mit Methoden der Visualisierung – sie stellen sich vor, in Hawaii an einem schönen Strand zu liegen und in den blauen Himmel hinaufzublicken. Andere stellen sich das Innere ihres Körpers vor und malen sich aus, wie ihre eigenen Endorphine dem Schmerz den Garaus machen. Endorphine sind chemische Substanzen, die im Gehirn produziert werden und eine ähnlich schmerzlindernde Wirkung haben wie Morphin. Es bleibt ganz Ihnen überlassen, für welche Methode Sie sich entscheiden – Hauptsache, sie hilft Ihnen. Es gibt viele hervorragende Bücher über alternative Methoden der Schmerzbekämpfung, außerdem Hörkassetten und Videos.

8. Sorgen Sie dafür, daß sooft wie möglich ein lieber Mensch bei Ihnen ist. Schmerzen können dazu führen, daß wir uns isoliert und allein gelassen fühlen. Manchmal hilft schon das Wissen, daß man nicht allein ist. Ein zärtlicher Händedruck oder eine liebe Stimme können eine ganz besondere Art von Medizin sein.

Susan, eine Sozialarbeiterin, hatte Schmerz und Tod schon viele Male gesehen. Aber keine ihrer Erfahrungen mit der letzten Phase des Lebens war so tief oder anhaltend wie der Tod ihrer Mutter.

Esther, ihre Mutter, war an Darmkrebs erkrankt. Die grobknochige Zweiundsiebzigjährige, der man noch immer ansah, was für eine vornehme Erscheinung sie früher gewesen war, litt während der letzten Monate ihres Lebens ständig unter Schmerzen. Aber der Schmerz schien das Beste in Esther zum Vorschein zu bringen. Dabei hatte sie in

Die Physiologie des Schmerzes

ihrem Leben schon viel gelitten. Mit nur sechzehn Jahren hatte sie ihre eigene Mutter an Krebs sterben sehen. »Mutter ging mit ihrem Schmerz sehr würdevoll um«, erzählte mir Susan. »Sie hat ihren Sinn für Humor nie verloren.«

Am schlimmsten war es, wenn die Wirkung der Schmerzmittel nachzulassen begann oder der Schmerz sich plötzlich verstärkte. Da Susan nichts gegen die Schmerzen ihrer Mutter tun konnte, setzte sie sich einfach zu ihr. Die beiden redeten, weinten, lachten. Am Ende wechselten sich Susan und der Rest der Familie rund um die Uhr ab, um sicherzustellen, daß Esther nie allein war.

Schließlich sagte die Mutter zu ihrer Tochter: »Ich kann die Schmerzen nicht länger ertragen.«

»Das mußt du auch nicht«, antwortete Susan. »Wir verstehen es, wenn du gehen willst.«

Susan wußte, daß man manchmal nichts anderes tun kann, als einfach nur da zu sein. Sie wollte nicht, daß ihre Mutter starb, aber sie wollte auch nicht, daß sie noch länger solche Schmerzen leiden mußte.

Wenn Sie bereits alles in Ihrer Macht Stehende getan haben, um die Schmerzen eines geliebten Menschen unter Kontrolle zu bringen, können Sie ihm trotzdem noch helfen, indem Sie einfach nur da sind. Wenn Ihre Mutter weinen muß, dann lassen Sie sie. Weinen Sie mit ihr. Gemeinsam zu weinen ist besser, als seine Tränen zu unterdrücken. Lassen Sie sie Ihre Hand halten, sie mit aller Kraft drücken, wenn der Schmerz zuschlägt. Wenn sie das Bedürfnis hat zu schreien, dann lassen Sie sie. Sagen Sie nicht zu ihr, Sie rege andere Patienten auf oder lasse sich gehen. Lassen Sie sie schreien, ermutigen Sie sie zu schreien, schreien Sie *mit* ihr, wenn Sie müssen. Lachen Sie mit ihr, wenn Sie können. Wenn dann das Ende naht und es nichts mehr gibt, was

Die Rechte des Sterbenden

Sie noch tun können, dann sagen Sie: »Ich kann nichts tun, damit deine Schmerzen aufhören. Ich kann bloß hier sitzen. Das ist das einzige, was ich noch tun kann. Also sitze ich hier. Es wird ständig jemand von deinen Lieben hier sitzen und bis zum Schluß deine Hand halten. Du wirst nicht allein sein.«

SCHMERZ ALS STRAFE

Schmerz kann laut oder leise sein, lang oder kurz, grausam oder gnädig, aber eins ist er nie: eine Strafe. Trotzdem läßt uns die Vorstellung von Schmerz als einer Art Strafe nicht los. Viele Angehörige sind entsetzt, wenn ihre Eltern, Ehepartner, Kinder oder Geschwister einen schmerzvollen Tod sterben. »Ich kann nicht glauben, daß er solche Schmerzen leiden muß«, sagen sie oft mit gequälter Stimme. »Er war doch ein so guter Mensch.« »Sie hat nie jemandem etwas getan. Warum muß sie solche Schmerzen leiden?« »Wie kann Gott das zulassen?«

Wenn ein Mensch Schmerzen leiden muß, ist das niemandes Schuld. Ich habe Hunderte von Menschen sterben sehen, ohne einen Zusammenhang zwischen ihren Schmerzen und ihrer Güte oder Bosheit feststellen zu können. Schmerz ist oft ein Teil des Todes, wie er auch zur Geburt mit dazugehört. Gute Menschen schlafen nicht immer friedlich und schmerzlos ein. Nette Leute leiden genausoviel wie nicht so nette Leute. Schmerz ist kein Urteil. In vielen Fällen ist er einfach ein Teil der letzten Tage, Wochen oder Monate, die ein Mensch auf Erden verlebt.

Susan, die zu ihrer Mutter sagte, daß sie es verstehe, wenn sie lieber sterben als weiterhin diese Schmerzen aus-

Die Physiologie des Schmerzes

halten wolle, bekam noch in derselben Nacht einen Anruf aus dem Krankenhaus. Man teilte ihr mit, daß ihre Mutter einen Herzinfarkt erlitten habe. Auf der Fahrt ins Krankenhaus blickte Susan, die hoffte, daß der Schmerz ihrer Mutter ein Ende haben würde, plötzlich zum Himmel hoch und sah eine Sternschnuppe.»Da wußte ich, daß alles gut war«, erzählte sie mir später.»Ich wußte, daß sie gestorben war. Daß die Schmerzen und das Leid endlich ein Ende hatten.« Seitdem sind viele Jahre vergangen, und Susan ist inzwischen über fünfzig. Trotzdem bekommt sie immer noch feuchte Augen, wenn sie von ihrer Mutter spricht.»Sie fehlt mir noch immer«, sagt sie.»Aber sie hat keine Schmerzen mehr.«

Was der Schmerz uns lehrt

Schmerz kann viel bewirken. Er macht uns weicher und einfühlsamer. Marianne Williamson erzählt die Geschichte von einer Frau, die zu einem Abendessen eingeladen war und dort einen schrecklich wuterfüllten Mann kennenlernte, mit dem niemand etwas zu tun haben wollte. Als der Mann ihr erzählte, daß er gerade eine Krebsoperation hinter sich habe, beschloß sie, sich neben ihn zu setzen. Sie unterhielten sich an diesem Abend sehr gut miteinander, und sie hatte das Gefühl, daß sie trotz seiner Wut einen wirklichen Draht zueinander gefunden hatten. Ein halbes Jahr zuvor hatte sie selbst ernsthaft um ihre Gesundheit bangen müssen und ebensogroße Angst gehabt, wie der Mann sie jetzt mit Sicherheit hatte. Die Frau empfand es als ihre persönliche Pflicht, sich zu dem wütenden Mann zu setzen, statt vor ihm davonzulaufen.

Die Rechte des Sterbenden

Der Schmerz kann uns Einblick in die Ängste anderer Menschen gewähren. Er kann uns das nötige Einfühlungsvermögen verleihen und in uns den Wunsch wecken, anderen zu helfen. Der Schmerz erhöht unsere Fähigkeit zu fühlen und bewirkt, daß wir das Leben intensiver erleben. Wir bemühen uns, jedem Leid aus dem Weg zu gehen, aber erst das Leid öffnet unsere Augen und Ohren für den Schmerz anderer Menschen. Wenn wir selbst verletzt worden sind, haben wir mehr Verständnis für den Schmerz anderer.

Jeder Schmerz hat einen Sinn. Sogar der Schmerz, der mit dem Tod einhergeht. Dieser Schmerz hilft uns sterben; er macht den Anzug, den wir Körper nennen, so unbequem, daß wir nicht mehr darin leben wollen. Wir klammern uns ans Leben, solange wir können, indem wir an der Substanz und Identität unseres Körpers festhalten. Wir können uns von all dem, was wir schon so lange kennen, nur dann lösen, wenn eine mächtige Kraft uns dazu zwingt. Der Schmerz kann die Kraft sein, die uns hilft, uns von unserem Körper zu trennen und das Leben loszulassen. Für manche ist er der letzte Anstoß, den Sprung ins Unbekannte zu wagen.

Ich habe viele Menschen voller Kampfgeist gesehen, die entschlossen waren zu leben und ihre Meinung erst dann änderten, als sich ihr Körper mit Schmerz füllte. Manche sagen: »Ich weiß nicht, was danach kommt, aber es kann nur besser sein als diese Schmerzen.« Für einen Menschen, der starke Schmerzen hat, ist der Tod ein Trost.

Ich habe schon vielen lieben Menschen die Geschichte von dem alten König erzählt, der seine Berater nach etwas fragte, was ihm durch gute und schlechte Zeiten helfen würde. Viele brachten Zaubertränke und Waffen, aber sein Hofmagier gab ihm einen einfachen Ring. In die Innenseite

Die Physiologie des Schmerzes

des Ringes waren die Worte »Auch das wird vorübergehen« eingraviert.

Wenn Sie mit ansehen müssen, wie ein geliebter Mensch
Schmerzen leidet, scheint die Zeit stillzustehen. Doch auch
wenn Ihnen die Qual endlos und unerträglich vorkommt,
geht jeder Schmerz einmal zu Ende. Wenn Sie alles in Ihrer
Macht Stehende getan haben und der geliebte Mensch noch
immer Schmerzen hat, dann denken Sie daran, daß man mit
einer Träne und einem Lächeln weit kommt. Auch das
wird vorübergehen.

DIE GEFÜHLE DES SCHMERZES

Das Recht, Gedanken und Gefühle zum Thema Tod auf seine Weise zum Ausdruck zu bringen.

Krankenhäuser sind von negativen Gefühlen erfüllt: Wut, Depression, Unruhe, Sorge, Feindseligkeit, Nervosität und Angst. Viele dieser Gefühle haben ihre Ursache im Schmerz – dem körperlichen Schmerz der Krankheit und dem emotionalen Schmerz, der durch die Angst vor dem Sterben erzeugt und durch den körperlichen Schmerz noch verstärkt wird. Meist reagieren die Patienten darauf, indem sie entweder voller Wut auf ihre Umwelt losgehen oder sich in Depressionen zurückziehen. Wut ist ein Aufschrei, mit dem die Menschen gegen das Schicksal aufbegehren und gleichzeitig um Hilfe bitten. Der Rückzug in die Depression ist eine andere Art, auf denselben Schmerz zu reagieren. Viele suchen nach schnellen Antworten, die den Schmerz sofort lindern, aber letztendlich führt der einzige Weg aus dem Schmerz durch den Schmerz hindurch.

Die ältere Krebspatientin Beverly, die darüber geklagt hatte, daß ihre Schmerzen sich nicht an einen Zeitplan hielten, fuhr voller Wut fort, dem Krankenhauspersonal das Leben zur Hölle zu machen. »Bei der muß man aufpassen«, warnten sich die Pflegekräfte gegenseitig. »Die reißt einem ohne Grund den Kopf ab.« Beverly stritt mit ihren Ärzten, schrie die Pfleger an, schüchterte die Schwestern ein, warf das Tablett mit ihrem Essen auf den Boden und

Die Gefühle des Schmerzes

sorgte dafür, daß viele Praktikanten den Tränen nahe waren. Sie war sogar ihrer eigenen Familie gegenüber unausstehlich – so unausstehlich, daß ihre Angehörigen ihre Besuche auf ein Minimum reduzierten. Ihre Tochter schwor sich sogar, Beverlys Enkel nicht mehr mit ins Krankenhaus zu bringen, weil Beverly sie ständig nur anfauchte.

Mehrere Krankenschwestern warnten mich, als ich zum erstenmal kam, um Beverlys Fall mit ihnen zu diskutieren. »Bei der müssen Sie aufpassen«, sagten sie. »Das ist eine richtige Hexe.«

Ich habe das schon oft erlebt. Obwohl den Schwestern und Pflegern beigebracht wird, keinen Patienten vorschnell abzustempeln, tun sie es trotzdem. Ein Patient kann mal einen schlechten Tag haben, vielleicht, weil ihm gerade die unselige Diagnose mitgeteilt worden ist oder weil er Schmerzen hat. Egal, was der Grund für seine schlechte Laune ist – wenn er eine Schwester oder einen Pfleger anfaucht, wird er sofort als »gereizt« oder als »Ekel« abgestempelt, als jemand, »der sich leicht aufregt«. Die nächste Schicht bekommt das mit und versucht, den Patienten soweit wie möglich zu meiden. Wenn die Ärzte dann hören, daß der Mann »ein Problemfall« ist, beschließen sie, sich bei der Visite auf einen kurzen Pro-forma-Besuch zu beschränken, was den verschreckten Patienten nur noch mehr aufregt. Der Teufelskreis geht weiter, und am Ende ist der Patient isolierter, verängstigter und wütender denn je.

Andere Patienten werden nicht wütend, sondern still und depressiv. Wir reagieren oft sehr negativ auf depressive Patienten, weil wir glauben, daß sie sich selbst aufgegeben haben. Ärzte und Pflegekräfte sagen oft: »Dieser Patient ist depressiv«, als wäre das etwas Schlechtes.

Es ist nur natürlich, daß ein Mensch mit Depressionen reagiert, wenn er mit einer unheilbaren Krankheit kon-

Die Rechte des Sterbenden

frontiert ist, schreckliche Schmerzen hat oder sich von allem verabschieden muß, was er oder sie je gekannt und geliebt hat. Trotzdem haben wir vor Depressionen genausoviel Angst wie vor wütenden Reaktionen. Wir meiden das Thema und versuchen statt dessen, den Betroffenen zu helfen, ihr Tief möglichst schnell zu überwinden. Dabei ist es viel besser, den Leuten Zeit zu lassen, sich mit ihren Depressionen auseinanderzusetzen, sie zu akzeptieren, ihnen Aufmerksamkeit zu schenken und ihnen ihren natürlichen Lauf zu lassen. Depressionen lassen sich nicht auf die Schnelle »beheben« oder gar verbieten.

Es ist nur natürlich, daß Menschen, die im Sterben liegen, deprimiert sind. Ans Bett gefesselt und mit einer unheilbaren Krankheit konfrontiert, verlieren wir fast alles: unsere Gesundheit, unsere Kraft und unsere Fähigkeit, für uns selbst zu sorgen. Schwestern messen unseren Urin und helfen uns auf die Toilette, was uns oft sehr unwürdig vorkommt. Wir verlieren unsere Träume für die Zukunft. Wir verlieren die Chance mitzuerleben, wie unsere Kinder beim Fußballspielen Tore schießen, ihre Ausbildung abschließen, heiraten, Kinder bekommen und alt werden. Alles, was uns noch bleibt, sind unsere Gedanken und Gefühle. Egal, ob wir besorgt, ängstlich, in uns selbst zurückgezogen, depressiv, aggressiv oder nervös sind – es ist *unsere* Art zu reagieren. Wir haben ein Recht, unsere Gedanken und Gefühle zum Ausdruck zu bringen.

DIE ANGST VOR DEM SCHMERZ

»Können Sie sich vorstellen, was mir jedesmal durch den Kopf geht, wenn ich einen neuen Schmerz spüre?« fragte mich Beverly. »Jedesmal frage ich mich, warum es mir weh tut: Ist der Krebs schlimmer geworden? Habe ich einen neuen Tumor? Hat die Chemotherapie wieder nichts geholfen? Läßt die Wirkung der Schmerzmittel nach? Hat man mir das richtige Medikament gegeben? Werde ich immun dagegen? Werden die Schwestern kommen, wenn ich läute? Werden sie mir etwas geben oder mir sagen, daß ich noch zwei Stunden auf meine nächste Dosis warten muß? Werden Sie mir glauben oder mich für wehleidig halten? Jeder Schmerz ist mehr als nur körperlich.«

Es ist normal, vor Schmerzen Angst zu haben. Wir haben Angst, daß die Ärzte nicht in der Lage sein werden, unsere Schmerzen zu lindern. Wir haben Angst, daß die Schmerzen unkontrollierbar, überwältigend und entsetzlich sein werden. Wir haben Angst, daß wir nicht in der Lage sein werden, mit dem Schmerz umzugehen. Wir haben Angst, daß wir weinen und uns wie Waschlappen benehmen werden.

In all den Jahren, in denen ich nun schon mit todkranken Patienten arbeite, ist mir noch keiner untergekommen, der nicht irgendwann Angst hatte. Schmerzen sind aufreibend. Im Krankenhaus zu liegen ist aufreibend. Mit einer unheilbaren Krankheit konfrontiert zu sein ist aufreibend. Nimmt man alle drei zusammen, ist das Ergebnis zwangsläufig Angst. Und Angst macht den Schmerz noch schlimmer.

Schmerz und Angst sind untrennbar miteinander verbunden. Bereits eine Spur von Angst kann uns nervös machen und unsere Gedanken beschäftigen. Dadurch werden

Die Rechte des Sterbenden

wir noch empfindlicher für den Schmerz und bekommen erst richtig Angst. Wenn Sie sowohl Schmerzen als auch Angst haben, kann es sein, daß Ärzte und Pflegekräfte Ihnen weniger Schmerzmittel geben wollen oder auf Beruhigungsmittel zurückgreifen, um Ihre Angst zu lindern. Egal, wie dringend Sie Ihre Schmerzmittel brauchen, die Ärzte werden sich unter Umständen weigern, Ihnen mehr davon zu geben, oder Ihre Schmerzen ganz ignorieren, weil sie glauben, daß Ihr Problem nicht körperlicher, sondern emotionaler Natur ist.

Versuchen Sie Ihre Ärzte dazu zu bringen, sich auch mit Ihren Emotionen auseinanderzusetzen. Angstlösende Medikamente haben durchaus ihre Berechtigung, aber sie sind nur eine Möglichkeit unter vielen, und sollten nicht notwendigerweise die erste Wahl sein. Am besten ist es, man versucht zunächst, die Angst vor dem Schmerz zu reduzieren, indem man dem Patienten erklärt, warum der Schmerz auftritt, was man dagegen unternehmen kann, was für eine Art von Schmerztherapie wann zum Einsatz kommen wird, was zu tun ist, wenn der Schmerz mitten in der Nacht auftritt, was passieren wird, wenn die Behandlung nicht anschlägt, und welche anderen Möglichkeiten es gibt. Detaillierte Erklärungen mindern die Angst, weil sie dem Patienten zeigen, daß er oder sie mit ihrem Schmerz nicht allein gelassen wird.

Zerstreuung trägt ebenfalls dazu bei, die Angst zu vertreiben. Wenn Sie sich unterhalten, Radio hören, fernsehen, mit einem Freund etwas spielen oder sich von jemandem die neusten Witze erzählen lassen, kann Sie das zumindest für eine Weile von Ihrem Schmerz ablenken. Zu der Therapie, die der Autor Norman Cousins sich selbst verordnete, als er schwer krank war, gehörte unter anderem das Ansehen alter Filme. Wir wissen nicht mit Sicherheit, ob Ablen-

Die Gefühle des Schmerzes

kung und Unterhaltung auf einer psychischen Ebene wirken, indem sie die Angst reduzieren, von der man annimmt, daß sie den Schmerz verschlimmert, oder auf einer körperlichen Ebene, indem sie die Ausschüttung von Endorphinen oder anderen Substanzen anregen, die den Schmerz betäuben. Vielleicht funktioniert es auch auf beiden Ebenen gleichzeitig.

Tiefes Atmen, Gebete, Meditation, Visualisierungstechniken und ähnliche Praktiken sind ebenfalls sehr hilfreich. Ich weiß noch, daß ich einem Mann, der sehr starke Schmerzen hatte, einmal riet,»in den Schmerz hineinzuatmen«. Sofort fauchte er zurück:»Was würden Sie davon halten, wenn ich mir statt dessen einen Schläger besorge, einmal kräftig hineinatme und Ihnen das Ding anschließend über den Kopf ziehe?«

»Nachdem Sie in den Schläger hineingeatmet und mich damit geschlagen haben«, fuhr ich fort, wobei ich mir nicht sicher war, ob er das ernst gemeint oder nur Spaß gemacht hatte, »wie würden Sie den Schläger anschließend gegen den Schmerz einsetzen?«

Der Mann erklärte in allen Einzelheiten, wie er mit dem Schläger auf den Schmerz eindreschen, ihn bewußtlos schlagen und in Stücke reißen würde. Diese Übung half ihm tatsächlich, seinen Schmerz etwas zu reduzieren. Sie bewirkte, daß er sich dem Schmerz nicht mehr ganz so hilflos ausgeliefert fühlte. Macht und Kontrolle sind wichtige Faktoren, wenn es um den Schmerz geht, denn viele Patienten haben das Gefühl, jegliche Kontrolle über sich zu verlieren: die Kontrolle über ihre Gesundheit, ihren Körper, ihre Fähigkeit zu denken und für sich selbst zu sorgen, ihre Fähigkeit, mit anderen in Beziehung zu treten. Sie haben Angst, ihrem Schmerz gegenüber völlig machtlos zu sein. Das ist einer der Gründe, warum Aufklärung, Zer-

Die Rechte des Sterbenden

streuung, Unterhaltung, Gebet, Atemtechnik, Meditation und Visualisierung sehr hilfreich sind: Sie geben uns das Gefühl, unseren Schmerz unter Kontrolle zu haben.

Es ist wichtig, die Patienten zu beruhigen. Ich habe festgestellt, daß es am besten ist, immer wieder zu betonen, daß man alles unter Kontrolle hat. Wenn sich Patienten wegen ihrer Schmerzen an mich wenden, sage ich oft Dinge wie: »Das ist das Medikament, das Sie bekommen werden. Wir haben damit schon gute Erfahrungen gemacht. Wir sind zuversichtlich, daß wir Ihre Schmerzen damit unter Kontrolle bekommen. Sollte es wider Erwarten nicht helfen oder Nebenwirkungen haben, stehen uns viele andere Medikamente zur Verfügung. Und wenn Ihre Schmerzen schlimmer werden, erhöhen wir die Dosis. Wir haben viele Möglichkeiten, gegen Ihre Schmerzen vorzugehen. Wir werden alles tun, was nötig ist.«

Manchmal aber kann man einen geliebten Menschen, der mit körperlichem und emotionalem Schmerz kämpft, weder aufklären noch zerstreuen noch beruhigen. Manchmal kann man einfach nur seine Hand halten. Allein damit kann man viele Schmerzen lindern.

WUT UND DEPRESSION

Von Schmerzen und Angst geplagt, haben viele Patienten das Gefühl, die Kontrolle über ihr Leben verloren zu haben und einem grausamen Schicksal hilflos ausgeliefert zu sein. Oft lassen sie ihre Gefühle dann an ihren Angehörigen, Freunden, Ärzten, Schwestern und Pflegern aus, indem sie sie anschreien, anfauchen, beleidigen oder wegstoßen. Wenn ein Patient übermäßig wütet, neigen wir dazu,

Die Gefühle des Schmerzes

uns zurückzuziehen oder davonzulaufen. Wir versuchen, Auseinandersetzungen zu vermeiden. Die Angehörigen reduzieren ihre Besuche. Ärzte und Schwestern tun nur noch das Allernötigste. Es ist sehr leicht für uns, die Wut des Patienten zu verurteilen oder zu ignorieren. Viel schwieriger ist es, sie genauer unter die Lupe zu nehmen.

Ich habe schon viel zornige Patienten nach dem Grund ihrer Wut gefragt. Zuerst beschweren sie sich über das lausige Essen, die lieblosen Pflegekräfte oder darüber, wie weh ihnen die letzte Spritze getan hat oder wie schlecht der Fernsehempfang ist. Beverly, die wuterfüllte Frau mit Krebs, lieferte mir eine ähnliche Litanei von Klagen. Ich hörte ihr voller Mitgefühl zu und bat sie dann, weiterzusprechen und mir mehr über ihre Wut zu erzählen. »Ich bin wütend, weil ich solche Schmerzen habe und alle mich hassen!« rief sie. »Ich bin wütend, weil ich sterbe, und weil ich ganz allein bin!«

Wenn jemand vor Wut schäumt, ist es am besten, einfach nur zuzuhören. Es ist der richtige Zeitpunkt, die Betreffenden nach ihrem Schmerz und ihrer Angst zu fragen. Der richtige Zeitpunkt, ihnen zu sagen, daß wir ihre Situation so gern ändern würden, wenn wir könnten. Es steht nicht immer in unserer Macht, ihnen ihre Schmerzen oder ihre Angst zu nehmen, aber wir können ihnen wenigstens zuhören. Oft werden die Schmerzen ein wenig leichter, wenn einem jemand zuhört; die Wut verflüchtigt sich fast immer.

Denken Sie daran, daß Wut oft durch Schmerzen verursacht wird und daß die Wut, die sich gegen Sie richtet, nichts mit Ihnen zu tun hat. Sie sind bloß ein willkommenes Opfer. Wenn Ihnen das klar ist, können Sie dazu beitragen, den Schmerz zu lindern, indem Sie ihn mit dem geliebten Menschen teilen. Aber seien Sie darauf vorbereitet, daß er Sie beim ersten Versuch vielleicht zurückstoßen wird.

Die Rechte des Sterbenden

Falls das passiert, dann lassen Sie es passieren, aber bleiben Sie trotzdem bei dem Kranken. Man kann sich auch trennen, aber dennoch in Verbindung bleiben. Gönnen Sie sich eine Pause und kommen Sie dann zurück. Wenn ein Besuch nicht möglich ist, dann rufen Sie an. Wenn Sie bei dem Kranken bleiben, seine Wut verstehen und ihm zuhören können, sind Sie ihm damit eine große Hilfe.

Wut ist gesellschaftlich verpönt, aber Studien haben wiederholt ergeben, daß wütende Patienten länger leben. Ob das so ist, weil sie ihre Gefühle zum Ausdruck bringen oder weil sie mehr Schmerzmittel und mehr Pflege bekommen, wissen wir nicht. Fest steht nur, daß Wut die Leute zum Handeln bringt. Wut hilft uns, die Welt um uns herum zu kontrollieren. Wenn diese Wut nicht völlig unangemessen, gewalttätig oder beleidigend ist, kann sie manchmal eine hilfreiche Reaktion sein, die man nicht unterdrücken sollte.

Viele depressive Menschen ziehen sich aus dem Leben zurück und reagieren weniger lautstark und sichtbar auf ihre Schmerzen. Das hat oft zur Folge, daß ihnen die Ärzte und Pflegekräfte weniger Schmerzmittel geben, weil die betreffenden Patienten nicht mehr so viel über Schmerzen klagen. In unserem Gesundheitssystem bekommen laute, sich beschwerende Patienten mehr Medikamente als solche, die sich still verhalten. Die mit einer Depression einhergehende Traurigkeit ist eine ganz normale Reaktion auf Krankheit und Schmerz. Um die Depression wieder loszuwerden, müssen wir uns durch den Kummer hindurcharbeiten, uns Zeit nehmen, den Verlust unserer Gesundheit und Beweglichkeit zu verkraften und uns mit der traurigen Tatsache abzufinden, daß unser Leben ein täglicher Kampf gegen den Schmerz geworden ist.

Wenn jemand den Wunsch hat, seine Depression abzu-

Die Gefühle des Schmerzes

schütteln, das aber nicht schafft, kann der Einsatz von Antidepressiva nötig werden. Diese Medikamente können dazu beitragen, einem Patienten aus einer scheinbar bodenlosen Depression herauszuhelfen. Antidepressiva können andere Maßnahmen der Schmerztherapie sinnvoll unterstützen.

Die Behandlung von Depressionen ist immer ein Balanceakt: Wir müssen eine gewisse Traurigkeit als angemessene, normale Phase des Sterbens akzeptieren, ohne zuzulassen, daß unbehandelte, fortwährende Depressionen die Lebensqualität schmälern. Optimal lassen sich Depressionen oft durch eine Kombination aus verständnisvoller Unterstützung, Psychotherapie und Antidepressiva meistern. Sie und Ihr Arzt werden gemeinsam die für Sie geeignete Lösung finden.

ANGEMESSENE GEFÜHLE

Andere Menschen fühlen sich unbehaglich, wenn sie mit ansehen müssen, wie wir Schmerzen leiden. Sie sind vielleicht verstört, weil sie uns nicht so leiden sehen wollen. Unter Umständen sind sie auch deswegen verstört, weil wir unseren Kummer nicht auf die »richtige« Weise zum Ausdruck bringen. Vielleicht hätten sie gerne, daß wir auf unsere Schmerzen mit höflicher, stoischer Gelassenheit reagieren oder nur durch eine Spur von Unbehagen in der Stimme zeigen, daß wir tatsächlich Schmerzen haben. Auf jeden Fall wollen sie nicht, daß wir schreien oder fluchen oder uns sonstwie danebenbenehmen. Weinen und Schreien sind normale Reaktionen auf starke Schmerzen. Es überrascht mich weit mehr, wenn Menschen mit schreckli-

Die Rechte des Sterbenden

chen Schmerzen *nicht* schreien, aber man hat uns ja von klein auf anerzogen, unsere »schlimmen« Gefühle nicht zum Ausdruck zu bringen.

Ihren Angehörigen, Ärzten, Schwestern und Pflegern gefällt es vielleicht nicht, wie Sie Ihren Schmerz empfinden oder zum Ausdruck bringen, aber es ist *Ihr* Schmerz, und Sie haben das Recht, Ihre Gedanken und Gefühle zu diesem Thema auf Ihre eigene Weise zum Ausdruck zu bringen. Wenn Sie mit einer unheilbaren und schmerzhaften Krankheit konfrontiert sind, sind Sie unter Umständen wütend, depressiv, ängstlich, besorgt, empört oder entsetzt. Was Sie auch fühlen, Ihre Gefühle sind angemessen, und Sie haben ein Recht auf diese Gefühle.

Selbst, wenn man gar nichts fühlt, ist das völlig in Ordnung. Joseph, ein Kollege von mir, der zugleich Arzt ist, rief mich eines Tages an und erzählte mir, er habe gerade erfahren, daß sein Onkel an Lungen-, Knochen- und Bauchspeicheldrüsenkrebs leide. »Ich habe damit gerechnet, auf diese Neuigkeit emotional sehr stark zu reagieren«, erklärte der verwirrte Doktor, »aber ich fühle überhaupt nichts. Wenn ich mit meiner Familie über seine Situation rede, kann ich das nur auf einer rein verstandesmäßigen Ebene. Dabei hat mir mein Onkel immer soviel bedeutet. Ich verstehe nicht, wieso ich nicht mehr empfinde.«

Gefühle lassen sich nicht mit dem Kopf steuern. Wir fühlen nicht ausgerechnet dann etwas, wenn wir es für angebracht halten. Joseph ist ein sehr liebevoller und mitfühlender Mensch. Vielleicht stand er zu dem Zeitpunkt einfach noch unter Schock. Vielleicht würde er anders reagieren, wenn er seinen Onkel im Krankenhaus besuchte. Vielleicht waren ihm »schlimme Gefühle« einfach nicht geheuer, so daß er eine derartige Empfindung gar nicht erst zuließ. Ich erinnerte Joseph an seine Liebe und sein Mitge-

Die Gefühle des Schmerzes

fühl und erklärte ihm, daß er erst dann weinen würde, wenn er dazu bereit wäre, und daß dann genau der richtige Zeitpunkt dafür sein würde.

Gefühllosigkeit, Verdrängung und Rückzug sind – zumindest vorübergehend – durchaus angemessene Reaktionen. Sie werden anderen Gefühlen Platz machen, wenn der richtige Zeitpunkt dafür gekommen ist, aber nicht vorher. Statt unsere Gefühle zu sortieren, um das »richtige« zu finden, sollten wir uns lieber von unseren Empfindungen überfluten lassen, und zwar dann, wenn sie auftreten. Als ich mit Elisabeth Kübler-Ross über Josephs Fall sprach, sagte sie auf ihre einfache und zugleich tiefgründige Art: »Was man fühlt, ist, was man fühlt. Man sollte es nicht beurteilen, sondern einfach hinnehmen.«

Elisabeth hat mir anvertraut, wie schmerzhaft das letzte Jahr für sie gewesen ist. Sie ist zum Sterben bereit, aber der Tod läßt auf sich warten – ihr Zustand wird aber auch nicht besser. Meine Aufgabe als Freund ist es, ihr ihre Gefühle zuzugestehen, ihr zuzuhören und für sie da zu sein. Ich bringe ihr Bücher, ihre Lieblingsspeisen und – hoffentlich – ein wenig gute Gesellschaft. Sie selbst hat oft gesagt, daß es immer einen Sinn hat, wenn man noch da ist.

Gefühle können manchmal überwältigend sein. Wenn Sie das Gefühl haben, nicht mehr weiterleben zu können, weil ein geliebter Mensch stirbt, dann sollten Sie eine Erholungspause einlegen oder sich von anderen helfen lassen.

Es steht eine erstaunliche Bandbreite an Hilfe zur Verfügung. Es gibt Selbsthilfegruppen für Menschen mit unheilbaren Krankheiten wie Krebs oder AIDS, aber auch Gruppen für Angehörige und Freunde. Viele dieser Gruppen sind in Ihrem örtlichen Telefonbuch verzeichnet. Außerdem können Sie sich jederzeit an einen Krankenhausseelsorger, einen Priester oder Sozialarbeiter wenden. Diese

Die Rechte des Sterbenden

Leute werden Ihnen mit Sicherheit weiterhelfen können. Natürlich kann Ihnen auch Ihr Arzt oder Therapeut durch eine emotionale Streßphase hindurchhelfen.

Menschen, die sich keinen Rat mehr wissen, sagen oft: »Ich habe mit dem Gedanken gespielt, ein Beruhigungsmittel zu nehmen, mich dann aber dagegen entschieden.« Sie sagen, daß sie keine solchen Medikamente nehmen wollten, daß sie ihre »Drogenzeit« schon am College hinter sich gebracht hätten oder daß sie Medikamente nicht »nur so zum Spaß« nehmen wollten. Natürlich ist der Mißbrauch von Medikamenten ein Problem, aber es gibt durchaus Zeiten, in denen es ratsam ist, solche Medikamente zu nehmen, und gerade die Auseinandersetzung mit dem Tod ist eine Phase des Lebens, für die viele Medikamente entwickelt wurden. Wenn Sie nicht ausgerechnet auf eine Geschichte der Drogenabhängigkeit zurückblicken, ist es völlig in Ordnung, sich in einer Zeit, in der Sie von Kummer oder Angst überwältigt werden, mit solchen Medikamenten helfen zu lassen.

Wenn Sie sich vor Schock ganz betäubt fühlen, ist das völlig in Ordnung. Wenn Sie wütend, empört, traurig oder vor Schmerz halb wahnsinnig sind oder Hilfe brauchen, ist das ebenso in Ordnung. *Alle* Ihre Gefühle sind angebracht und angemessen.

DER SCHMERZ DES VERLUSTES

Emotionaler Schmerz kann genauso schlimm sein wie körperlicher Schmerz. Nichts bricht uns mehr das Herz als der Schmerz über eine dauerhafte, scheinbar sinnlose Trennung von einem Menschen, den wir lieben.

Die Gefühle des Schmerzes

Der Schmerz über einen solchen Verlust kann so intensiv sein, daß er uns die Kontrolle über unser Leben raubt und unsere angeschlagenen Kanten zum Vorschein bringt. Er kann eine abstumpfende Wirkung haben, unsere Sinne betäuben und uns die Freude am Leben nehmen. Er kann uns so sehr lähmen, daß wir nicht mehr weiterleben wollen. Welche Form der Schmerz auch annimmt, es tut auf jeden Fall schrecklich weh. Wenn es an uns ist zu sterben, müssen wir einen Weg finden, uns von allen Menschen und Dingen zu verabschieden, die wir gekannt, geschätzt und geliebt haben. Wenn wir miterleben müssen, wie ein anderes Leben zu Ende geht, müssen wir einen Weg finden, den Schmerz zu überleben, den der Verlust eines geliebten Menschen uns zufügt.

Körperlicher Schmerz ist leicht zu erkennen. Wenn eine Frau mit einem blutenden Arm ins Zimmer käme, würden wir alle sofort aufspringen und ihre die nötige Aufmerksamkeit zukommen lassen. Emotionaler Schmerz dagegen ist schwer zu erkennen und noch schwerer zu verstehen, wenn er »alt« ist. Wenn uns jemand erzählt, daß er ein paar Jahre zuvor einen guten Freund durch einen Autounfall verloren hat, nehmen wir das oft nur am Rande zur Kenntnis. Wenn wir aber versuchen würden, uns jenen schrecklichen Moment zu vergegenwärtigen und uns vorzustellen, was damals mit dem Freund passiert ist, würden wir es auf einer neuen, tieferen Ebene verstehen.

Wenn ich an einem Sterbebett sitze, mache ich mir immer bewußt, wie intensiv und wie nahe an der Oberfläche der Schmerz ist. Oft brauche ich zu den betreffenden Menschen nur zu sagen: »Ich sehe, daß Sie große Schmerzen haben«, und schon beginnt es aus ihnen herauszusprudeln. Andere schneiden das Thema nur kurz an und sprechen dann über etwas anderes. Wenn ich das starke Gefühl habe,

Die Rechte des Sterbenden

daß etwas Wichtiges unausgesprochen geblieben ist, komme ich auf den Schmerz zurück. Normalerweise aber gehe ich zu einem neuen Thema über. Der Schmerz kann so groß und überwältigend sein, daß jedesmal nur ein ganz kleiner Teil davon angesprochen werden kann.

Der einzige Weg aus dem Schmerz führt durch den Schmerz hindurch. Wenn wir uns gegen den Schmerz wehren oder ihn ignorieren, zögern wir das Unvermeidliche bloß hinaus, was unseren Kummer nur vergrößert. Auch wenn wir uns weigern, uns dem Schmerz zu stellen und ihn an uns heranzulassen, wird er deswegen nicht verschwinden. Wir können ihn eine Weile wegschieben, was aber nur zur Folge hat, daß wir uns länger mit dem Problem herumschlagen müssen. Deswegen ist es besser, sich den Ereignissen zu stellen, wenn sie auftreten, und auf alles, was passiert, offen und ehrlich zu reagieren. Sprechen Sie mit jemandem über Ihren Schmerz, egal, ob er körperlicher oder emotionaler Natur ist. Halten Sie die Hand eines lieben Menschen und weinen Sie. Möglich, daß Ihnen Ihr Schmerz angst macht. Möglich, daß es sich anfühlt, als würde Ihr Finger in einem Deich stecken und eine schreckliche Flut des Schmerzes über Sie hereinbrechen, sobald Sie den Finger herausziehen. Doch selbst wenn es sich so anfühlt, werden Sie es überleben, es wird Ihnen wieder besser gehen und Sie werden den Blick wieder nach vorne richten. Egal, was passiert, wenden Sie sich nicht von Ihrem Schmerz ab. Wir sind stärker, als wir glauben, und uns wird nie mehr zugemutet, als wir verkraften können.

Wenn Sie es trotzdem nicht schaffen, sich sofort mit Ihrem Schmerz auseinanderzusetzen, sondern ihn erst einmal verdrängen, dann machen Sie sich keine Vorwürfe. Wenn Sie anfangs nichts empfinden und sich nicht gestatten können lockerzulassen, dann ist das eben so. Sie sind nicht allein. Ihr Schmerz wird sich zu einem späteren Zeitpunkt zurückmelden, und Sie können sich dann damit auseinandersetzen. Kinder, die ihre Eltern verlieren, schieben ihren Schmerz oft Jahre vor sich her. Wir können den Schmerz, den der Tod verursacht, nicht wegzaubern, aber wenn wir ihn ganz durchleben, können wir die tiefen Wunden verhindern, die bei so vielen Menschen zurückbleiben, wenn sie sich nicht gleich mit ihrem Schmerz auseinandersetzen.

JENSEITS DES SCHMERZES

Ich verbrachte einen Nachmittag damit, mich mit Beverly zu unterhalten, der Frau, die im Krankenhaus als »Problemfall« abgestempelt worden war. Wir sprachen über den Krebs, der ihre Knochen zerstörte, über ihre Angst vor dem Schmerz und über den Tod. Wir diskutierten über die verschiedenen Methoden der Schmerztherapie, die für sie in Frage kamen – Spritzen, Infusionen, Biofeedback, Akupunktur –, und über alles andere, worüber sie reden wollte. Sie erzählte mir, daß sie an den Ufern des Mississippi aufgewachsen sei, daß sie als erste Frau ihrer Familie und ihres Ortes ein College besucht habe, und daß sie Hank geheiratet habe, »den schönsten Mann im Land«. In ihren zwanzig gemeinsamen Jahren hätten sie sich eine Familie, ein Zuhause und eine geschäftliche Existenz aufgebaut. Als er gestorben sei, habe sie ihn »zurück ans Wasser« gebracht und so nahe wie möglich am Mississippi River begraben.

Im Lauf unseres gemeinsamen Nachmittags erzählte sie mir auch, wie wütend sie darüber sei, sterben zu müssen. Genauso wütend sei sie damals gewesen, als sie Hank so früh verlor. Sie vermisse ihren Mann noch immer sehr und

Die Rechte des Sterbenden

wünsche sich nichts sehnlicher, als ihn wiederzusehen. Ich antwortete, wie sehr ich hoffte, daß es ihr irgendwie, auf welche Weise auch immer, möglich sein würde, ihn wiederzusehen. Wir sprachen über die Angst unter ihrer Wut: die Angst, daß niemand etwas gegen ihre Schmerzen unternehmen würde. Dann sprachen wir über die traurige Erfahrung des Sterbens. Während wir uns unterhielten, begann ihre Wut langsam zu verrauchen und vergessenen Erinnerungen an ein wundervolles Leben Platz zu machen. Gleichzeitig wurde Beverly klar, daß es viele Menschen gab, denen sie am Herzen lag. Sie erkannte nicht nur, daß ihre Wut durchaus berechtigt war, sondern auch, daß die Art, wie sie diese Wut zum Ausdruck brachte, ausgerechnet die Menschen vertrieb, die sie am meisten brauchte.

Ich erklärte dem Krankenhauspersonal, was passiert war. Sie hatten Beverly als »Plage« abgestempelt, statt sie als eine von Schmerzen geplagte Frau zu sehen. Ich konnte die Schwestern und Pfleger davon überzeugen, daß Beverlys Wut nicht gegen sie gerichtet war, und daß sie keine »Plage« mehr sein würde, wenn sie sie als von Schmerzen geplagte Frau behandeln würden.

Nachdem sich Beverlys Wut und Angst verflüchtigt hatten, schwand auch ihre Einsamkeit. Als ihre Angehörigen das nächste Mal anriefen, gab sie sich große Mühe, sie wissen zu lassen, wie sehr sie sich freue, von ihnen zu hören, und lud sie ein, sie zu besuchen. An dem Tag, für den die Familie ihren Besuch angekündigt hatte, erzählte mir Beverly, daß sie sich schon freue, sie zu sehen. Am nächsten Tag schaute ich bei ihr vorbei, um sie zu fragen, wie es gelaufen sei. Beverly war ganz aufgeregt. »Ich habe ihn gesehen!« sagte sie lachend zu mir. »Ich habe Hank gesehen. Meine Enkelin lächelt genauso wie er. Als sie mich anlächelte, habe ich ihn in ihrem Lächeln gesehen.«

Geistigkeit und Tod

Das Recht, Trost in geistigen Dingen zu suchen.

Die Suche nach Geistigkeit ist eine Suche nach einem Ort des Friedens und der Sicherheit. Viele Menschen beginnen während der letzten Kapitel ihres Lebens damit, nach diesem Ort Ausschau zu halten. Manche tun das auf dem Weg über ihre Religion, andere auf eigene Faust. Viele verbinden auch beides miteinander. Für welche Herangehensweise sich ein Mensch auch entscheidet, man sollte sie respektieren und unterstützen, auch wenn man sie für »falsch« hält. Diese letzte Suche ist ein Ritus des Übergangs für die Seele. Sie ist außerdem ein Recht der Sterbenden, und sollte als solches respektiert werden.

Ronald und Shirley waren schon fünfundvierzig Jahre miteinander verheiratet. Inzwischen waren sie beide Mitte Sechzig und hatten den Großteil ihres Lebens zusammen verbracht. Als ich sie kurz nach Ronalds Pensionierung besuchte, sprachen sie darüber, daß sie in Zukunft mehr Zeit in der Kirche verbringen wollten. Außerdem wollten sie Reisen machen, hinter dem Haus einen Gemüsegarten anlegen und sich in Form bringen. Aber es stellte sich ziemlich schnell heraus, daß es mit ihren schönen Plänen nicht so klappte, wie sie sich das vorgestellt hatten. Sobald Ronald ein wenig Sport trieb oder auf andere Art aktiv wurde, war er atemlos und fühlte sich müde, so daß er schließlich zum Arzt ging, um sich von Kopf bis Fuß durchchecken zu lassen – das erste Mal seit zwanzig Jahren.

Die Rechte des Sterbenden

Leider warteten schlechte Nachrichten auf ihn. Ronald litt unter koronarer Herzkrankheit und würde sich in den nächsten Wochen einer dreifachen Bypass-Operation unterziehen müssen. Shirley erklärte mir, daß sie zwar große Angst habe, daß ihr Mann bei der bevorstehenden Operation sterben könnte, daß die schlimme Neuigkeit für sie aber auch ein »kleines Geschenk« beinhaltet habe. »Dadurch ist mir erst so richtig klargeworden, daß unsere Zeit begrenzt ist«, sagte sie zu mir, als wir während der Operation gemeinsam im Wartezimmer saßen. »Wir haben auf unser Leben zurückgeblickt, über ein paar Dinge geredet, über die wir vorher noch nie geredet hatten, und uns gegenseitig ein paar schlimme Kränkungen verziehen. Wir waren in der Lage, uns selbst zu verzeihen, das Leben so zu akzeptieren, wie es ist, und für alles dankbar zu sein, was passiert ist. Ron hat gesagt, ihm sei klargeworden, daß sein Leben jeden Moment zu Ende sein könne. Deswegen wolle er mit sich und der Welt ins reine kommen. Er wolle niemandem etwas nachtragen.«

»Ich wußte gar nicht, daß Ronald religiös ist«, sagte ich.

»Er wollte sein Haus in Ordnung bringen. Er wollte das Leben genießen und mit sich selbst im reinen sein«, antwortete sie.

Zum Glück überstand Ronald die Bypass-Operation ohne Probleme. Er war bald wieder auf den Beinen und sprühte mehr denn je vor Energie. Die beiden kauften sich einen Hund und machten lange Spaziergänge. Sie pflanzten ihren Garten und arbeiteten ehrenamtlich für ihre Kirche. Sie sahen sich Yosemite, Yellowstone und andere Parks an und genossen die Natur und das Leben. Und sie bemühten sich weiterhin um eine gewisse Geistigkeit, indem sie sich auf ihren Glauben konzentrierten. »Nicht auf eine verbissene Art«, sagte Shirley. »Es ging uns dabei hauptsächlich darum, uns von unseren Aggressionen und unserer Wut zu befreien.«

Mehrere Jahre vergingen. Ronald und Shirley führten ein gutes Leben. Eines Abends rief ich sie an, um mich für das kommende Wochenende mit ihnen zu verabreden. Ronald sagte, sie säßen gerade beim Essen und würden mich später zurückrufen. Fünfzehn oder zwanzig Minuten später stand er vom Tisch auf und fragte Shirley, ob er ihr aus der Küche etwas mitbringen könne. Sie lächelte ihn an und sagte: »Nein, danke, ich bin wunschlos glücklich.« Er ging in die Küche hinüber, stellte seinen Teller ab und erlitt einen schweren Herzinfarkt. Er war auf der Stelle tot. Nach ein oder zwei Minuten folgte ihm Shirley in die Küche. »Als ich die Tür aufmachte und ihn auf dem Boden liegen sah, wußte ich sofort, daß er tot war. Nachdem ich den Notarzt angerufen hatte, legte ich mich neben ihn auf den Boden. Ich spürte seine Seele in meinem Herzen. Ich spürte, daß es ihm gut ging und daß er seinen Frieden gefunden hatte. Während ich so neben ihm lag und mir die Tränen über die Wangen liefen, erzählte ich ihm, wie aufgeregt ich damals war, als wir uns kennenlernten. Ganz sanft streichelte ich sein Gesicht und sagte ihm, wie dankbar ich war, daß ich ihn kennengelernt hatte. Wenn ich an Ronalds Tod denke, tröstet es mich noch heute, daß er sein Leben unter die Lupe genommen und Frieden gefunden hatte. Zumindest im großen und ganzen, so daß er in Ruhe sterben konnte.«

Andere haben Trost gefunden, indem sie weniger traditionellen Pfaden folgten. Walter und Marion waren seit siebenunddreißig Jahren verheiratet. Er war Romanautor, sie Buchhalterin; zusammen hatten sie in einem kleinen Ort außerhalb des kalifornischen Santa Cruz drei Söhne großgezogen. Sie lebten schon seit dreißig Jahren im selben

Die Rechte des Sterbenden

Haus, und Marion arbeitete seit fünfzehn Jahren für eine Firma in San Jose. Walter arbeitete zu Hause.

Nachdem er eines Tages Blut gehustet hatte, ging Walter zum Arzt. Die Diagnose ließ nicht lange auf sich warten: Er hatte einen Tumor in der Lunge. Eine Woche später wurde Walter operiert. Alles lief gut, und der Arzt war überzeugt, das vom Krebs befallene Gewebe ganz entfernt zu haben. Trotzdem war Walter klar, daß die Krankheit jederzeit wieder ausbrechen konnte.

Zum erstenmal in seinem Leben wußte Walter nicht so recht, was er tun sollte. Er war nicht einmal sicher, ob er überhaupt etwas tun konnte: Er achtete ohnehin schon auf eine gesunde Ernährung und joggte jeden Abend ein paar Kilometer am Strand. Trotzdem wollte er nicht einfach warten, bis der Krebs zurückkehrte.

Ein Freund von ihm, der mehrere seiner Bücher lektoriert hatte, schlug ihm vor, eine Frau aufzusuchen, die als spirituelle Beraterin arbeitete. Dieser Vorschlag kam für Walter sehr überraschend. »Eine spirituelle Beraterin?« fragte er. »Was genau macht sie? Ist sie Psychologin, Sozialarbeiterin oder Seelsorgerin? Wird sie mir aus einer Kristallkugel die Zukunft vorhersagen? Muß ich bei ihr Weihrauch abbrennen und mit Geistern reden?«

»Es ist überhaupt nicht so, wie du dir das vorstellst«, antwortete der Lektor. »Sie hat keinen akademischen Titel und ist konfessionslos. Sie berät dich einfach aus spiritueller Sicht.«

Neugierig geworden, vereinbarte Walter mit der geistigen Beraterin einen Termin. Sie sprachen über seinen Zustand, und er erzählte ihr von seinem Leben. Sie stellte ihm Fragen, über die er noch nie nachgedacht hatte: Wissen Sie, warum Sie hier sind? Haben Sie sich schon überlegt, was Sie in der Ihnen verbleibenden Zeit gerne machen würden,

Geistigkeit und Tod

egal, wie lang das noch sein mag? Was möchten Sie von sich hinterlassen?»Sie haben Ihr ganzes Leben damit verbracht, aus sich hinauszusehen«, erklärte sie. »Jetzt ist es Zeit, in sich hineinzublicken.«

All das brachte in Walter eine Saite zum Klingen. Er bat die Frau, ihm eine Liste mit Büchern und wichtigen Fragen zusammenzustellen. Außerdem bat er sie, ihm zu zeigen, wie man meditiert.

Während die Wochen vergingen, versenkte sich Walter immer mehr in seine Meditationen und seine spirituelle Lektüre. Früher hatte er jeden Morgen eine Stunde Zeitung gelesen und sich abends eine Stunde lang die Nachrichten angesehen. Diese zwei Stunden verwandte er nun auf seine Meditationen und die Lektüre seiner spirituellen Bücher.

Marion reagierte zunehmend beunruhigt. Schließlich sagte sie:»Walter, ich erkenne dich nicht mehr wieder. Du liest keine Zeitung und siehst keine Nachrichten mehr. Du veränderst dein ganzes Leben. Es ist, als würdest du dich vor deiner alten Lebensweise zurückziehen. Hast du denn nicht schon genug Probleme? Mußt du dir wirklich noch dieses ganze spirituelle Zeug aufhalsen und über den Schwarzen Mann nachdenken? Du leidest an einer schweren Krankheit. Wir haben keine Zeit für diesen Hokuspokus.«

»Warum probierst du es nicht mit mir aus?« fragte Walter.

Marion sah ihn verächtlich an. »Ich glaube nur, was ich sehen und anfassen kann.«

Trotz der heftigen Einwände seiner Frau fuhr Walter fort, sich mit Meditationen zu beschäftigen. Mit der Zeit wurde für ihn eine neue Lebensweise daraus. Nach außen hin änderte sich an seinem Leben nicht viel. Innerlich aber verabschiedete er sich von vielen finanziellen Problemen

141

Die Rechte des Sterbenden

und Statusfragen, die ihn einen Großteil seines Lebens beschäftigt hatten. Insgesamt fühlte er sich viel ruhiger und zufriedener. Als er mit Marion darüber sprach, sagte sie: »Sehr gut. Dann hast du ja dein Ziel erreicht und brauchst nicht mehr zu dieser Beraterin zu rennen. Du brauchst nicht mehr diese Bücher zu lesen und kannst mit dem Meditieren und dem ganzen anderen seltsamen Zeug aufhören. Ich möchte, daß du wieder so wirst, wie du vorher warst. Ich mache mir langsam Sorgen, was unsere Familie und unsere Freunde sagen werden.«

»Diese Dinge gehören jetzt zu meinem Leben«, entgegnete er. »Sie helfen mir, mit allem besser fertig zu werden. Ich will nicht, daß du dich dadurch bedroht fühlst. Nichts davon steht im Widerspruch zu unserem Glauben. Ich möchte dich damit auch nicht ausschließen. Ich fände es schön, wenn du einiges davon mit mir zusammen ausprobieren würdest. Und es ist mir egal, was unsere Freunde denken. Ich spiele jetzt auf einem anderen Spielfeld. Für mich zählt nicht, was die anderen denken, sondern was ich fühle. Ich hoffe, daß es möglich sein wird, uns auf diesem Weg wieder näherzukommen, statt uns voneinander zu entfernen.«

Im Lauf der Zeit führte Marion mit Walter und ihren Söhnen noch viele solche Diskussionen über seine neue Beschäftigung. Die Söhne verstanden sofort, worum es ihrem Vater dabei ging. Schließlich begann auch Marion zu sehen, daß das Ganze ihrem Mann half. Ein Jahr später vertraute sie mir an: »Inzwischen bin ich froh, daß er das hat. Zuerst dachte ich, es wäre nur ein vorübergehender Tick, und hatte nichts dagegen einzuwenden. Aber es beunruhigte mich, daß er dabei blieb, weil der Krebs unser Leben schon genug verändert hatte und ich nicht wollte, daß es sich noch mehr veränderte. Aber Walter ist jetzt ein

142

Geistigkeit und Tod

glücklicherer, zufriedenerer Mensch, und das allein zählt für mich.«

Wie Walter nehmen viele Menschen, die an einer unheilbaren Krankheit leiden, ihr Leben genau unter die Lupe, während sie sich darauf vorbereiten, von einem Ort des Körpers und des Geistes in ein Reich überzuwechseln, in dem ausschließlich der Geist herrscht. Sie schieben all die Fragen beiseite, die sie ihr Leben lang beschäftigt haben: Geld, Status, Schönheit und Besitz. Vielleicht ist es korrekter zu sagen, daß diese Dinge für sie immer mehr an Bedeutung verlieren, je mehr sie sich um Liebe, Versöhnlichkeit und Frieden bemühen.

Wir verbringen den Großteil unseres Lebens damit, nach außen zu blicken, bis uns Zeit, Krankheit und Alter zwingen, den Blick nach innen zu richten. Wir fangen an, unser wahres Wesen, unsere Seele und unseren Geist zu erforschen. Daß wir uns um Geistigkeit bemühen, je mehr sich unser Leben seinem Ende zuneigt, unser bisheriges Leben Revue passieren lassen und uns fragen, was als nächstes kommt, ist kein neues Konzept. Wahrscheinlich tun die Menschen das schon, seit ihnen bewußt geworden ist, daß jeder eines Tages sterben muß. Wenn wir spüren, daß unsere Zeit zu Ende geht, stellen sich uns grundlegende Fragen: Wohin gehe ich von hier aus? Habe ich alles geschafft, was ich schaffen sollte? Bin ich trotz meines von der Krankheit gezeichneten Körpers noch ein ganzer, intakter Mensch? Werde ich in irgendeiner Form weiterexistieren? Wie kann ich Frieden finden, das einzige, was jetzt noch zählt? Wer bin ich eigentlich? Bin ich mehr als nur ein Körper? Habe ich einen Geist, der weiterleben wird?

Ich glaube schon. Dr. Wayne Dyer schreibt: »Wir sind keine menschlichen Wesen, die eine geistige Erfahrung machen, sondern geistige Wesen, die eine menschliche Erfah-

Die Rechte des Sterbenden

rung machen.« Unser Geist ist der Teil von uns, der ewig existieren wird, das einzige, was wir *sind* und was weiterleben wird, wenn unser Körper zu funktionieren aufgehört hat. Wenn man einen Menschen ansieht, der gerade gestorben ist, weiß man sofort, daß das, was uns die Energie zum Leben gibt – was auch immer das sein mag –, den Körper verlassen hat. Diese Energie, diese Lebenskraft ist der Geist oder die Seele. Für manche ist der Geist die Essenz unseres Seins, für andere ist er Gott, und während das Ende ihres Lebens näherrückt, beginnen die Menschen den ewig währenden Geist zu erforschen.

Die Geburt ist kein Anfang, sondern eine bloße Weiterführung, und der Tod ist kein Ende, sondern ebenfalls eine Weiterführung. Unser Körper ist gekommen und wird wieder gehen. Er ist nur der Anzug, den wir in diesem Leben tragen, aber der Geist ist unzerstörbar, denn er ist reine Energie. Wie Einstein betont hat, kann Energie weder geschaffen noch zerstört werden: Sie war, sie ist, und sie wird immer sein.

Das Wort »Geistigkeit« oder auch »Spiritualität« bedeutet für verschiedene Menschen unterschiedliche Dinge. Manche verstehen darunter das Anerkennen einer höheren Macht oder der tieferen Schichten ihres eigenen Ichs. Für viele bedeutet es, mit Gott in Kontakt zu treten. Wieder andere verstehen unter Geistigkeit einfach den Akt des Liebens. Geistigkeit ist nicht das, *was* wir lieben, zum Beispiel Blumen oder Eiscreme, sondern der *Akt* des Liebens, das Gefühl des Liebens. Geistigkeit bedeutet, daß man versucht, auf die täglichen Herausforderungen des Lebens auf eine liebevolle und friedliche Weise zu reagieren. Es ist leicht, Geistigkeit zu praktizieren, wenn man auf einem Berggipfel sitzt, wo es niemanden gibt, der einem sein Geld stehlen oder einen im Straßenverkehr behindern könnte. In einer Welt Frieden zu finden, in der Menschen sterben, Verbrecher ungestraft davonkommen, Kollegen einen ständig ärgern und manche Ziele unerreichbar scheinen, ist eine völlig andere Sache.

Die fünf Phasen der geistigen Aussöhnung

Unsere Wertesysteme formen unser Leben. Wir glauben, daß wir einen guten Job bekommen, wenn wir eine gute Ausbildung haben. Daß wir vor Hunger sicher sind, wenn wir Geld anhäufen. Daß wir gesund bleiben, wenn wir richtig essen und uns viel bewegen. Wir glauben, daß wir mit Hilfe von Tabletten und der medizinischen Technologie unsere Krankheiten in Schach halten können, und daß die Ärzte uns im Notfall retten werden. Es ist unvermeidlich, daß unser Glaube an diese Dinge nachläßt, sobald uns klar wird, daß wir nicht ewig leben werden, egal, wie klug, reich oder gesund wir sind, egal, wie gut unsere Ärzte sind. Wenn sich das Ende nähert, wird uns klar, daß wir alles zurücklassen müssen: Familie, Freunde, Geld, Besitz, Status, Technologie, die ganze menschliche Gesellschaft. An diesem Punkt angelangt, ist es nur natürlich, wenn wir den Wunsch verspüren, daran zu glauben, daß die Welt nicht nur zufällig existiert, daß alles einem guten Zweck dient und daß unser Leben einen Sinn gehabt hat. Während wir alles loslassen müssen, woran wir gewöhnt waren, erlaubt uns unser Glaube, der Angst zu entkommen, daß das ganze Leben willkürlich und sinnlos sein könnte.

Wir finden Trost und Zuversicht in dem Frieden und der Liebe, die uns die Geistigkeit schenkt. Sie verleiht dem Leben Ordnung und Sinn, insbesondere, wenn man im Be-

Die Rechte des Sterbenden

griff ist, dieses Leben zu verlassen. Weder die Philosophie noch die Technologie können uns diese wertvollen Geschenke machen. Wenn alles andere uns verlassen muß, bleiben nur mehr Geistigkeit und Glaube.

Elisabeth Kübler-Ross hat die fünf Schritte beschrieben, die wir durchlaufen, wenn wir dem Tod gegenüberstehen: Nichtwahrhabenwollen und Isolierung, Zorn, Verhandeln, Depression und Zustimmung. Auf ähnliche Weise nähern wir uns auch der Geistigkeit. Nachdem in den Menschen der Wunsch gewachsen ist, ihr geistiges Wesen zu erforschen, durchlaufen sie fünf Phasen der geistigen Aussöhnung: Offenheit, Verantwortlichkeit, Versöhnlichkeit, Akzeptanz und Dankbarkeit.

Offenheit – Viele Menschen haben Schwierigkeiten, das Ende ihrer körperlichen Existenz zu akzeptieren, weil sie durch Wut blockiert sind. Einige Verhaltensweisen liegen einfach in unserer menschlichen Natur: Wir alle fällen Urteile, empfinden Haß gegen andere, machen andere für vieles verantwortlich, werden wütend und sind oft kleinlich. Manchmal sind wir im Recht; meistens sind wir es nicht. Für den Prozeß der Heilung spielt das keine Rolle. Damit eine Heilung stattfinden kann, müssen wir unsere Tabus überwinden und unsere Gefühle offen zum Ausdruck bringen. Man hat Ihnen beigebracht, für sich zu behalten, daß Sie auf Ihre Schwester eifersüchtig sind, weil Sie glauben, daß Ihre Mutter sie mehr geliebt hat als Sie. Sie schaudern bei der Vorstellung, offen zu verkünden, daß Sie Ihren Vater für die Art hassen, wie er Sie behandelt hat.

Wir haben Angst, bestraft zu werden, wenn wir unsere »häßlichen« Gefühle zum Ausdruck bringen, aber in Wirklichkeit ist das Gegenteil der Fall. Wir werden dafür belohnt, daß wir unsere Wut aus uns herauslassen, indem wir uns für den Frieden bereit machen. Sie brauchen Ihrem

Geistigkeit und Tod

Vater oder Ihrer Schwester ja nicht persönlich zu sagen, daß Sie sie hassen. Sie können es einem Freund oder einer Freundin Ihres Vertrauens sagen, Sie können es in die Luft flüstern oder es in Ihr Kopfkissen schreien. Sobald Sie das einmal getan haben, beginnen sich die wütenden Gedanken in Luft aufzulösen. Der Haß, der Sie als Geisel gehalten hat, verschwindet. Sie können sich auch an Gott wenden und ihm sagen, warum Sie so wütend sind, wenn das der Fall ist. Wut auf Gott ist für viele Menschen ein Problem. Ich habe mit Menschen verschiedenster Konfessionen gearbeitet und festgestellt, daß sie oft erst eine Erlaubnis brauchen, um auf Gott wütend zu werden. Wie konnte er erlauben, daß Mom so schrecklich leiden und so jung sterben mußte? Wie konnte er erlauben, daß Dad um seine ganzen Ersparnisse gebracht wurde? Wie kann er jetzt erlauben, daß ich so viel leiden und dann sterben muß? Daß ich eine Witwe und drei kleine Kinder zurücklasse? Wie kann er so grausam und herzlos sein? Viele von uns haben das Gefühl, daß es absolut tabu ist, auf Gott wütend zu sein, aber solange wir uns unsere Gefühle nicht eingestehen, kann kein Heilungsprozeß stattfinden. Manche Leute habe ich dazu gebracht, ihre Wut verbal zum Ausdruck zu bringen. Andere haben sie zum Ausdruck gebracht, indem sie mit einem Baseballschläger auf ihr Bett einschlugen. Gott versteht, daß Sie das Bedürfnis haben, Ihre Gefühle zum Ausdruck zu bringen und freizusetzen, um anschließend zur Liebe fähig zu werden.

Unter Umständen sind wir auch durch unsere negativen Gefühle gegenüber unserer Krankheit blockiert. Viele Leute, mit denen ich arbeite, sagen, daß es eine sehr wirksame Technik ist, der Krankheit einen Brief zu schreiben. Derartige Übungen helfen uns, uns unsere verdrängten Gefühle einzugestehen und uns damit auseinanderzusetzen. Sie helfen uns außerdem, mit unserem tieferen, geistigen Ich in Kontakt zu treten. Einige der von mir betreuten Patienten haben ihren Krankheiten Briefe geschrieben, die mit »Lieber Krebs«, »Liebe Leukämie« und »Liebes AIDS« anfingen. In diesen Briefen sprechen sie von ihrer Wut auf ihre Krankheit und bringen zum Ausdruck, wie sie das Geschehene empfinden. Manche fordern ihre Krankheiten auf, endlich zu gehen, andere bitten um ein harmonisches Zusammenleben.

Verantwortlichkeit – Viele Leute haben zu mir gesagt, daß die Konfrontation mit einer unheilbaren Krankheit die Qualität ihres Lebens verbessert habe. Die Krankheit habe ihnen vor allem geholfen, die Verantwortung für ihr Tun, ihr Denken und ihr Leben zu übernehmen. Diese Leute wissen, daß sie für ihre Krankheit nichts können und daß ihr Sterben nicht bedeutet, daß sie irgendwie gescheitert sind. Ihnen ist außerdem klar, daß sie bei allem, was ihnen im Leben passiert ist, eine Rolle gespielt haben.

Harvey, der sich plötzlich mit Bauchspeicheldrüsenkrebs konfrontiert sah und dem die Ärzte nur noch wenig Zeit gaben, gelangte zu einem neuen Verständnis von Verantwortung.

»Ich habe immer alle anderen für meine Probleme verantwortlich gemacht«, sagte er. »Ich habe immer gesagt, meine Ex-Frau habe unsere Ehe ruiniert, mein lausiger Geschäftspartner habe nur an sich gedacht und meine Freunde hätten mich verraten. Aber wenn ich jetzt auf die schlimmen Dinge zurückblicke, die mir passiert sind, wird mir klar, daß sie alle einen gemeinsamen Nenner hatten: mich! Klar hat meine Frau irgendwann aufgehört, sich um das Gelingen unserer Ehe zu bemühen, mein Partner war ein eigennütziger Gauner, und meine Freunde haben die Dinge nicht immer so gesehen wie ich, aber ich habe sie mir schließlich selbst ausgesucht. Und wissen Sie, was? Das alles ist nicht nur *ihre* Schuld. Ich habe in meiner Ehe auch Fehler gemacht; ich war auch nicht der beste Geschäftspartner oder Freund. *Ich* muß die Verantwortung für mein Leben übernehmen. Ich möchte nicht als Opfer leben, und ich möchte ganz bestimmt nicht als Opfer sterben.«

Harvey hat gelernt, daß er nicht für die Taten anderer verantwortlich ist, aber daß er die Verantwortung für alles trägt, was *ihm* passiert.

Versöhnlichkeit – Am Ende hören unsere Krankheiten auf, sich auszubreiten, unsere Herzen hören zu schlagen auf, und unser Gehirn stellt das Denken ein. Damit haben auch unsere Streitigkeiten, offenen Rechnungen und gefällten Urteile ein Ende. Ob es uns paßt oder nicht, unser Teil des Streits wird vorbei sein, denn wir werden nicht mehr da sein. Die Sterbenden verstehen das intuitiv und machen sich deshalb oft zum Vergeben bereit. Jemandem zu vergeben bedeutet nicht, schlechtes Benehmen zu akzeptieren. Indem wir vergeben, entlassen wir uns selbst aus den Bindungen des Hasses und der Kränkungen. Wenn ich Ihnen vergebe, daß Sie mich vor fünfzehn Jahren übers Ohr gehauen haben, dann sage ich damit nicht, daß es in Ordnung ist, andere zu verletzen. Ich sage damit nur, daß ich verstehe, daß Sie einen Fehler gemacht haben, ebenso, wie ich einen Fehler gemacht habe und wir alle Fehler machen. Und daß ich Sie und unsere ganze Beziehung nicht mehr nur an diesem einen Fehler messen werde.

Unversöhnlichkeit ist eine offene Wunde. Wir vergeben uns selbst und anderen, weil wir als ganze, geistig gesunde Menschen sterben wollen. Es überrascht mich immer wieder, was für eine wichtige Rolle die Versöhnlichkeit spielt. Ich habe erlebt, wie zwei Schwestern, die schon dreißig

Die Rechte des Sterbenden

Jahre nicht mehr miteinander sprachen, sich plötzlich wieder sehr nahe kamen, als eine von beiden mit dem Tod konfrontiert war, weil sie einander endlich eine Sache verzeihen konnten, die dreißig Jahre zuvor passiert war. Ich habe erlebt, wie sich eine Mutter, ein Vater und ihr Sohn wieder in die Arme schlossen, nachdem die Eltern den Sohn enterbt hatten, weil er eine andersgläubige Frau geheiratet hatte. Erst, als sein Vater ernsthaft erkrankte, wurde ihnen klar, daß ihre gemeinsame Zeit begrenzt war und eine Versöhnung nur dann möglich war, wenn sie einander vergaben. Besonders rührend finde ich die Geschichte eines Hindus, dessen Sohn während der Glaubenskriege, die Indien erschütterten, als das Land sich in den vierziger Jahren auf die Unabhängigkeit von Großbritannien vorbereitete, von Moslems getötet wurde. Der trauernde Hindu suchte Mahatma Gandhi auf, der ebenfalls Hindu war, und fragte ihn: »Wie kann ich es bloß schaffen, den Moslems zu vergeben? Wie kann ich je wieder Frieden finden, wenn ich in meinem Herzen soviel Haß auf diejenigen herumtrage, die meinen einzigen Sohn ermordet haben?« Gandhi schlug dem Mann vor, einen verwaisten Moslem-Jungen zu adoptieren und als seinen Sohn aufzuziehen.

Wir haben Angst, daß wir die Menschen, die uns verletzt haben, von ihren Taten freisprechen, indem wir ihnen vergeben. Aber wir vergeben ihnen um unserer selbst willen, weil wir wissen, daß wir nie wirklich glücklich sein können, solange wir jemandem etwas nachtragen. Wenn Menschen mit dem Verzeihen Probleme haben, gebe ich ihnen zu bedenken, daß es vielleicht einfach nicht unsere Aufgabe ist, andere zu bestrafen. Denken Sie daran: dies ist Ihr Tod. Wollen Sie voller Haß sterben? Unsere letzten Taten sind die, an die unsere Lieben sich erinnern werden. Kaum einer von uns würde sich für seinen letzten Auftritt Worte des

Hasses und der Rachsucht aussuchen. Lieber wäre es uns, wir würden den anderen wegen unserer Güte und Fröhlichkeit im Gedächtnis bleiben.

Uns selbst zu vergeben gehört ebenso zum geistigen Wachstumsprozeß wie die Versöhnung mit anderen. Die meisten Menschen sind am Ende sehr hart zu sich selbst, weil sie sich an all die kleinen oder großen Dinge erinnern, die sie falsch gemacht haben, und sich fragen, ob sie dafür je Vergebung finden können. Ich rate diesen Menschen dann, einfach ihren Gott oder die höhere Macht, an die sie glauben, um Hilfe zu bitten, wenn sie das Gefühl haben, sich selbst nicht verzeihen zu können. Wir können auch unversöhnt sterben; diese Möglichkeit besteht, und manche Menschen sterben tatsächlich so. Viele aber ziehen es vor, für ihren inneren Frieden zu sorgen, indem sie sich und den anderen vergeben.

Akzeptanz – Ich erinnere mich noch gut an den untersetzten zweiundvierzigjährigen Banker, der seinen sterbenden Vater an den Schultern packte und ihn anschrie: »Dad! Du mußt kämpfen! Kämpf dagegen an! Du warst doch dein ganzes Leben lang ein Kämpfer! Du kannst das schaffen!« Und ich erinnere mich an so viele andere Angehörige, die traurig schluchzten: »Wieso mußte er so jung sterben?« oder: »Sie war ein so guter Mensch. Wie ungerecht, daß sie schon sterben muß!«

Wir leben in einer Gesellschaft, die uns die Technologie zur Verfügung stellt, viele kaputte Dinge im Handumdrehen zu reparieren. Dabei vergessen wir oft, daß wir selbst darauf angelegt sind, eines Tages zu »enden«. Wenn dieses Ende eintritt, gibt es nichts zu reparieren. Optimismus und Kampfgeist sind etwas sehr Gutes, aber ab einem bestimmten Punkt kann Optimismus in Selbstbetrug umschlagen. Es ist wichtig, daß ein Patient zum Kämpfen bereit ist, so-

Die Rechte des Sterbenden

lange das Kämpfen einen Sinn hat, aber wir alle erreichen im Leben einen Punkt, wo es an der Zeit ist, mit dem Kämpfen aufzuhören und den Tod nicht länger als unseren Erzfeind zu betrachten. Das bedeutet nicht, daß wir uns aufgeben. Es heißt nur, daß wir akzeptieren, was passiert, und uns nicht gegen das Unvermeidliche auflehnen. Sobald der Prozeß des Sterbens einmal eingesetzt hat, läßt er sich nicht mehr aufhalten. Genausogut könnte man versuchen, eine Frau, bei der die Wehen bereits eingesetzt haben, davon abzuhalten, ihr Kind auf die Welt zu bringen.

Wir müssen das, was wir akzeptieren, nicht unbedingt mögen. Oft haben wir das Gefühl, die Dinge, die wir akzeptieren, irgendwie als gut oder wünschenswert hinstellen zu müssen. Ich dagegen bin der Meinung, daß es möglich ist, zu unserer Meinung zu stehen und gleichzeitig zu akzeptieren, was passiert. Ich glaube, daß ein Mensch auf dem Sterbebett voller Überzeugung sagen kann: »Ich will nicht sterben!«, seinen bevorstehenden Tod aber trotzdem akzeptieren kann.

Zu akzeptieren, daß ein Leben abgeschlossen ist, ist vielleicht der schwierigste Schritt auf dem Weg zur Spiritualität. Besonders schwer fällt es uns, den Tod zu akzeptieren, wenn er »verfrüht« eintritt. Viele Leute sagen: »Er war noch so jung«, oder: »Sie stand so kurz vor der Pensionierung«, oder: »Es gab so viele Dinge, die er noch tun wollte«, als wäre das Leben dieser Menschen noch nicht abgeschlossen gewesen.

Aus unserer Sicht stellt sich das oft so dar. Es fällt uns schwer zu akzeptieren, daß ein Fünfjähriger, der an Leukämie stirbt, oder eine Dreißigjährige, die von Brustkrebs dahingerafft wird, ein abgeschlossenes, erfülltes Leben hatte. Erst, wenn der Verstorbene achtzig oder neunzig Jahre alt ist, gestatten wir uns das beruhigende Gefühl, daß der Betreffende tatsächlich ein erfülltes Leben hinter sich hatte.

Jedes Leben ist irgendwann abgeschlossen. Um ein Leben abgeschlossen zu machen, sind nur zwei Dinge nötig: Geburt und Tod. Viele Leute sagen, daß zu einem erfüllten Leben eine Familie, ein Beruf oder eine bestimmte Anzahl von Jahren gehören, aber ob es uns gefällt oder nicht, ein Leben wird immer von Geburt und Tod bestimmt. Eine Achtzehnjährige, die an Mukoviszidose litt, heiratete einen Siebzehnjährigen, der an derselben Krankheit litt. Als sie ein Jahr später starb, hatte sie das Gefühl, ein erfülltes Leben hinter sich zu haben. Ein zwölfjähriger, an Krebs erkrankter Junge erklärte, daß er das Alter nicht vermissen werde, weil er nie Pläne dafür geschmiedet habe. Ein vierundvierzigjähriger AIDS-Patient sagte: »Viele Leute, die an dieser Krankheit leiden, werden nicht mal dreißig. Verglichen damit, durfte ich viele Jahre leben.« Es mag Dinge geben, die wir uns noch gewünscht hätten – mehr Zeit, mehr Chancen und mehr Erfahrungen. Daß uns diese Dinge nicht vergönnt sind, heißt aber nicht, daß unser Leben unerfüllt war.

Dankbarkeit – Sobald sie ihre Gefühle offen zum Ausdruck gebracht haben, die Verantwortung für alle Ereignisse in ihrem Leben übernommen haben, sich selbst und den anderen verziehen haben und akzeptieren können, was mit ihnen passiert, sind die Menschen, die sich auf einer geistigen Reise befinden, oft von großer Dankbarkeit erfüllt. Sie sind dankbar für die guten und die schlechten Zeiten in ihrem Leben.

Dankbar für die schlechten Zeiten? Ja. Viele Frauen, die von ihren treulosen Männern sitzengelassen wurden, sind trotzdem dankbar für die guten Zeiten, die sie miteinander hatten, und für die Kinder, die sie gemeinsam aufgezogen

Die Rechte des Sterbenden

haben. Eine Frau, die in der Anfangsphase ihrer beruflichen Karriere um zehntausend Dollar betrogen wurde, war dafür dankbar, »denn diese frühe Lektion kostete mich nur zehntausend Dollar, während viele aus meinem Freundeskreis dasselbe erst viel später lernten und viel teurer dafür bezahlen mußten«. Der zweiundvierzigjährige Mark, der mit fünfzehn Jahren durch einen Unfall sein Augenlicht verloren hatte und jetzt an Lymphdrüsenkrebs litt, erzählte mir, daß er sich noch an die verschiedenen Farben erinnern könne. Seine Lieblingsfarbe sei Blau. »Manche kommen schon blind auf die Welt. Sie haben noch nie etwas Blaues gesehen. Ich bin so dankbar; vor meinem geistigen Auge kann ich es noch immer sehen.« Und Erics Mutter, die wußte, daß sie ihren zweiunddreißigjährigen Sohn, dessen Körper von AIDS gezeichnet war, bald würde begraben müssen, dankte Gott dafür, daß er ihr einen so schönen Sohn und zweiunddreißig gemeinsame Jahre geschenkt hatte.

Offenheit, Verantwortlichkeit, Versöhnlichkeit, Akzeptanz und Dankbarkeit führen alle zu einer geistigen Aussöhnung mit sich und der Welt. Das sind die fünf Schritte, die ich schon unzählige Menschen auf dem Weg zur Geistigkeit habe gehen sehen. Der Friede, den sie dadurch erlangen, ist Balsam für ihre Seele.

GEISTIGKEIT ALS GESCHENK

Gesunde Menschen sind oft erstaunt, wenn jemand mit AIDS, Krebs oder einer anderen schrecklichen Krankheit erklärt, ein Geschenk bekommen zu haben. Krankheiten sind keine Geschenke, aber sie bringen oft unerwartete

Geistigkeit und Tod

Segnungen mit sich. All unsere Erfahrungen machen unser Herz offener oder schließen es ein wenig. Wenn wir mit einer unheilbaren Krankheit konfrontiert sind, blicken wir auf unser Leben zurück und fegen die negativen Gedanken beiseite, um Platz zu machen für Liebe, Versöhnlichkeit, Dankbarkeit und Frieden.

Geistigkeit ist ein Geschenk, das noch nie jemand zurückgewiesen hat. Im Lauf der Jahre haben mich todkranke Menschen jeden Alters und unterschiedlichster Herkunft an diesem Geschenk teilhaben lassen:

- »Jetzt, da mein Leben bedroht ist, wird mir klar, daß das Leben selbst ein Geschenk war. Nicht etwas, das mir sowieso gehörte, sondern ein wahres Geschenk.«
- »Ich habe weniger Angst vor dem Leben, weil ich im Tod Frieden gefunden habe. Das Leben ist für mich jetzt ein Abenteuer, daß ich genießen werde, bis ich sterbe.«
- »Mir ist klargeworden, daß man sein Leben einfach leben sollte. Es ist gar nicht nötig, alles so ernst zu nehmen.«
- »Ich habe eine neue, echtere Identität für mich gefunden. Sie beruht darauf, wer ich bin, und nicht auf dem, was ich getan habe. Ich bin ein menschliches Wesen, kein menschliches Tun.«
- »Ich definiere mich nicht mehr über meine Leistungen oder meine Niederlagen. All die großartigen und schrecklichen Momente meines Lebens waren nichts weiter als Momente – nicht mehr und nicht weniger. Sie waren nicht ich, und sie definieren mich nicht.«
- »Ich lebe im Hier und Jetzt. Ich zähle nicht länger auf die Zukunft und verstecke mich auch nicht mehr davor.«
- »Ich habe meine negativen Gefühle losgelassen und finde Liebe und Glück im Hier und Jetzt.«

Die Rechte des Sterbenden

- »Mir ist bewußt geworden, daß ich ein wirklich einzigartiger Mensch bin. Kein Mensch hat die Welt je so gesehen und erlebt wie ich, und niemand wird sie jemals wieder genauso sehen oder erleben. Nicht einmal in einer Million Jahren wird es mich ein zweites Mal geben.«

- »Jetzt, wo ich weiß, was wirklich wichtig ist, finde ich mehr Liebe in meinen Beziehungen. Wir sprechen über das, was für uns wahr und wichtig ist. Wir gehen mehr aus uns heraus. Ich stehe den Menschen, die ich liebe, jetzt viel näher.«

- »Ich sehe endlich einen Sinn im Leben. Ich entscheide bewußt darüber, was ich mit der mir verbleibenden Zeit anfangen will. Ich tue, was meinem Leben einen Sinn gibt und mein Herz erfreut. Ich male, schreibe, engagiere mich für gute Zwecke, spiele Theater und kümmere mich um meine Kinder.«

- »Ich fühle mich nicht mehr als Opfer des Lebens.«

- »Ich habe mir selbst und den anderen verziehen. Ich sehe mich in einem positiveren Licht und habe mehr liebevolle Beziehungen.«

- »Ich habe Frieden gefunden.«

Viele Menschen haben solche Geschenke bekommen, als sie mit einer schweren Krankheit konfrontiert waren. Diejenigen, die sich wieder erholt haben, erzählen mir, daß ihnen klar geworden ist, daß diese Geschenke nicht nur für die Sterbenden, sondern auch für die Lebenden gedacht sind. Der große Dramatiker George Bernhard Shaw bewies, daß sich auch die Lebenden an ihrer Geistigkeit erfreuen können, als er schrieb:

Das ist die wahre Freude im Leben: für einen Zweck benutzt zu werden, den man selber als einen großen er-

Geistigkeit und Tod

kannt hat. Eine Naturkraft zu sein statt eines selbstsüchtigen kleinen Häufchens von Leiden und Beschwerden, das sich darüber beklagt, daß sich nicht die ganze Welt damit beschäftigt, einen glücklich zu machen. Ich bin der Meinung, daß mein Leben der ganzen Gemeinschaft gehört, und solange ich lebe, sehe ich es als mein Privileg an, für diese Gemeinschaft zu tun, was in meiner Macht steht.

Ich möchte ganz aufgebraucht sein, wenn ich sterbe – denn je schwerer ich arbeite, desto mehr lebe ich. Ich genieße das Leben um seiner selbst willen. Für mich ist das Leben kein »kleines Licht«; es ist vielmehr eine Art glorreiche Fackel, die ich für eine Weile in der Hand halte und von der ich möchte, daß sie so hell wie möglich brennt, bevor ich sie an zukünftige Generationen weiterreiche.

Als meine Mutter 1973 in einem Krankenhaus in New Orleans im Koma lag, kam meine ältere Cousine Sylvia, die als Krankenschwester arbeitete, aus Boston herübergeflogen. Sylvia, mein Vater und ich saßen in der Eingangshalle des Krankenhauses und warteten, bis man uns wieder zu meiner Mutter ließ. Wir durften sie alle zwei Stunden für zehn Minuten sehen. Sylvia blieb ein paar Tage bei uns und verbrachte soviel Zeit wie möglich bei meiner Mutter.

Jahre später fragte ich Sylvia: »Hast du als Krankenschwester damals gewußt, daß sie sterben würde?«

»Natürlich, das war ziemlich offensichtlich«, antwortete sie.

»Warum hast du es uns nicht gesagt?«

»Ihr habt mich nicht danach gefragt. Und jedesmal, wenn ich das Thema anschnitt, bekam ich von euch deutliche Signale, daß ihr noch nicht bereit wart, euch den Tatsa-

Die Rechte des Sterbenden

chen zu stellen. Deswegen habe ich geschwiegen. Ich wollte mir nicht anmaßen, euch das Thema aufzuzwingen.«

Sie hatte natürlich recht. Wir sollten uns nicht anmaßen, jemanden, der noch nicht dazu bereit ist, darauf hinzuweisen, daß der Mensch, den er oder sie liebt, im Sterben liegt. Niemand sollte gegen seinen Willen dazu genötigt werden, ein Gespräch übers Sterben zu führen. Man kann den Menschen nur die Informationen geben, die sie zu empfangen bereit sind, und inwieweit sie bereit sind, hängt von dem Grad an Spiritualität und Verständnis ab, den sie erreicht haben.

Wir alle suchen auf unsere eigene Weise und mit unserer eigenen Geschwindigkeit nach Geistigkeit. Die Dinge zu akzeptieren, wie sie sind, bedeutet auch, das Tempo zu akzeptieren, mit dem andere Menschen nach Geistigkeit streben. Dieses Tempo mag Ihnen zu schnell oder zu langsam erscheinen, aber es ist wichtig, daß Sie sich nicht in den Prozeß einmischen. Meine Cousine Sylvia wußte, daß mein Vater und ich die Situation zu verkraften versuchten, so gut wir konnten, und beschloß klugerweise, sich nicht einzumischen. Sie wußte, daß wir von selbst fragen würden, sobald wir bereit waren, die Wahrheit über den Zustand meiner Mutter zu erfahren. Wie ein altes Sprichwort sagt: Wenn du bereit bist, etwas zu erfahren, wird jemand auftauchen und dir sagen, was du wissen mußt.

Jeder sterbende Mensch hat das Recht, in geistigen Dingen Trost zu suchen. Er hat das Recht, das auf seine Weise und mit seiner eigenen Geschwindigkeit zu tun. Ebenso hat er das Recht, *nicht* nach Geistigkeit zu streben. Ob man nach Geistigkeit strebt oder nicht, bleibt jedem selbst überlassen.

Die Grenzen der Spiritualität

Robert, den Sie bereits aus dem zweiten Kapitel kennen, rief mich kürzlich an und erzählte mir: »Sie haben wieder einen Knoten gefunden. Ich muß sofort mit der Chemotherapie anfangen und mich wahrscheinlich operieren lassen. Ich habe geglaubt, geheilt zu sein. Welche geistige Lektion habe ich denn beim letzten Mal zu lernen versäumt?«

Manche Menschen glauben, sie brauchten nur einen ausreichend hohen Grad an Spiritualität zu erreichen, um ihre Krankheiten heilen zu können. Das jedoch wäre Zauberei, nicht Geistigkeit! Geistigkeit ist keine Behandlungsmethode für Krankheiten, sondern eine Möglichkeit, sogar im Angesicht des Todes mit uns selbst, mit anderen und mit dem Leben ins reine zu kommen und Frieden zu finden. Was versäumte Lektionen betrifft, mußte Robert vielleicht noch lernen, die Dinge so zu akzeptieren, wie sie sind. Vielleicht hatte er überhaupt nichts falsch gemacht. Vielleicht entwickelten sich die Dinge einfach so, wie sie gedacht waren.

Wenn Sie inneren Frieden gefunden, sich selbst und den anderen vergeben haben und sich insgesamt ruhiger fühlen, hat das durchaus positive Auswirkungen auf den Körper. Trotzdem ist Spiritualität an sich keine Behandlungsmethode, und wenn Sie krank werden, bedeutet das nicht automatisch, daß Sie etwas falsch machen. Wahre Geistigkeit hat nichts mit Schuldzuweisungen oder der Suche nach Fehlern zu tun. Sie zielt vielmehr darauf ab, in den reinsten Teil Ihres Wesens vorzudringen, den Teil, der mit der Liebe und (wenn das ihrem Glauben entspricht) mit Gott verbunden ist – den Teil, der über körperliche Gesundheit oder Krankheit hinausgeht. Spiritualität hat mit dem Denken und dem Geist zu tun, nicht mit dem Körper.

Die Rechte des Sterbenden

Ein spirituelles Sterben

Geistige Dinge üben auf die Sterbenden eine besondere Faszination aus, und ein gewisser Grad an Spiritualität hat schon vielen den Übergang erleichtert. Trotzdem ist es nicht immer einfach, dem Tod in Frieden und Gelassenheit gegenüberzutreten. Der folgende Brief zeigt, wie schwierig, aber letztendlich lohnend dieser Weg sein kann. Er wurde als offener Brief von einem Mann namens Bill geschrieben.

Liebe Freunde,
Vor sechs oder sieben Monaten lag ich in einem Krankenhausbett und war davon überzeugt, bald sterben zu müssen. AIDS, Krebs und eine Lungenentzündung schienen sich um mein Leben zu streiten. Damals hatte ich schreckliche Angst, daß ich sterben und in der Hölle landen könnte oder überhaupt nicht weiterexistieren würde. Aber meine Zeit war noch nicht gekommen. Die Monate, die ich seitdem verleben durfte, empfinde ich als wertvolles Geschenk. In dieser Zeit hat ein tiefgreifender Heilungsprozeß stattgefunden. Nach Monaten der medizinischen Behandlung, gefolgt von Monaten einer holistischen Behandlung und Monaten geistiger Arbeit an mir selbst bin ich endlich frei.
Die bemerkenswerte Unterstützung durch meinen Lebensgefährten, einen Meditationspartner, mehrere Meditationsaufenthalte, die Hilfe meiner wundervollen Freunde und eine Menge Arbeit in meinem Herzen haben mir Frieden geschenkt.
Lange Zeit verstand ich unter Heilung die Heilung meines Körpers. Ich habe dafür getan, was ich konnte, und bin stolz darauf. Ich durfte mich sogar mehrerer

Geistigkeit und Tod

Monate relativer Gesundheit und Kraft erfreuen. In dieser Zeit verkündete ich oft, wie sicher ich sei, meinen Körper mit meinen eigenen Heilungskräften heilen zu können. Ich glaube noch immer, daß diese Heilungskräfte existieren, aber als sich meine körperliche Verfassung soweit verschlimmerte, daß eine optimistische Einschätzung meines Gesundheitszustandes zwangsläufig Selbstbetrug gewesen wäre, wurde mir klar, daß ich meinen bevorstehenden Tod und meine körperliche Sterblichkeit akzeptieren mußte. Mir wurde außerdem klar, daß wahres Mitgefühl mit sich selbst bedeutet, tief in seinem Herzen zu wissen, daß nicht einmal der Tod ein Zeichen von Schwäche oder Versagen ist. Das scheint mir der letzte Akt der Selbstakzeptanz zu sein. Dafür danke ich Gott.

All das ist mir nicht in den Schoß gefallen. Ich mußte oft weinen. Ich war wütend und verwirrt. Aber ich habe gelernt, daß der einzige Weg aus dem Schmerz durch den Schmerz hindurch führt. Eine schwere Lektion …

In den letzten sechs Monaten habe ich meine eigene Produktionsfirma gegründet und einen Kalender mit meinen Photos produziert. Ich habe mitgearbeitet, die Menschen besser über diese Krankheit aufzuklären. Ich bin meiner Familie, meinem Lebensgefährten und meinen Freunden noch näher gekommen. All das erfüllt mich mit Dankbarkeit und Stolz. Aber was noch wichtiger ist – ich habe es geschafft, mich selbst genau so zu akzeptieren, wie ich bin. Das ist für mich das allergrößte Geschenk.

Auf diese Weise hat meine Heilung stattgefunden. Bald wird mein Körper wie ein Kokon von mir abfallen, und mein Geist wird wie ein Schmetterling davonfliegen – schön und vollkommen. Ich behaupte nicht zu wissen,

Die Rechte des Sterbenden

wo genau ich hingehen werde, aber mein Herz sagt mir, daß dieser Ort von Licht und Liebe erfüllt sein wird.
Ein offenes Herz ist ein unendlich großes Geschenk. Verglichen damit ist der Tod nur noch eine kleine Tragödie. Laßt uns alle in diesem Wissen Trost finden.

In Liebe,
Bill

Ich glaube, Bill starb wenige Tage, nachdem er diesen Brief geschrieben hatte. Er hatte sich seinen Ängsten gestellt, hatte Frieden gefunden und war weitergezogen.

Kinder und Tod

Das Recht der Kinder, am Tod teilzuhaben.

Unsere Kinder beobachten uns, nehmen uns zum Vorbild und ahmen uns nach. Wir fungieren ständig als ihre Lehrer. Wenn wir liebevoll miteinander umgehen, lehren wir sie Liebe. Wenn wir amüsiert sind, lehren wir sie Humor. Wenn wir Angst haben, lehren wir sie Furcht. Trotzdem glauben wir, daß es unseren Kindern schadet, den Tod mitanzusehen, darüber zu reden oder darüber nachzudenken. Deswegen »beschützen« wir sie davor. Wir scheuchen sie aus dem Raum, wenn Tante Betsy in ihrem Bett im Sterben liegt. Wir erklären ihnen nicht, warum Tante Betsy plötzlich verschwunden ist. Und wenn doch, dann benützen wir beschönigende Ausdrücke und sagen, Tante Betsy sei eingeschlafen oder an einen »besseren Ort« gegangen.

Wenn ich todkranke Patienten und ihre Angehörigen berate, kommt manchmal auch die Frage zur Sprache, wie man Kinder auf den Tod vorbereiten soll. Die meisten Erwachsenen, mit denen ich spreche, waren als Kinder überhaupt nicht vorbereitet, als der Tod ihre Familien heimsuchte. Franklin, ein sechsundfünfzigjähriger Elektriker, der unter Diabetes leidet, hatte einen ganz typischen ersten Kontakt mit dem Tod: »Sie erzählten mir, meine Großmutter sei ›eingeschlafen‹, aber niemand wollte mir sagen, wann sie wieder aufwachen würde. Während der Beerdigung mußte ich im Wagen bleiben. Ich war damals erst

Die Rechte des Sterbenden

fünf, aber ich kann mich an jede Einzelheit genau erinnern. Als meine Mutter an Tuberkulose starb, war ich neun. Gott, ich wünschte mir so sehr, sie zu sehen, mich von ihr zu verabschieden, aber sie ließen mich nicht. Alle anderen gingen an ihrem Sarg vorbei, um sich von ihr zu verabschieden, nur ich nicht. ›Es ist besser für dich‹, sagten sie zu mir. ›Das wirst du später mal verstehen.‹ Alles, was ich verstand, war, daß der Tod eine schreckliche Sache war und ich nie Gelegenheit hatte, mich von meiner Großmutter oder Mutter zu verabschieden. Wie hätte ich lernen sollen, daß der Tod ein normaler Bestandteil des Lebens ist, wenn sie ihn vor mir versteckten? Ich bin ihnen deswegen nicht böse. Sie haben nur getan, was sie für richtig hielten. Aber vielleicht hätte ich heute keine solche Angst vor dem Tod, wenn sie ihn damals nicht als etwas so Schreckliches hingestellt hätten. Ich bringe es nicht mal fertig, auf den Friedhof zu gehen und das Grab meiner Mutter oder Großmutter zu besuchen. Alles, was mit dem Tod oder Sterben zu tun hat, lähmt mich irgendwie. Ich möchte, daß meine Tochter ein besseres Verhältnis zum Tod hat.«

Wir versäumen es, unseren Kindern beizubringen, daß es nach jedem Frühling einen Sommer, einen Herbst und einen Winter gibt. Wir machen ihnen nicht klar, daß alles Lebende irgendwann sterben muß. Kinder, die nie lernen, daß jeder Frühling am Ende *zwangsläufig* einem neuen Winter Platz machen muß, und daß jedes Leben *zwangsläufig* einen Tod zur Folge hat, werden später Schwierigkeiten haben, mit Verlusten fertig zu werden. Es ist keineswegs grausam, wenn man den Kindern erlaubt zu lernen, daß ihre Lieben, ihre Haustiere und eines Tages auch sie selbst sterben werden. Ganz im Gegenteil – es ist ein Geschenk der Liebe.

Wir machen uns bloß selbst etwas vor, wenn wir glauben, daß wir unsere Kinder so sehr vor dem Tod abschirmen können, daß sie nichts davon mitbekommen. Wie viele meiner Generation verbinde ich meine ersten Erinnerungen an den Tod mit dem Film *Bambi*. Ich weiß noch genau, wie ich als Kind gebannt auf die Leinwand starrte, als Bambi seine Mutter betrauerte, die vom Jäger erschossen worden war. Der Tod spielt in jedem jungen Leben eine große Rolle. Wenn ein Kind nach seiner Mutter schreit, die sich im Nebenzimmer aufhält, weint es vor Kummer darüber, von ihr getrennt zu sein. Eines der ersten Spiele, die wir als Kind lernen, ist »Guck-Guck«. Ein Mensch, den man liebt, ist eben noch da, und plötzlich ist er verschwunden. Psychologen zufolge glauben kleine Kinder tatsächlich, daß ihre Spielpartner zumindest vorübergehend verschwunden sind.

Mittlerweile spielen unsere Kinder viele andere Spiele, die mit dem Tod zu tun haben, sie sehen sich Fernseh-Shows, Spielfilme und Videospiele an, in denen der Tod ständig vorkommt. Wollen wir wirklich, daß sie nur auf diesem Weg etwas über den Tod erfahren?

KINDER AUF DEN TOD VORBEREITEN

»Ich hatte keine Vorstellung vom Tod«, erzählte mir Diane. »Ich war fünf Jahre alt, als meine Mutter bei einem Autounfall ums Leben kam. Sie verließ eines Tages putzmunter das Haus, und als nächstes höre ich, daß sie nie wieder zurückkommen wird, weil sie an einen ›besseren Ort‹ gegangen ist. Ich wollte bei ihr an diesem besseren Ort sein und hörte meine Tanten über einen Autounfall reden. Also schob ich mein Rad den Hügel hinauf, stieg auf und stram-

Die Rechte des Sterbenden

pelte hinunter, so schnell ich konnte, weil ich vorhatte, am Fuß des Hügels mit voller Wucht gegen eine Hausmauer zu knallen. Ich dachte wirklich, daß dieses Ding ›Tod‹, was immer es auch war, durch Unfälle verursacht wurde und einen an diesen ›besseren Ort‹ brachte, wo Mama jetzt war. Zum Glück fiel ich schon vorher vom Rad, landete auf einem weichen Rasen und verknackste mir nur den Knöchel.«

Kinder hören über den Tod, ob sie wollen oder nicht. Es ist besser, seinen Kindern den Tod zu erklären, bevor ein geliebter Mensch stirbt und die Situation emotional aufgeladen ist. Diese »Fakten des Lebens« brauchen nicht wissenschaftlich erläutert oder mit Tabellen und Dias untermauert zu werden. Sie können Ihre Kinder auf einfache Weise mit der Vorstellung vertraut machen, indem Sie auf verfaulende Blätter deuten, die von den Bäumen gefallen sind, oder auf verwelkende Blumen. Die Kinder werden schnell verstehen, daß grüne Blätter erst gelb und dann braun werden, daß farbenprächtige Blumen wachsen, blühen und dann sterben. Wenn Sie und Ihr Kind im Wald einen toten Vogel finden, können Sie Ihrem Kind erklären, daß der Vogel ein Leben hatte, aber daß alles irgendwann sterben muß. Daß die Zeit des Vogels auf dieser Erde vorbei ist. Daß die Familie des Vogels ihn vermissen wird, aber daß das nun mal der Gang des Lebens ist. Alles hat eine bestimmte Lebenszeit.

Wenn in Ihrem Aquarium ein Fisch stirbt, können Sie Ihrem Kind etwas über Beerdigungen und Bestattungsriten erzählen. Wenn Ihr Kind den Fisch im Garten beerdigen möchte, helfen Sie ihm dabei. Zeigen Sie ihm, wie das geht. Lassen Sie es wissen, daß wir den Körper auch dann noch respektieren, wenn die Seele davongeflogen ist. Wenn Sie das Kind wegschicken und den Fisch die Toilette hinunter-

Kinder und Tod

spülen, bringen Sie ihm damit bei, daß geliebte Dinge einfach verschwinden. Aber wenn Sie das Sterben des Fisches als Anlaß nutzen, über den Tod zu sprechen, und dem Kind Gelegenheit zum Trauern geben, dann bringen Sie ihm auf diese Weise bei, was Trauer ist und daß der Tod immer zum Leben dazugehört.

Es ist auch hilfreich, den Kindern zu erklären, was eine Krankheit ist. Wenn Tante Betsy Krebs hat, dann erklären Sie Ihren Kindern, daß Krebs eine sehr ernste Krankheit ist. Je nachdem, wieviel das Kind schon versteht, können Sie es dabei belassen oder fortfahren, indem Sie ihm beispielsweise erklären, daß Tante Betsy jetzt nicht mehr wie das grüne Blatt ist, das noch fest am Ast des Baumes sitzt. Daß sie jetzt, wo sie krank ist, mehr Ähnlichkeit mit dem gelben Blatt hat, das nur noch locker am Ast hängt. Daß der Arzt versucht, sie wieder stark, gesund und »grün« zu machen, daß aber trotzdem die Möglichkeit besteht, daß sie »braun« werden und vom Baum fallen wird.

Nehmen Sie sich die Zeit, Ihren Kindern zu erklären, wie unterschiedlich sich Krankheiten auf verschiedene Menschen auswirken können. Es ist ganz wichtig, zwischen ernsten und harmlosen Krankheiten zu unterscheiden, weil die Kinder sonst Angst haben, daß sie beim nächsten Schnupfen sterben werden oder daß Mama ihre Grippe nicht überleben wird. Erklären Sie ihnen, daß Onkel Horace zwar an Krebs gestorben ist, Großvater sich von seinem Krebs aber gut erholt hat und wieder recht munter ist. Wenn Sie sie schon frühzeitig wissen lassen, daß immer Hoffnung auf Heilung besteht, wird das ihre Angst vor Krebs und anderen Krankheiten lindern.

Es kann durchaus anstrengend sein, diese Gespräche mit unseren Kindern zu führen. Dadurch können schmerzhafte Erinnerungen hochkommen, denen wir uns lieber nicht

Die Rechte des Sterbenden

stellen würden. Außerdem befürchten wir vielleicht, unseren Kindern unnötig angst zu machen. Wir befürchten, daß sie uns Fragen stellen werden, die wir nicht beantworten können. Es ist völlig in Ordnung, hin und wieder zu sagen: »Das weiß ich nicht.« Wenn Sie glauben, daß die Menschen in den Himmel kommen, dann sagen Sie das. Wenn Sie der Meinung sind, daß wir nicht wissen können, was nach dem Tod mit uns passiert, sagen Sie genau das. Seien Sie offen und ehrlich gegenüber Ihren Kindern, wenn Sie über den Tod sprechen, *ganz besonders*, wenn Sie die Antwort auf eine Frage nicht wissen.

WENN JEMAND STIRBT

Kinder sind verständlicherweise verwirrt und verängstigt, wenn in der Familie jemand stirbt. In diesem Fall muß man ihnen versichern, daß sie weiterhin geliebt werden, daß sich jemand um sie kümmert und daß der sterbende Mensch immer im Herzen und in der Erinnerung des Kindes weiterleben wird. Wir müssen ihnen außerdem versichern, daß nicht alle auf einmal sterben werden. Wenn Onkel John letztes Jahr gestorben ist und Tante Betsy jetzt stirbt, haben sie vielleicht Angst, daß ihre Eltern auch bald sterben werden. Wir müssen ihnen erst erklären, daß Tante Betsy schon alt ist, wir anderen aber noch jung sind und wahrscheinlich noch lange leben werden. Wir müssen ihnen außerdem versichern, daß das Leben weitergehen wird. Wir haben Tante Betsy geliebt und werden sie sehr vermissen, aber das Leben wird fast genauso weitergehen wie vor ihrer Erkrankung. Wir werden wie immer frühstücken, zu Mittag und zu Abend essen, wir werden bald in die Arbeit und

Kinder und Tod

die Schule zurückkehren, wir werden in den Park gehen und Freunde besuchen, genauso, wie wir es vorher immer getan haben. Tante Betsys Tod macht uns traurig, wird unser tägliches Leben aber nicht völlig verändern.

Es ist außerdem wichtig, daß wir unseren Kindern erklären, was passiert, wenn ein Familienmitglied krank wird, und zwar auf eine ihrem Alter angemessene Weise, die sie verstehen können. Wenn die Großmutter der Kinder ernsthaft krank ist, können Sie darauf hinweisen, daß sich das Leben der Familie für eine Weile ändern wird, daß Sie mehr Zeit im Krankenhaus verbringen werden und daß der übliche Familienurlaub in den Bergen dieses Jahr abgesagt werden muß. Wenn die Kinder wissen wollen, warum Sie nicht mehr soviel Zeit mit ihnen verbringen, dann können Sie sagen: »Ich glaube, mir bleibt nicht mehr viel Zeit mit eurer Großmutter. Vielleicht kommt euch das jetzt ungerecht vor, aber ich möchte soviel Zeit wie möglich mit ihr verbringen, solange ich noch kann. Wir – ihr und ich – haben noch ein ganzes Leben zusammen.«

Wenn Sie mit Ihren Kindern über Krankheit, Tod oder Sterben sprechen, dann seien Sie ehrlich und drücken Sie sich einfach und knapp aus. Warten Sie die Reaktion der Kinder ab, bevor sie weitersprechen. Wenn sie mit dem zufrieden sind, was Sie ihnen gesagt haben, dann belassen Sie es dabei. Wenn nicht – wenn sie verstört wirken oder Fragen stellen –, geben Sie ihnen mehr Informationen. Wenn Sie Ihrem Sohn Mark gesagt haben, daß »dein Vater ernstlich krank ist und wir uns seinetwegen Sorgen machen«, dann machen Sie eine Pause und beobachten Sie Marks Reaktion, bevor Sie weitersprechen. Wenn Mark sagt: »Okay«, und zum Spielen hinausläuft, dann braucht oder will er im Moment nicht mehr wissen. Wenn er aber fragt: »Muß Daddy sterben?« oder: »Wie ist er krank gewor-

169

Die Rechte des Sterbenden

den?«, dann ist er bereit, mehr zu erfahren. Bombardieren Sie Kinder nicht mit Informationen, nach denen sie nicht gefragt haben und die sie nicht verstehen können, und enthalten Sie ihnen nichts vor, wenn sie bereit sind, alles zu hören. Erzählen Sie ihnen ein wenig und beobachten Sie dann ihre Reaktion. Die Kinder werden Sie wissen lassen, ob sie mehr Informationen brauchen.

Kinder sind oft eifersüchtig auf die Sterbenden, die die ganze Aufmerksamkeit zu bekommen scheinen, vor allem, wenn es sich dabei um einen Bruder oder eine Schwester handelt. Wenn der oder die Kranke dann stirbt, werden aus der Eifersucht der Kinder oft Schuldgefühle. Manchmal verursachen wir ihnen, ohne uns dessen bewußt zu sein, schreckliche Schuldgefühle, indem wir sie anschreien: »Wie kannst du nur daran denken, ins Kino zu gehen, wenn deine Schwester so krank ist?« Ein Kinobesuch ist vielleicht das allerletzte, wonach Ihnen jetzt der Sinn steht, aber bei einem Kind ist es ganz normal, daß es daran denkt, ins Kino zu gehen, Fußball zu spielen und Ferien in den Bergen zu machen. Kinder haben noch nicht gelernt, wie unwichtig ein Film im Vergleich zu einem Todesfall in der Familie ist. Erklären Sie ihnen, daß Sie im Moment eine harte Zeit durchmachen und auch lieber im Kino wären, aber daß Debbie nun mal krank ist. Erklären Sie ihnen, daß schwierige Entscheidungen getroffen werden müssen.

Achten Sie darauf, das sterbende Familienmitglied nicht unbewußt zu idealisieren. Die Verwandten, die sich im Wohnzimmer versammelt haben, sprechen vielleicht gerade darüber, wie wundervoll die arme, sterbende Debbie ist, aber ihr jüngerer Bruder Mark weiß, daß sie ihm immer Knoten ins Haar gemacht und seine Comics geklaut hat. Er weiß, daß sie weit davon entfernt ist, vollkommen zu sein, hat aber vielleicht das Gefühl, den lächerlich hohen Maß-

stäben gerecht werden zu müssen, die die Verwandten für
ihn festgesetzt haben, indem sie Debbie so idealisierten.
Die Versuchung ist groß, nur noch die guten Seiten zu sehen, vor allem, wenn ein Kind stirbt, aber es ist für alle
Beteiligten besser, nicht zu vergessen, daß die Sterbenden
auch nur Menschen sind.

Was Kinder vielleicht denken

Wenn wir unseren Kindern nicht die Wahrheit sagen, werden sie sich immer etwas noch Schlimmeres vorstellen. Die
meisten von uns machen sich nicht bewußt, welch schreckliche Dinge sich in unsere gutgemeinten Lügen und Be-
schönigungen hineininterpretieren lassen:

- Wenn wir den Kindern nur sagen, daß ihre Schwester
  Debbie schlafen gegangen ist, bekommen sie vielleicht
  Angst, abends ins Bett zu gehen.
- Wenn wir ihnen nur sagen, daß Gott Tante Betsy mitge-
  nommen hat, glauben sie vielleicht, daß ein grausamer
  Gott gute Menschen entführt.
- Wenn wir ihnen nur erzählen, daß der Tod Schwärze und
  Nichts ist, bekommen sie vielleicht Angst vor der Dun-
  kelheit.
- Wenn wir ihnen nur sagen, daß Gott den Verstorbenen
  zu sich genommen hat, weil er ein so guter Mensch war,
  bekommen sie unter Umständen Angst davor, zu gute
  Menschen zu sein.
- Wenn wir ihnen nur sagen, daß Daddy eine wirklich lange Reise machen wird, glauben sie vielleicht, daß Daddy
  sie im Stich gelassen hat.

Die Rechte des Sterbenden

Wenn wir Kindern gegenüber doppeldeutige Aussagen machen, riskieren wir, daß sie hinterher noch verängstigter und verwirrter sind. Wenn wir sagen, daß Daddy jetzt im Himmel ist, wo alles schön ist, und daß wir darüber sehr glücklich sind, gleichzeitig aber vor uns hinschluchzen, dann werden sie spüren, daß etwas nicht stimmt. Warum weint Mommy, wenn Daddy an einem so wundervollen Ort ist? Für ein Kind ergibt es mehr Sinn, wenn wir sagen: »Daddy ist jetzt im Himmel. Dort ist es ganz wundervoll, aber er fehlt mir trotzdem sehr. Ich bin froh, daß er im Himmel ist, aber ich wünschte, er hätte noch länger bei uns bleiben können. Er selbst wäre auch gern noch länger bei uns geblieben.«

Kinder lernen, indem sie die Erwachsenen beobachten und nachmachen. Wenn wir sie aus Mamis Schlafzimmer scheuchen, während sie dort im Sterben liegt, lernen sie, daß der Tod etwas Schreckliches und Geheimnisvolles ist. Mal angenommen, wir lassen sie an der Situation teilhaben, soweit ihr Alter und ihre emotionale Verfassung es zulassen. Wir können ein kleines Kind mit in Mamis Zimmer nehmen und zu ihm sagen: »Komm, jetzt massieren wir Mamis Füße«, oder: »Schenk ein bißchen Wasser in ihr Glas«, oder einfach nur: »Nimm Mami fest in den Arm«. Deswegen werden Kinder den Tod auch nicht liebgewinnen, aber es wird ihnen helfen, ihn zu akzeptieren und zu verstehen, daß sie bis zum Schluß am Leben des geliebten Menschen teilhaben können. Auf diese Weise bekommen sie zumindest einen ersten Eindruck davon, wie man einen sterbenden Menschen pflegt, wie man ihm hilft, wie man ihm seine Liebe zeigt und wie man mit dem Tod umgeht.

Aileen Getty, die aus der Familie der bekannten Öl-Gettys stammt, weiß seit 1985, daß sie mit dem HIV-Virus infiziert ist. Aileen, die ehemalige Schwiegertochter von

Elizabeth Taylor, hat zwei Söhne. Einer ist elf, der andere zwölf Jahre alt. Ich fragte Aileen, ob man Kinder ihrer Meinung nach am Sterben eines geliebten Menschen »teilhaben« lassen sollte. »Dieses Thema haben meine Kinder und ich schon abgehakt«, antwortete sie. »Wenn ich hinfalle, helfen sie mir auf. Sie wechseln meine Schläuche aus. Meine Kinder haben schon bei mir im Bett geschlafen, trotz der Schläuche und dem ganzen Zeug. Sie sind stolz, daß ich ihre Mutter bin. Ich versuche, ihnen dabei zu helfen, den ganzen Prozeß zu verarbeiten, während er passiert, damit sie nicht in zwanzig Jahren anfangen müssen, irgendwelche schlimmen Erinnerungen zu verarbeiten. Als meine eigene Mutter damals starb, hatte ich gar nicht die Gelegenheit, irgend etwas zu verarbeiten. Ich mußte weitermachen, möglichst schnell erwachsen werden und damit zurechtkommen, so gut ich konnte. Meine Kinder wissen, welche Krankheit ich habe und was mit mir passieren kann. Ich sage ihnen alles, was sie wissen wollen, denn je weniger wir wissen, desto mehr stellen wir uns vor. Und das, was wir uns ausdenken, ist meist schrecklicher als die Realität.«

Ein neunundvierzigjähriger Werbefachmann, der an fortgeschrittenem Hautkrebs litt, ließ sich von seinem zehnjährigen Sohn helfen, sein Büro auszuräumen, als ihn die Krankheit zwang, sich aus dem Berufsleben zurückzuziehen. »Ich dachte mir, daß das meinem Sohn helfen würde, den Bereich Arbeit in seinem Leben richtig einzuordnen, und daß es außerdem eine gute Gelegenheit wäre, mit ihm darüber zu sprechen, was meine Arbeit für mich bedeutet hat, was das Leben für mich bedeutet hat, und vielleicht sogar das Thema Sterben anzuschneiden. Ich habe soviel Zeit darauf verwandt, ihm beizubringen, wie man sein Leben beginnt. Nun wollte ich ihm auch beibringen, wie man sich langsam auf das Ende vorbereitet.«

Die Rechte des Sterbenden

Kindern beim Trauern helfen

Für die ersten Lebensjahre ist ein gewisser Narzißmus typisch. Die Kinder glauben dann oft, daß sie für unerfreuliche Ereignisse verantwortlich sind. Sie können der festen Überzeugung sein, daß Opas schreckliche Krankheit, die alle schluchzen und flüstern läßt, ihre Schuld ist. Sie glauben unter Umständen, daß Opa deswegen krank ist, weil sie wütend auf ihn waren oder ihm nicht zugehört haben, als er das letzte Mal zu Besuch war. Stellen Sie sich vor, was passiert, wenn eine entnervte Mutter immer wieder zu ihren Kindern sagt: »Ihr bringt mich noch mal ins Grab!«, und bald darauf stirbt.

Nicht nur kleine Kinder werden von Schuldgefühlen geplagt, weil sie glauben, daß sie jemanden haben sterben »lassen«. Janet, selbst Krankenschwester, ist wegen einer Sache, die passierte, als sie im Teenager-Alter war, schon seit Jahren in therapeutischer Behandlung. Als sie und ihr Vater eines Tages wegen der Frage stritten, ob sie abends den Wagen haben dürfe, sagte sie wütend: »Du sollst tot umfallen, Papa!« Bald darauf erlitt ihr Vater ganz überraschend einen Herzinfarkt und fiel tatsächlich tot um. Sie hatte nie gewollt, daß er starb, sondern nur eine Redensart gebraucht, die sie bei ihrem Vater ein paarmal gehört hatte, wenn er wütend war. Genau wie er sagte sie den Satz einfach vor sich hin, ohne sich über die möglichen (oder unmöglichen) Folgen ihrer Worte im klaren zu sein. Und wie vielen anderen Kindern und Teenagern fehlte ihr die nötige Reife, um zu erkennen, daß zwischen ihren zornigen Gedanken und dem Tod ihres Vaters überhaupt kein Zusammenhang bestand.

Es ist wichtig, daß wir unseren Kindern erklären, daß Mamis Krankheit oder Tante Betsys Tod nicht ihre Schuld ist.

174

Kinder und Tod

VIER SCHRITTE, UM KINDERN BEIM TRAUERN ZU HELFEN

Als Colleen, die an fortgeschrittener Niereninsuffizienz litt, noch mobil war, fuhr sie mit ihrem zwölfjährigen Sohn und ihrer achtjährigen Tochter zum Grab ihres Vaters. Er war ein paar Jahre zuvor gestorben. »Ich wollte sie dorthin mitnehmen«, erklärte sie, »um sie an ihren Großvater zu erinnern und ihnen Gelegenheit zu geben, mich weinen zu sehen. Ich wollte, daß sie einen anderen Menschen trauern sehen und verstehen, was das ist. Wie sollen sie das sonst lernen?«

Kinder müssen erst lernen, wie man trauert, genauso, wie sie lernen müssen, wie man auf einem Fahrrad fährt oder Klavier spielt. Wir sind ihre Vorbilder, und sie lernen, wie man trauert und seine Gefühle zum Ausdruck bringt, indem sie uns beobachten. Es ist wichtig, daß wir unsere Kinder sehen lassen, wie wir trauern. Vielleicht beunruhigt es sie, Mami weinen zu sehen, aber sie empfinden es als noch viel beunruhigender, aus dem Zimmer geschoben zu werden, wenn sie wissen, daß Mami gleich in Tränen ausbrechen wird.

Wir neigen dazu, unseren Kindern beizubringen, ihre Gefühle hinunterzuschlucken und sich »wie ein Mann« oder »wie ein Erwachsener« zu benehmen. Leider ist das keine sehr sinnvolle Art zu trauern: Sie führt lediglich zu einer Verdrängung von Gefühlen, die irgendwann wieder an die Oberfläche brechen werden. Hier sind vier Schritte, wie wir unseren Kindern helfen können, auf eine sinnvolle Weise zu trauern:

1. Helfen Sie ihnen, zu verstehen, was passiert ist oder gerade passiert.

Die Rechte des Sterbenden

Sagen Sie ihnen die Wahrheit – daß Tante Betsy gestorben ist und nicht mehr zu Besuch kommen wird. Erklären Sie ihnen, daß Tante Betsy eine schwere Krankheit hatte, und nennen Sie ihnen den Namen der Krankheit. Lassen Sie sie wissen, daß nicht alle Krankheiten so schlimm sind wie die, die Tante Betsy hatte, daß alle anderen sich guter Gesundheit erfreuen, und daß das Leben bald wieder seinen gewohnten Gang gehen wird. Sagen Sie ihnen, daß Tante Betsy von uns gegangen ist, daß wir sie aber immer im Gedächtnis behalten und lieben werden.

2. Helfen Sie ihnen zu trauern oder ihre emotionalen Reaktionen auf den gegenwärtigen oder bevorstehenden Verlust zum Ausdruck zu bringen.

Kinder brauchen Bestätigung. Sie müssen ihnen die Sicherheit geben, daß ihre Gefühle angemessen sind. Sagen Sie etwas wie: »Ich verstehe, daß du wütend bist, weil Opa gestorben ist. Ich bin deswegen genauso wütend wie du. Ich weiß auch, daß du böse warst, weil wir im vergangenen Jahr nicht so viele schöne Sachen unternehmen konnten, weil ich mich dauernd um Opa kümmern mußte. Ich hätte gerne mehr Zeit mit dir verbracht, aber ich mußte Opa helfen. Ich weiß, daß du traurig bist, weil er tot ist.« Lehren Sie Ihre Kinder das Weinen, indem Sie sie zusehen lassen, wenn Sie selbst weinen. Lassen Sie sie wissen, daß es in Ordnung ist, wütend zu sein. Wenn Sie das Gefühl haben, daß der Todesfall Ihre Kinder nicht besonders berührt, sagen Sie ihnen, daß das ebenfalls in Ordnung ist. Die Kinder brauchen nicht so zu tun, als wären sie traurig, wenn sie dem Verstorbenen nicht nahestanden.

3. Machen Sie ihnen klar, daß das Leben weitergeht.

Lassen Sie sie wissen, daß Sie wegen Opas Tod zwar

176

Kinder und Tod

schrecklich traurig sind und am liebsten nie wieder zur Arbeit gehen würden, daß Sie aber trotzdem nur drei Tage freinehmen, um sich ein wenig zu fangen, und anschließend wieder zu arbeiten beginnen. Lassen Sie sie wissen, daß sie ebenfalls ein paar Tage zu Hause bleiben dürfen, um angemessen zu trauern, daß sie dann aber wieder in die Schule gehen müssen. Sagen Sie ihnen, daß Sie alle bestimmt lange Zeit traurig sein werden und Opa immer vermissen werden, aber daß das Leben weitergeht und Opa gewollt hätte, daß die Familie ihr Leben weiterlebt.

4. Helfen Sie ihnen, sich an den Verlust zu erinnern, egal, ob auf eine förmliche oder formlose Weise.

Zünden Sie zusammen eine Kerze an. Nehmen Sie sich die Zeit, Geschichten zu erzählen. Sprechen Sie ein Gebet oder stellen Sie Ihr Lieblingsphoto von dem Verstorbenen auf. Shannon und ihr kleiner Sohn bringen ihrem verstorbenen Mann und Vater zu seinem Geburtstag und zu Weihnachten Blumen ans Grab. Vincent schrieb zur Erinnerung an einen Freund seines Sohnes, der bei einem Autounfall ums Leben gekommen war, einen Scheck für Mothers Against Drunk Drivers [Mütter gegen Alkohol am Steuer] aus, und sein Sohn spendete sein Taschengeld. Nachdem ihr Großvater im Vorjahr gestorben war, holte Familie Ellis an seinem Geburtstag die alten Familienalben heraus. Sie sahen sie sich an, und jedes Familienmitglied suchte sich ein Lieblingsphoto von Großvater aus und sprach darüber. Diese kleinen, aber wichtigen Handlungen helfen, den erlittenen Verlust zu externalisieren, und ermutigen alle Betroffenen, ihre Gefühle offen zum Ausdruck zu bringen.

Die Rechte des Sterbenden

KINDERN DIE MÖGLICHKEIT ZUM ABSCHIEDNEHMEN GEBEN

Viele Leute sind der Meinung, daß man Kinder nicht zu Beerdigungen mitnehmen sollte, weil das die Kinder zu sehr aufregen oder die anderen stören könnte. Wenn Sie darüber entscheiden, ob Ihr Kind an einer Beerdigung teilnehmen soll oder nicht, dann stellen Sie sich vor, was Sie täten, wenn es sich statt um eine Beerdigung um eine Hochzeit, eine Schulabschlußfeier oder ein anderes formelles Ereignis handeln würde. Wenn Sie während der Zeremonie sehr beschäftigt sind und keine Zeit für Ihren Sohn oder Ihre Tochter haben, dann sorgen Sie dafür, daß sich eine Person Ihres Vertrauens um das Kind kümmert. Ich habe allerdings die Erfahrung gemacht, daß sich die meisten Kinder bei Beerdigungen gut benehmen, wenn man für drei Dinge sorgt:

1. Rechtzeitige Vorbereitung.
   Erklären Sie den Kindern, was passieren wird, wo sie wie lange sitzen werden und daß die Leute weinen werden. Wenn ein Kind mitkommen möchte, sollten Sie es lassen. Wenn das Kind sagt, daß es nicht mit zur Beerdigung möchte, sollte seine Entscheidung ebenfalls respektiert werden. Wenn es alt und verständig genug ist, erklären Sie ihm, daß die Beerdigung eine gute Gelegenheit sein wird, sich von dem oder der Verstorbenen zu verabschieden.
2. Hilfe.
   Stellen Sie sicher, daß das Kind jemanden hat, der es tröstet, wenn es verstört oder traurig ist. Wenn Sie während der Beerdigung zu viel zu tun haben oder zu sehr mit Ihrer eigenen Trauer beschäftigt sind, um sich um das

Kinder und Tod

Kind kümmern zu können, dann suchen Sie sich jemanden, der Ihnen dabei hilft.
3. Nachbereitung nach der Beerdigung.
Sprechen Sie über das, was passiert ist. Erklären Sie die Bedeutung der Zeremonie und fragen Sie die Kinder nach ihrer Meinung dazu. Helfen Sie Ihren Kindern, den Verlust und die Zeremonie richtig einzuordnen.

Kürzlich war ich auf Martys Beerdigung. Marty ist der energische Achtzigjährige, der an einem See wohnte und ein begeisterter Fischer war. Er liebte es, seinen vielen kleinen Enkelkindern beizubringen, wie man fischte, wie man »im Wasser las« und sich »in den Fisch hineinversetzte«. Zu meinem Erstaunen stürmte die ganze Schar der Enkelkinder, deren Alter von zwei bis zehn Jahren reichte, zu Martys Grab vor, als der Sarg hinuntergelassen wurde. Ein paar Erwachsene, die befürchteten, daß die Kinder nicht in der Lage sein würden zu begreifen, was da geschah, wollten sie aufhalten. Aber die Eltern der Kinder meinten, die Kleinen sollten ruhig zusehen. Während der Sarg hinuntergelassen wurde, sagte eines der Kinder, das bestimmt noch nicht älter als fünf war, zu einem anderen: »Oh, wow! Opa hängt an der Angel!« Kinder neigen oft dazu, Dinge, die im Leben passiert sind, mit den Ritualen des Todes zu vermischen. Das ist insofern sehr sinnvoll, als es hilft, das Erbe des verstorbenen Menschen lebendig zu halten.

WENN DER VATER ODER DIE MUTTER STIRBT

Wenn Sie selbst sterben und Kinder zurücklassen müssen, dann sehen Sie sich mit den schlimmsten Befürchtungen

Die Rechte des Sterbenden

jedes Vaters und jeder Mutter konfrontiert. Franklin, der Elektriker, der an den Folgen seiner Diabetes starb, erklärte mir, daß er Gott inbrünstig angefleht habe, ihn am Leben zu lassen, bis seine Tochter erwachsen sei. »Ich habe sie ihr ganzes Leben lang beschützt, aber was kann ich noch für sie tun, wenn ich tot bin?« fragte er.

Die Kinderspezialistin Kathleen McCue schlägt drei Dinge vor, die Sie vorher noch tun können. Sagen Sie Ihren Kindern, daß Sie ernsthaft krank sind, nennen Sie ihnen den Namen der Krankheit, gegen die Sie ankämpfen, und erklären Sie ihnen, was Ihrer Meinung nach passieren wird. Sagen Sie ihnen nicht mehr, als sie wissen wollen, und lassen Sie ihnen Zeit, Fragen zu stellen. Wenn Sie das Gefühl haben, daß Sie sich nicht von Ihrer Krankheit erholen werden, dann erklären Sie ihnen, wer sich um sie kümmern wird, und wie genau das ablaufen soll. Rufen Sie ihnen ins Gedächtnis, daß Sie zwar bald nicht mehr da sein werden, daß ihnen aber niemand die Erinnerung an Sie nehmen kann und daß sie die gemeinsam verbrachten Jahre und die Liebe, die Sie füreinander empfunden haben, nie vergessen werden. Sagen Sie ihnen, daß diese Jahre und die Liebe für immer lebendig bleiben werden.

Lois und ihr Mann Russ erzählten ihrem neunjährigen Sohn vom Brustkrebs seiner Mutter. Sie erklärten ihm, was Krebs ist und wie gefährlich er sein kann. Daß manche Leute an Krebs sterben, aber daß es so aussehe, als könnte dieser Krebs operativ entfernt werden, so daß es seiner Mutter bald wieder gutgehen werde. Sie sagten zu ihm, daß sie nicht glaubten, daß sie an dem Krebs sterben müsse.

Manche Eltern schreiben ihren Kindern Briefe oder nehmen Videos für sie auf. Auch nach ihrem Tod können Eltern noch eine wichtige Rolle im Leben ihrer Kinder spielen. Franklin beschloß, daß auch er auf diese sehr konkrete

Kinder und Tod

Weise im Leben seiner Tochter weiterexistieren wollte. Ehe er ganz ans Bett gefesselt war, nahm er mehrere Videos von sich auf. Das erste für die Zeit, wenn sie anfing, mit Jungs auszugehen, das zweite für ihren Start am College, ein drittes, das sie sich ansehen sollte, bevor sie heiratete, ein viertes für die Zeit, wenn sie selbst Mutter wurde und ein weiteres, das sie sich immer dann ansehen sollte, wenn sie ihn einfach nur vermißte.

In diesem letzten Video sagt er: »Ich weiß, daß du mich wahrscheinlich gerade vermißt, wenn du dir dieses Video ansiehst. Du fragst dich vielleicht, ob ich dich auch vermisse. Ja, das tue ich. Ich möchte, daß du weißt, daß es für mich das schwierigste am Sterben war, dich zurücklassen zu müssen. Ich habe mich nach Kräften bemüht, bei dir zu bleiben, aber am Ende mußte ich doch gehen. Ich weiß, daß du oft an mich denken wirst, so, wie ich an dich denken werde. Wenn du in der Schule bist oder gerade mit Freunden etwas unternimmst und aus heiterem Himmel an mich denken mußt, liegt das daran, daß ich in dem Moment gerade an dich denke. Es wird in deinem Leben Zeiten geben, in denen du dich einsam fühlst, aber du wirst nie allein sein. Ich werde deinem Herzen immer nahe sein.«

Wir hoffen, daß die Worte, die wir unseren Kindern hinterlassen, sie auch weiterhin trösten werden. Daß sie symbolisch sein werden für die Art, wie wir gelebt haben und wie wir gestorben sind. Was wir unseren Kindern jetzt beibringen, wird ihr späteres Verhältnis zum Tod prägen und viele zukünftige Generationen beeinflussen. Wir verwenden viel Zeit darauf, unseren Kindern etwas übers Leben beizubringen. Dies ist eine gute Gelegenheit, ihnen zu zeigen, wie wir uns um einen geliebten Menschen kümmern, dessen letzte Tage angebrochen sind. Wir helfen ihnen damit, ihr Glaubenssystem rund um den Bereich Tod und

Die Rechte des Sterbenden

Verlust aufzubauen, statt sie mit etwas Unverständlichem, Geheimnisvollem allein zu lassen, und dienen ihnen als Vorbild, wenn es darum geht, das Andenken an unsere verstorbenen Lieben zu ehren.

Die Physiologie des Todes

*Das Recht, den Prozeß des Todes zu verstehen und
auf alle Fragen ehrliche und vollständige Antworten
zu bekommen.*

Wenn Ende der siebziger Jahre Patienten zum Sterben
nach Hause entlassen wurden, verwandten Ärzte,
Schwestern und Pfleger viel Zeit darauf, die Angehörigen
zu informieren und vorzubereiten, indem sie sie über Medikamente, medizinische Gerätschaften, Sicherheitsfragen
und andere Themen aufklärten. Wenn ein Mitglied des
Krankenhaus-Teams dann fragte: »Wenn wir mit den Angehörigen reden, sagen wir ihnen dann auch, was passiert,
wenn der Patient stirbt?«, gab ihm irgend jemand regelmäßig zur Antwort: »Das werden sie noch früh genug herausfinden, auch ohne unsere Hilfe.«

Der Tod tritt ein, ob wir nun wissen, was passiert, oder
nicht, aber wir haben ein Recht darauf, zu wissen und zu
verstehen, was vor sich geht, egal, ob wir selbst sterben
oder ob wir einen Kranken pflegen, der uns nahesteht.

Über den Tod wird viel geredet und geschrieben, er wird
in der Kunst dargestellt und in Filmen vorgeführt, aber den
eigentlichen Moment des Todes bekommt man nur selten
zu sehen. Das gilt sogar für die Ärzte, die uns betreuen und
herbeigerufen werden, um unseren Tod festzustellen. Nur
sehr wenige von uns haben den Moment des Todes öfter als
einmal miterlebt.

Es ist schwer, den »normalen« Tod zu beschreiben, denn

Die Rechte des Sterbenden

wie jedes Leben ist auch jeder Tod einzigartig. Es gibt dabei keine genau festgelegte Abfolge von Ereignissen. Es ist durchaus möglich, daß einige der in diesem Kapitel beschriebenen Dinge auftreten, andere aber nicht. Obwohl diese Dinge auf das Bevorstehen des Todes hinweisen, können sie auch unter anderen, weniger tödlichen Umständen auftreten. Wenn es um den Tod geht, gibt es kaum etwas, worauf man sich wirklich verlassen kann.

Als ich für dieses Kapitel zu recherchieren begann, fragte ich einen befreundeten Arzt, in welchen Büchern denn am besten beschrieben werde, was mit unserem Körper geschieht, wenn wir sterben. Er konnte mir nicht weiterhelfen. Er sagte, er habe sich während seines Studiums nie eingehender mit den letzten Momenten des Lebens beschäftigt und sei auch nie auf einen entsprechenden Text gestoßen. Ich war mir ganz sicher, daß der Tod in medizinischen Abhandlungen ausführlich beschrieben wurde, aber mein Freund behauptete, das sei nicht der Fall. Ich besuchte zwei größere medizinische Bibliotheken, wo ich mit Hilfe der Bibliothekare eine Computersuche durchführte und etwa tausend Bücher überprüfte. Zu den behandelten Themen gehörten Innere Medizin, Grundpflege, Gerontologie, Intensivpflege und Sterbepflege, aber in keinem der Bücher wurde der Prozeß des Sterbens beschrieben. Wir stießen auf ein paar Bücher, deren Titel nahelegten, daß sie die körperlichen Aspekte des Todes behandelten, aber diese Bücher stammten alle aus dem sechzehnten oder siebzehnten Jahrhundert. Selbst die Lehrbücher für Pflegekräfte enthielten kaum Informationen über den Tod. Das überraschte mich, denn ich war davon ausgegangen, daß Schwestern und Pfleger, die ja häufig mit dem Tod in Berührung kamen, systematisch darauf vorbereitet wurden. Aber wie es aussieht, ist über den Tod nie ausführlich geschrieben worden. Wenn das Thema angeschnitten wird, dann höchstens mal in Form einer Fußnote über das Versagen eines Körpersystems oder Organs. Es gibt zahllose Bücher über die psychischen Aspekte des Todes, aber die physischen werden offensichtlich weitgehend übersehen.[*] Diejenigen, die wissen, was sich beim Sterben ereignet, haben es in der Regel gelernt, indem sie einem geliebten Menschen dabei zusahen.

Dieses Kapitel befaßt sich mit dem physischen Prozeß des Sterbens. Ich spreche dabei nicht über die inneren, biochemischen Vorgänge. Statt dessen beschreibe ich einige der Dinge, die Sie sehen, hören, fühlen und riechen werden, wenn jemand stirbt. Falls Ihnen diese Informationen zu sehr zusetzen, brauchen Sie sie natürlich nicht zu lesen. Blättern Sie zum nächsten Kapitel weiter, wenn Sie es vorziehen, diese Dinge nicht zu wissen.

Der Mythos des Todes

Nur wenige Menschen sterben friedlich oder im Schlaf, vielleicht gerade genug, um den Mythos am Leben zu erhalten. Die Realität des Todes ist brutaler. Viele Menschen scheinen zu kämpfen, wenn es dem Ende zugeht, als würden der Körper und die Seele, die so viele Jahre miteinander verbunden waren, nicht voneinander lassen wollen. Oft ist es schrecklich schmerzlich für uns, diesen Kampf mit anzusehen. Sobald der Kampf jedoch zu Ende ist, werden die meisten Anwesenden das Gefühl haben, als wären Körper

---

[*] Vgl. jedoch: Sherwin B. Nuland, Wie wir sterben. Ein Ende in Würde? (d. Red.)

Die Rechte des Sterbenden

und Seele endlich getrennte Wege gegangen und hätten ihren Frieden gefunden.

Sterben ist, als würde eine große Fabrik voller Maschinen, Fließbänder und riesiger Dampfkessel abgeschaltet. Wenn der »Aus«-Knopf gedrückt wird, ist nicht von einer Sekunde auf die andere alles still. Statt dessen ächzen und stöhnen die Maschinen, während sie langsam zum Stillstand kommen. Wenn wir nicht gerade durch einen Unfall, einen Herzinfarkt oder ein anderes plötzliches Trauma hinweggerafft werden, sind die meisten unserer Körper wie diese Maschinen, die nach dem Abschalten noch ächzen und stöhnen. Es ist nicht immer leicht, im Auge zu behalten, daß dieser Abschaltprozeß etwas ganz Natürliches ist. Wir gehen nicht sanft in den Tod, um die Worte von Dylan Thomas zu paraphrasieren. Egal, wie gut wir auf den Tod vorbereitet zu sein glauben, wir lassen das Leben nicht so leicht los. Wir »wüten, wüten«, wie Thomas es ausdrückt, »gegen das Sterben des Lichts«.

Der Tod ist etwas genauso Ursprüngliches wie die Geburt. Auch wenn er oft laut und unschön vonstatten geht, ist er immer eine zutiefst authentische Erfahrung. In dieser Authentizität können wir Frieden und Würde finden.

DER FRIEDE DES TODES

Der Kampf, der die Sterbenden zu verschlingen scheint, wird oft als »qualvoll« bezeichnet, weil es in vielen Fällen so aussieht, als würden die Menschen am Ende große Qualen leiden. Doch viele Forscher sind der Meinung, daß der Körper am Ende des Lebens Endorphine freisetzt, bestimmte Hormone, die das Schmerzempfinden blockieren

Die Physiologie des Todes

und einem ein Gefühl von Ruhe und Freude geben. Viele Menschen, die dem Tode bereits nahe waren und dabei große Schmerzen zu leiden schienen, berichteten hinterher, daß sie in Wirklichkeit von einem Gefühl des Friedens erfüllt gewesen seien.

Mir wurde einmal von Astronauten berichtet, die an Tests teilnahmen, bei denen festgestellt werden sollte, wieviel Schwerkraft der menschliche Körper aushalten kann. An einem gewissen Punkt dieser körperlich aufreibenden Tests wurden die Astronauten ohnmächtig. Etwas, was noch näher an eine Todeserfahrung herankommt, können wir kaum simulieren. Als sie hinterher gefragt wurden, wie sie sich gefühlt hätten, antworteten die Astronauten, daß sie trotz der Tatsache, daß sie nach außen hin einen sehr gequälten Eindruck machten und ein schweres körperliches Trauma durchlebten, ein ausgesprochenes Glücksgefühl empfunden hätten. Dieses Phänomen ist schwer nachzuweisen, aber viele Wissenschaftler, die sich mit traumatischen Erfahrungen beschäftigen, berichten, daß es sich tatsächlich so zu verhalten scheint.

Eines regnerischen Morgens fuhr ich schon sehr früh zur Arbeit. Es war noch dunkel, und es waren nur wenige Autos unterwegs. Aus irgendeinem unerfindlichen Grund geriet der Kombi vor mir plötzlich außer Kontrolle und raste frontal gegen einen großen Baum. Schnell rannte ich durch die Dunkelheit zu dem Auto. Als ich die Wagentür aufriß, bot sich mir einer der schrecklichsten Anblicke meines Lebens. Der blutüberströmte Körper der Fahrerin, einer Frau Ende Zwanzig, war so zugerichtet, daß ich nicht sagen konnte, ob sie weiße oder dunkle Haut hatte. Ich blickte nach unten und sah etwas aus dem Amaturenbrett ragen. Es schien sich in ihre rechte Hüfte zu bohren. Dann wurde mir plötzlich klar, daß ihr Oberschenkelknochen aus ihrem

Die Rechte des Sterbenden

Körper herausgerissen worden war und im Amaturenbrett steckte. Sie atmete sehr mühsam. Nach einer Zeitspanne, die mir wie eine Ewigkeit vorkam, wahrscheinlich aber nur eine oder zwei Sekunden dauerte, wurde mir klar, daß ich nicht in der Lage sein würde, sie aus dem Wagen zu befreien, und daß sie sterben würde. Aus dem Haus auf der anderen Straßenseite rief jemand herüber, daß der Notarzt bereits verständigt sei. Alles, was ich tun konnte, war, bei ihr zu bleiben, bis Hilfe kam.

Während ich bei ihr saß, ging mir durch den Kopf, wie jung sie noch war, und wie schwer ihr Körper verletzt worden war. Auf dem Rücksitz entdeckte ich Spielsachen und einen Babysitz. Ich mußte daran denken, daß diese junge Mutter ihr Baby nicht würde aufwachsen sehen. Ihr schien bewußt zu sein, was mit ihr passierte. Sie war dabei, alles zu verlieren, und doch wirkte ihr Gesichtsausdruck heiter und gelassen. Sie wütete nicht; friedlich folgte sie dem Tod hinaus in die Nacht.

Obwohl man, was den Tod angeht, nie ganz sicher sein kann, glaube ich, daß wir in Frieden sterben. Uns, den Überlebenden, erscheint die Trennung von Körper und Seele schmerzhaft, aber ich glaube, für den Sterbenden selbst ist sie nicht so schwierig. Wie die Fabrikmaschinen, die langsam zum Stillstand kommen, ächzt und stöhnt unser Körper, aber im Inneren herrscht bereits Frieden.

WARUM WIR STERBEN

Das Alter, unheilbare Krankheiten und lebensgefährliche Verletzungen werden irgendwann zu dem Weg, der uns an ein vorhersagbares Ziel bringt. Die Organe und Systeme

Die Physiologie des Todes

des Körpers werden wie Dominosteine, die nacheinander umfallen. Die Reihenfolge ihres Versagens hängt von der zugrundeliegenden Krankheit oder Verletzung ab, außerdem vom Allgemeinbefinden des Kranken, seinen früheren Krankheiten, der medizinischen Betreuung und anderen Faktoren. Wir nähern uns der letzten Etappe der Reise, wenn das Atmungssystem aussetzt, das Gehirn die lebenserhaltenden Systeme nicht länger koordinieren kann, eines oder mehrere Organe den Kampf aufgeben, das Gewebe des Körpers nicht mehr mit genug Sauerstoff versorgt wird oder ganze Systeme des Körpers zerstört werden.

Egal, wo im Körper die Krankheit, Verletzung oder Verschlechterung einsetzt, egal, welcher Teil des Körpers als erstes oder am meisten darunter leidet, der Tod tritt erst dann ein, wenn das Herz zu schlagen aufhört oder man nicht mehr atmet. Der Tod wird normalerweise als endgültiges, irreversibles Aussetzen der Gehirnfunktionen, des Atmungssystems und des Blutkreislaufes definiert. Aber einige der Zustände, die in dieser Definition des Todes auftauchen, können auch in Situationen vorkommen, die nicht zum Tod führen. Ärzte haben beispielsweise die Möglichkeit, ein stehengebliebenes Herz per »Elektroschock« wieder zum Schlagen zu bringen. Das Aussetzen der Atmung, das bei einem Ertrinkenden auftritt, ist manchmal nur vorübergehend und kann durch Wiederbelebungsmaßnahmen behoben werden. Der Blutkreislauf kann beispielsweise dann zusammenbrechen, wenn Sie eine massive Verletzung erleiden und viel Blut verlieren. Oft läßt sich dieses Problem durch Bluttransfusionen und andere Maßnahmen in den Griff bekommen. Und obwohl das Gehirn nur ein paar Minuten lang ohne Sauerstoff überleben kann, werden bleibende Schäden vermieden, wenn die Sauerstoffzufuhr schnell wiederhergestellt wird. Um tatsächlich zum Tod zu

Die Rechte des Sterbenden

führen, muß das Aussetzen der Gehirnfunktionen und der Atmungs- und Kreislaufsysteme endgültig sein, also *irreversibel*.

WANN WIR STERBEN

Freunde und Angehörige sitzen oft tagelang am Bett ihrer Lieben, wenn sich deren Zustand immer mehr verschlechtert. Viele haben andere Verpflichtungen und sollten eigentlich arbeiten oder sich um ihre Kinder kümmern, wollen aber unbedingt bei dem Kranken sein, wenn der Tod naht. Obwohl sich der Moment des Todes nicht vorhersagen läßt und man nie mit Sicherheit sagen kann, wann er naht, gibt es dafür doch einige häufig auftretende Anzeichen.

Kathy, eine Frau Ende Dreißig, hatte das Pech, sich mit AIDS zu infizieren. Sie gab ihren Job auf – Kathy hatte als PR-Expertin für die Regierung gearbeitet – und kämpfte als AIDS-Aktivistin für die Rechte der Kranken, wobei sie sich vor allem dafür einsetzte, daß mehr Geld für die AIDS-Forschung und entsprechende Therapien zur Verfügung gestellt wurde. Die Leute bewunderten ihre Energie, aber noch mehr beeindruckte sie Kathys Sinn für Humor, der sie nie verließ. Mit ihrer einzigartigen, sehr ironischen Art, das Leben zu sehen, brachte sie Leben in jede Party.

Ihre Angehörigen und Freunde – darunter auch ich – versammelten sich an ihrem Bett. Wir wußten, daß der Tod nahe war, aber niemand konnte sagen, ob der letzte Moment in den nächsten Minuten, Stunden oder Tagen erreicht sein würde. Die Ärzte gingen davon aus, daß Kathy das Wochenende nicht überleben würde, aber am Montag-

Die Physiologie des Todes

morgen saßen wir noch immer an ihrem Bett. Die meisten von uns mußten zur Arbeit oder sich um ihre Familien kümmern, aber mittags kamen wir alle wieder bei Kathy zusammen. Ihr Zustand war unverändert.

Wir bestellten uns eine Pizza, Kathys Lieblingsessen, und setzten uns an ihr Bett. Wir redeten mit ihr, hielten ihre Hand und trösteten sie und uns selbst. Plötzlich verschlechterte sich Kathys Zustand drastisch. Sie begann nach Luft zu ringen, und ihr Atemgeräusch klang viel lauter und gepreßter als vorher. Daran erkannten wir, daß der Tod vor der Tür stand. Genau in dem Augenblick, als der Tod von Kathy Besitz ergriff, klingelte der Pizza-Mann. Schockiert standen wir da, unfähig, etwas zu sagen. Es dauerte eine ganze Weile, bis endlich jemand die Tür aufmachte, die Pizza bezahlte und den verwirrten Pizza-Mann wegschickte. Uns blieb nichts anderes übrig, als Kathy zu Ehren die Pizza zu essen und ihren einzigartigen Sinn für Timing zu feiern.

WAS PASSIERT, WENN WIR STERBEN

Die im folgenden beschriebenen Phänomene sind die häufigsten Anzeichen für das Nahen des Todes. Es geht mir dabei nicht um eine lehrbuchartige Abhandlung, sondern lediglich um eine Beschreibung dessen, was man zu erwarten hat. Nicht in jedem Fall werden alle diese Dinge auftreten, und es gibt auch keine feste Reihenfolge ihres Auftretens. Selbst wenn ein Körper schon völlig von der Krankheit zerstört ist, existiert in ihm noch eine Lebenskraft, die ihn drängt weiterzumachen, fast als wollte er nicht wahrhaben, daß seine Zeit gekommen ist. Aus diesem

Die Rechte des Sterbenden

Grund ist es meist nicht so leicht zu sterben, wie man vielleicht erwarten würde. Ich bin oft überrascht, wie schwer das Sterben einem Körper fallen kann.

Schlafen

In den Tagen und Stunden vor dem Tod erhöht sich normalerweise das Schlafbedürfnis, fast, als würde sich der Körper vor dem Leben zurückziehen. Es ist nicht immer eine konkrete Ursache für dieses enorme Anwachsen des Schlafbedürfnisses auszumachen, abgesehen von der Tatsache, daß viele Körpersysteme bereits abschalten oder nur noch auf halber Stufe laufen. Eine weitverbreitete, aber unbewiesene Theorie besagt, daß Sterbende soviel schlafen, weil der Körper Energie zu sparen versucht und die ihm verbleibende Energie nur mehr den wichtigsten Organen zukommen läßt.

Wenn der Tod naht, kann dieses gesteigerte Schlafbedürfnis in einen komaähnlichen Zustand umschlagen – der Betreffende reagiert nicht mehr und läßt sich nicht mehr aufwecken. Wenn das im Vergleich zu vorher eine krasse Verschlechterung darstellt, ist es ratsam, den Arzt darüber zu informieren. Aber in der Regel ist das gesteigerte Schlafbedürfnis ganz natürlich, und das einzige, was wir tun können, ist, es dem Sterbenden so bequem wie möglich zu machen.

Essen

Im allgemeinen nimmt die Aufnahme von Nahrung und Flüssigkeit in der letzten Phase des Lebens immer mehr ab. Wir sind oft versucht, den Sterbenden etwas zu essen auf-

Die Physiologie des Todes

zudrängen, weil wir meinen, alles würde wieder gut, wenn wir sie bloß dazu bringen könnten, etwas zu sich zu nehmen. Außerdem haben wir Angst, daß sie an Hunger oder Durst sterben könnten. Aber die Unfähigkeit oder Weigerung der Sterbenden, zu essen und zu trinken, ist nur ein Symptom für das größere Problem – das Problem, das sie uns am Ende wegnehmen wird.

Achten Sie darauf, niemals einem schlafenden oder bewußtlosen Menschen Nahrung oder Flüssigkeit einzuflößen – er könnte daran ersticken. Wenn der Kranke trokkene Lippen hat oder Durst verspürt, aber keine Flüssigkeit mehr verträgt, dann können Sie seine Lippen mit Eis oder einem mit Glyzerin getränkten Tupfer befeuchten. Es gibt diese Tupfer in Apotheken oder auf der Schwesternstation im Krankenhaus.

Inkontinenz

Es kann vorkommen, daß ein Sterbender seine Blase und seinen Stuhlgang nicht mehr unter Kontrolle hat. Abgesehen davon, daß es sein körperliches Wohlbefinden beeinträchtigt, ist das für den Betreffenden meist sehr beängstigend und peinlich. Wir können saugfähige Tücher unterlegen, um für mehr Wohlbefinden und Hygiene zu sorgen. Wir können ihn liebevoll beruhigen und seine Intimsphäre soweit wie möglich schützen. Wenn Urin-Inkontinenz bereits länger ein Problem darstellt, hat der Arzt vielleicht schon einen Katheter angeordnet. Wenn das Ende des Lebens näherrückt, wird sich nur mehr wenig Nahrung und Flüssigkeit im Körper des Sterbenden befinden. Das wird zur Folge haben, daß sich die Urinausscheidung verringert und der Patient seltener Stuhlgang hat. Wenn die

Die Rechte des Sterbenden

Nieren allmählich versagen, wird sich die Urinausscheidung noch weiter verringern.

Atmung

Zu den auffallendsten und beunruhigendsten Veränderungen im Zusammenhang mit dem Nahen des Todes gehören die Veränderungen im Bereich der Atmung. Der menschliche Atem ist ein leises Geräusch, das wir für gewöhnlich höchstens im Hintergrund wahrnehmen. Wenn das Atemgeräusch laut, gepreßt oder unregelmäßig wird, kann das für einen Beobachter sehr beängstigend wirken.

Manche Sterbenden atmen fast bis zum Ende relativ normal weiter, während andere stunden- oder tagelang um jeden Atemzug kämpfen müssen. Wenn ein Mensch an Lungenkrebs oder einer anderen Erkrankung der Atemwege leidet, kann sich die Beeinträchtigung Wochen oder Monate hinziehen. Ich war schon in vielen Krankenzimmern, die von einem so lauten und rasselnden Atemgeräusch beherrscht wurden, daß man fast den Eindruck hatte, als würde der Patient bei jedem Einatmen die Zimmerwände ein Stück zu sich heransaugen und bei jedem Ausatmen wieder wegpressen. In anderen Fällen ist es oft das plötzliche Aussetzen der Atmung, das uns am meisten erschreckt.

Es gibt viele Atmungstypen, die mit dem nahenden Tod in Verbindung gebracht werden, unter anderem Dyspnoe, Apnoe und Cheyne-Stokes-Atmung.

Dyspnoe ist die Bezeichnung für Atembeschwerden, die als erschwertes, stoßweises Atmen beschrieben werden können. Dabei scheint jeder Atemzug mit einer großen Anstrengung verbunden zu sein. Bei jedem Luftholen scheint die Haut an beiden Seiten des Bauches, gleich un-

Die Physiologie des Todes

terhalb der Lungen, hinter die unterste Rippe gesaugt zu werden.

Falls unsere Lieben zu diesem Zeitpunkt noch bei Bewußtsein sind, kann Dyspnoe ihnen große Angst einjagen. Sie haben dann das Gefühl, als bekämen sie nicht genug Luft, was eine der erschreckendsten Erfahrungen ist, die ein Mensch machen kann. Ich weiß noch, wie ich eines Nachts in einer Kinderklinik saß und zusehen mußte, wie der sechzehnjährige Jeremy während der letzten Stunden seines Lebens verzweifelt nach Luft rang. Der gutaussehende Teenager, der so tapfer gegen seine Mukoviszidose angekämpft hatte, war jetzt dem Tode nahe, aber immer noch bei Bewußtsein. Er hatte große Angst, aber seine Familie und ich konnten nichts tun, als seine Hand zu halten, dafür zu sorgen, daß er genug Schmerzmittel bekam, und ihm ein Gefühl von Geborgenheit geben. Während wir bei ihm ausharrten, sprachen wir über Marianne Williamson, die schreibt: »Ich war immer der Meinung, daß der Engel des Todes eine schreckliche Kreatur sein würde. Inzwischen ist mir klar geworden, daß der Engel des Todes Gottes sanftester und verständnisvollster Engel sein muß, wenn er ihn uns zu einem so wichtigen, beängstigenden Zeitpunkt schickt.«

Wenn Sie den Eindruck haben, daß der geliebte Mensch Schmerzen hat, bitten Sie den Arzt um Schmerzmittel. Wenn der Kranke Angst hat, verschreibt der Arzt vielleicht ein zusätzliches Medikament; vielleicht Morphium, das sowohl gegen die Schmerzen als auch gegen die Angst hilft. Aber manchmal ist die beste Medizin, den Patienten wissen zu lassen, daß er geliebt wird und nicht allein ist.

Apnoe ist ein Atemstillstand, der zwischen einer Sekunde und sechzig Sekunden dauern kann. Er wird durch ein Nachlassen der Blutzirkulation und ein Zunehmen der

Die Rechte des Sterbenden

Abfallprodukte im Körper verursacht und dauert anfangs nur kurz. Je mehr der Körper abbaut, desto länger dauern diese Atemstillstände. Sie können Tage oder nur Minuten vor dem Tod einsetzen. Apnoe kann sehr beängstigend wirken. Wir glauben womöglich, daß der geliebte Mensch bereits gestorben ist, um kurz darauf erschrocken aufzuspringen, wenn die Atmung mit einem lauten, keuchenden Luftholen wieder einsetzt. Das Auftreten von Apnoe ist oft ein Hinweis darauf, daß das Ende naht. Es gibt nichts, was wir tun können, um es für den geliebten Menschen leichter zu machen, wenn Apnoe einsetzt. Allerdings sieht es für uns oft schlimmer aus, als der Sterbende selbst es empfindet, denn dieser ist zu dem Zeitpunkt bereits bewußtlos. In dieser Situation ist es am besten, in der Nähe des geliebten Menschen zu bleiben und sich gegenseitig zu trösten.

Cheyne-Stokes-Atmung ist ein rhythmisches Zu- und Abnehmen der Atemfrequenz, das sich mit Phasen von Apnoe abwechseln kann. Dieser unregelmäßige Atemtypus beginnt mit langsamen, flachen Atemzügen. Dann wird die Atmung allmählich schneller und tiefer, bis der Sterbende schließlich so hart und schnell atmet, wie man es normalerweise nur bei größter körperlicher Anstrengung tut. Dann folgt ein Atemstillstand (Apnoe), der bis zu sechzig Sekunden dauern kann. Danach beginnt der Zyklus von neuem. Sie werden hören, wie sich die Atmung langsam aufbaut, laut und keuchend wird und dann plötzlich stillsteht. Das kann ein Anzeichen dafür sein, daß der Tod nahe ist. Wie bei all diesen Veränderungen in der Atmung ist es am besten, den Arzt zu verständigen und dafür zu sorgen, daß der geliebte Mensch es möglichst bequem hat.

Die Physiologie des Todes

Zyanose

Eine Abnahme des Sauerstoffgehalts im Blut, verbunden mit einer Zunahme des Kohlendioxydgehalts kann zu einer bläulichen Verfärbung der Haut und Schleimhäute (wie zum Beispiel der Lippen) führen, die man Zyanose nennt. Die Haut und die Schleimhäute werden dabei nicht wirklich blau, sondern nehmen lediglich einen bläulichen oder blaugrauen Stich an. Zyanose tritt in der Regel erst dann auf, wenn das Kreislaufsystem bereits beeinträchtigt ist. Aber da man in der Regel davon ausgehen kann, daß der geliebte Mensch dem Tod zu diesem Zeitpunkt schon sehr nahe ist und von der Zyanose nichts mehr mitbekommt, fällt diese Veränderung meist nur denen auf, die ihn pflegen. Denken Sie daran, daß es sich dabei um einen normalen Bestandteil des Sterbeprozesses handelt.

Hypoxie

Da die Fähigkeit, Sauerstoff aufzunehmen und im ganzen Körper zu verteilen, immer mehr abnimmt, kann es sein, daß mit der Zeit viele Teile des Körpers mangelhaft mit Sauerstoff versorgt werden. Die Folge sind unter Umständen Veränderungen im Verhalten, vermindertes Urteilsvermögen, Konzentrationsschwäche, Kopfschmerzen, starkes Schwindelgefühl und andere Symptome. Hypoxie kann auch zu Schüttelkrämpfen, Teilnahmslosigkeit und – im fortgeschrittenen Stadium – zu Zyanose führen. Es ist wichtig, dafür zu sorgen, daß der Sterbende sich nicht verletzen kann und Medikamente bekommt, die die Kopfschmerzen oder andere Symptome lindern. Denken Sie daran, daß Hypoxie das Urteilsvermögen des Sterbenden

Die Rechte des Sterbenden

beeinträchtigen kann. Falls irgendwelche Entscheidungen zu treffen sind, sollte das berücksichtigt werden.

Schüttelkrämpfe

Körperzellen kommunizieren miteinander, indem sie einander elektrische Impulse senden. Mit dem Nahen des Todes beginnt diese Kommunikation zu versagen. Ein Absinken des Blutdrucks führt dazu, daß das Gehirn nicht mehr ausreichend mit Sauerstoff versorgt wird und die Gehirnzellen nicht mehr richtig funktionieren. Die Zellen feuern spontan elektrische Entladungen ab und verursachen im Gehirn eine Art elektrischen Sturm, indem sie völlig willkürliche und sinnlose Befehle an verschiedene Teile des Körpers senden. Das Ergebnis ist ein Schüttelkrampf.

Oft endet ein Leben mit einem plötzlichen Krampf – die Arme und Beine zucken, Ober- und Unterkiefer verkrampfen sich, und der Sterbende erweckt den Eindruck, als hätte er einen epileptischen Anfall. Manchmal sieht es so aus, als würde sich das Zucken aus dem Bauch in den oberen Teil des Körpers bewegen. Wir können nichts anderes tun, als dafür zu sorgen, daß keine Verletzungsgefahr besteht. Da solche Schüttelkrämpfe oft kurz vor dem Tod auftreten, ist nun ein guter Zeitpunkt, unsere Lieben sanft zu streicheln und ihnen zu versichern, daß wir bei ihnen sind, egal, ob sie uns hören können oder nicht.

Geruch

Wenn der Körper nicht mehr in der Lage ist, sein Gewebe mit Nährstoffen zu versorgen oder gesund zu erhalten, können Teile dieses Gewebes absterben. Das verfaulende – auch nekrotisch genannte – Gewebe strömt einen charakteristischen, sehr unangenehmen Geruch aus. Bei Krebspatienten kann Gewebe auch deswegen absterben, weil Krebszellen schlecht organisiert und nur unzureichend von Blutgefäßen durchzogen sind – was bedeutet, daß sie nicht ausreichend mit Blut versorgt werden. Patienten mit Diabetes oder anderen Krankheiten, bei denen Teile des Körpers nicht ausreichend durchblutet werden, müssen oft feststellen, daß das Gewebe in den entsprechenden Körperteilen langsam abstirbt und zu riechen beginnt. Es ist schwer, diesen Geruch mit anderen Gerüchen zu vergleichen. Noch häufiger tritt er bei Patienten mit Krebs auf, vor allem bei Befall der Lunge, des Mundes oder der Speiseröhre. Leider kann man dagegen kaum etwas tun. Die meisten Leute gewöhnen sich nach ein paar Minuten an den Geruch. Andere haben festgestellt, daß ein Raumspray oder das Öffnen eines Fensters – falls möglich – Abhilfe schaffen kann.

Fieber und Schweiß

Fieber tritt sehr häufig auf, wenn das Ende naht, weil der Körper versucht, gegen massive Infektionen anzukämpfen. Unsere Lieben werden zeitweise stark schwitzen, als müßten sie gerade einen schweren Kampf austragen. Wie bei vielen anderen Dingen, die in dieser Phase auftreten, werden Medikamente nichts nützen. Am meisten helfen wir den Sterbenden, wenn wir ihnen liebevoll die Stirn abwischen.

Die Rechte des Sterbenden

Ruhelosigkeit

Kürzlich verbrachte ich einige Zeit mit einem älteren Mann namens Louis, der an Dickdarmkrebs im Endstadium litt. Der Krebs hatte sich bereits in seinem ganzen Unterleib ausgebreitet. In den letzten Phasen des Sterbens hatte Louis große Schmerzen und Schwierigkeiten beim Atmen. Sowohl er als auch seine Familie waren schrecklich frustriert, weil er keine Stellung fand, in der er bequem sitzen oder liegen konnte. Im Liegen tat sein Bauch nicht ganz so weh, aber dafür fiel ihm das Atmen um so schwerer. Wenn er sich aufsetzte, bekam er zwar leichter Luft, aber die Schmerzen im Unterleib verstärkten sich.

Ruhelosigkeit ist oft eine Begleiterscheinung des Sterbens. Die Menschen zerren an ihren Laken, drehen sich ständig um, stehen auf und setzen sich wieder, bitten Sie, das Kopfteil ihres Bettes hoch- oder niederzustellen, und so weiter. Die Schwierigkeit, eine bequeme Position zu finden, kann durch Atemprobleme oder Schmerzen verursacht werden, aber auch durch Angstzustände oder andere Faktoren. Nicht in allen Fällen hat die Unruhe damit zu tun, daß der Kranke einfach noch nicht die »richtige« Stellung gefunden hat – manchmal gibt es keine richtige Stellung mehr.

Wir können helfen, indem wir die Stellung des geliebten Menschen so oft wie nötig wechseln. Wenn dieser Zustand lange andauert, kann der Arzt ein Beruhigungsmittel verschreiben. Es ist wichtig sicherzustellen, daß die Ruhelosigkeit nicht durch Schmerzen verursacht wird. Dies ist ein guter Zeitpunkt für eine neue Schmerzeinschätzung.

Die Physiologie des Todes

Das Herz

Wenn man nicht gerade einen Herzinfarkt hinter sich hat oder das Herz in anderer Hinsicht der Hauptangriffspunkt der Krankheit ist, dann arbeitet das Herz oft noch stärker, wenn es dem Ende zugeht, weil es versucht, das Versagen anderer Organe oder Systeme auszugleichen. Wenn beispielsweise nicht genügend Sauerstoff im Blut ist, pumpt das Herz fester und schneller.

Obwohl das Herz sich so tapfer abmüht, kann sein verstärktes Schlagen (auch Tachykardie genannt) den Sauerstoffmangel im Blut auf Dauer nicht wettmachen. Wenn das erschöpfte Herz sein Tempo nicht mehr durchhalten kann, drosselt es die Geschwindigkeit und schlägt immer langsamer, bis es schließlich ganz zu schlagen aufhört. Wegen ihres zum Kämpfen entschlossenen Herzens zieht sich das Sterben vieler AIDS-Patienten besonders lange hin, obwohl der Rest ihres Körpers bereits völlig von der Krankheit zerstört ist. Menschen, die AIDS haben, sind in der Regel jung, und ihre noch sehr leistungsfähigen Herzen werden von dem HIV-Virus nicht beeinträchtigt. Es erscheint uns sehr grausam, daß der Virus die letzte Phase des Lebens verlängert, indem er das Herz in Ruhe läßt, das tapfer weiterschlägt.

Der Kreislauf

Die Blutzirkulation verlangsamt sich, während der Körper allmählich den Dienst versagt. Sie spüren die Folgen des niedrigen Blutdrucks, wenn Sie die Hände und Füße des Sterbenden berühren. Sie werden feststellen, daß sie kälter sind als sonst.

Die Rechte des Sterbenden

Wenn der Kreislauf bereits ernstlich in Mitleidenschaft gezogen ist und das Herz kein Blut mehr durch den Körper pumpen kann, werden Sie eine dunkle, rötlichbraune Verfärbung an der Körperunterseite des Patienten bemerken. Das Blut, das nicht mehr mit genügend Druck durch die Arterien und Venen gepumpt wird, wird durch die Schwerkraft in den untersten Teil des Körpers gezogen und staut sich dort.

In vielen Fällen versagt die Blutgerinnung, so daß es in verschiedenen Teilen des Körpers zu spontanen Blutungen kommen kann. Sie werden an zahlreichen Stellen des Körpers unerklärliche Blutergüsse feststellen. Diese Blutergüsse können völlig unabhängig von dem auftreten, was der Kranke gerade tut. Er liegt vielleicht ruhig auf dem Rücken, bekommt aber aus heiterem Himmel einen blauen Fleck an der Brust. Oft fragen die Angehörigen dann nach speziellen, besonders weichen Matratzen, die unter anderen Umständen offene Stellen oder Hautreizungen verhindern können. Während des Sterbeprozesses aber machen sie wahrscheinlich keinerlei Unterschied, und der Versuch, in diesem Stadium die Matratze des geliebten Menschen zu wechseln, beschert ihm oder ihr wahrscheinlich mehr Streß als Erleichterung. Dies ist ebenfalls ein guter Zeitpunkt für eine erneute Schmerzeinschätzung.

Die Augen

Das Gehirn hat höhere und niedrigere Funktionszentren. Die höheren Zentren kontrollieren das Sprechen, Denken und andere kognitive Prozesse. Die niedrigeren Zentren regulieren automatisch unsere Atmung, den Herzschlag, die Sinneswahrnehmung und andere Funktionen, ohne daß

Die Physiologie des Todes

wir darüber nachdenken müssen. Eine dieser Funktionen ist der Pupillenreflex, die Reaktion des Auges auf Licht. Das ins Auge fallende Licht wird zunächst auf die Netzhaut projiziert. Sofort wird über den Sehnerv eine Nachricht ans Gehirn gesandt. Das Gehirn reagiert, indem es den Augenmuskeln befiehlt, sich auszudehnen oder zusammenzuziehen. Das nennt man den Pupillenreflex. Wenn der Teil des Gehirns, der für den Pupillenreflex zuständig ist, nicht mehr funktioniert, können sich die Pupillen erweitern. Aus demselben Grund können die Augen auch starr (bewegungslos) werden. Wenn der Patient den Kopf dreht, folgt sein Blick dieser Bewegung nicht mehr. Man spricht in diesem Fall manchmal von »Puppenaugen«, weil das Gesicht des Patienten dadurch einen leblosen Ausdruck bekommt.

Wenn die Augen, die Fenster zur Seele, leblos geworden sind, kommt es uns oft so vor, als hätte uns der geliebte Mensch bereits verlassen.

Sehen und Hören

Zusammen mit den anderen Sinnen verringert sich auch die Fähigkeit zu hören und zu sehen. Wenn die Sehkraft nachläßt, werden die Patienten feststellen, daß sie die Dinge nur mehr undeutlich oder verschwommen wahrnehmen. Doch während sie immer weniger von dieser Welt sehen, scheinen manche Menschen bereits einen Blick in die nächste Welt zu werfen.

Es kommt nicht selten vor, daß Sterbende Visionen haben. Oft erblicken sie dabei jemanden, der bereits gestorben ist. Unter Umständen erzählt Ihnen Ihr Vater, daß Tante Betty ihn gestern nacht besucht habe, oder er

Die Rechte des Sterbenden

spricht mit Betty, als stünde sie in dem Moment gerade im Zimmer.

Es bringt im Grunde nichts, Ihrem Vater zu erklären, daß er Halluzinationen hat, weil Betty längst tot ist und unmöglich da sein kann. Wer weiß, vielleicht hebt sich in den letzten Momenten des Lebens der Schleier, der Leben und Tod trennt, so daß Ihr Vater bereits mehr mit der anderen Welt in Kontakt ist als mit der unseren. Und selbst wenn Tante Betty nicht da ist, was spielt das für eine Rolle?

Statt mit ihm zu streiten, sollten Sie ihn fragen: »Was sagt Betty denn? Erzähl mir mehr von deiner Vision.« Vielleicht erklärt Betty Ihrem Vater gerade, daß es in Ordnung ist zu sterben, oder die beiden lachen über den Tag, als sie zusammen im Zirkus waren.

Ich habe schon öfter gehört, wie Leute zu ihren Lieben sagten: »Es ist wunderbar, daß Tante Betty hier bei dir ist«, oder: »Ich habe mir schon gedacht, daß Mutter kommen würde, um dich abzuholen«, oder: »Ich bin so froh, daß Jeff dich auf dieser Reise begleiten wird.«

Eine Frau namens Dorothy hatte mit ihrem Mann Ralph noch etwas zu klären. Obwohl Ralph bereits vor den Toren des Todes lag und keinerlei Reaktionen mehr zeigte, schüttelte Dorothy ihn und schrie ihm ins Ohr: »Ich liebe dich! Liebst du mich auch?« Als er ihr keine Antwort gab, schüttelte sie ihn noch heftiger und schrie immer lauter, bis ihr bewußt wurde, daß er sich nicht mehr mit ihr verständigen konnte.

Wir haben keine Möglichkeit zu überprüfen, inwieweit ein Mensch in diesem Stadium noch hören kann, obwohl es zu diesem Thema einige Anekdoten von Menschen gibt, die im Koma lagen oder todesähnliche Erfahrungen hatten. Viele von ihnen berichten, daß sie die ganze Zeit in der Lage gewesen seien zu hören. Es wird allgemein angenommen, daß das Hören als einer der letzten Sinne schwindet. Aus diesem Grund wird Ärzten, Schwestern und Pflegern im Rahmen ihrer Ausbildung beigebracht, sich immer so zu verhalten, als könnten die Patienten sie bis zum Schluß hören.

Wenn mich Leute fragen, ob der geliebte Mensch sie noch hören kann, sage ich immer: »Ja. Selbst wenn er Sie körperlich nicht mehr hören kann, dann hört er Sie zumindest noch auf einer geistigen Ebene. Er ist vielleicht nicht mehr bei Bewußtsein, aber wenn Sie ihm tief in Ihrem Herzen etwas Wichtiges zu sagen haben, bin ich mir sicher, daß er Sie tief in seinem Herzen verstehen wird.«

Schreien

Es ist nicht ungewöhnlich, wenn ein sterbender Mensch im Augenblick des Todes einen lauten Schrei ausstößt, der tief aus seinem Innersten zu kommen scheint. Das ist mehr ein Reflex als ein Versuch, sich mitzuteilen. Ich glaube, es handelt sich dabei weniger um einen Schmerzensschrei als um eine Verkrampfung des Körpers, die dazu führt, daß Lunge und Stimme ein letztes Mal gegen die Trennung von Körper und Seele protestieren. Wir können in diesem Stadium nichts weiter tun, als bei dem geliebten Menschen zu sein.

Todesröcheln

Angehörige, die am Bett eines geliebten Menschen stehen, sind oft tief bestürzt, wenn Sie das hören, was allgemein als »Todesröcheln« bekannt ist. Das Geräusch resultiert in der Regel aus der Unfähigkeit des Kranken, sich zu räuspern

Die Rechte des Sterbenden

oder den Speichel und die anderen Körpersekrete hochzuhusten, die sich in seiner Kehle, der Lunge oder den oberen Atemwegen ansammeln. Unser erster Instinkt ist, etwas dagegen zu tun, weil wir Angst haben, daß der geliebte Mensch in seinen eigenen Sekreten ertrinkt. Ich erkläre den Leuten oft, daß sich dieses Geräusch schlimmer anhört, als es tatsächlich ist. Es hilft, wenn wir uns klarmachen, daß dieses Geräusch von Luft erzeugt wird, die durch Wasser dringt, ähnlich dem Geräusch, das man hört, wenn man den Rest einer Coladose mit dem Strohhalm austrinkt. Die Luft gelangt noch immer in die Lunge. Wenn wir uns bewußtmachen, daß dieses Geräusch ein normaler Bestandteil des körperlichen Abschaltprozesses ist, lindert das unsere Angst vielleicht ein wenig. Das rasselnde Geräusch kann auch ein Anzeichen dafür sein, daß der Tod bereits sehr nahe ist.

Schaum vor dem Mund

Nicht selten kommt es vor, daß der Sterbende am Schluß ein wenig Schaum vor dem Mund hat. Das ist normal.

Ich habe mal eine Frau betreut, die mit ihrem Mann besonders liebevoll umging und immer sehr um ihn besorgt war. Sie hatte ihr ganzes Erwachsenenleben damit zugebracht, ein schönes Zuhause und eine Familie für ihn zu schaffen, und sich dabei immer von ihrer besten Seite gezeigt. Sogar, als sie bereits im Sterben lag und Schmerzen hatte, machte sie sich mehr Sorgen um ihren Mann als um sich selbst. Sie bat mich sogar, »ihn aus dem Raum zu scheuchen, wenn irgend etwas Peinliches oder Unwürdiges passiert. Ich möchte nicht, daß das letzte, was er von mir sieht, meine vollen Windeln sind.«

Die Physiologie des Todes

Ihr Mann schlief in einem Sessel neben ihrem Bett, als sie starb. Wie viele Leute schäumte sie in jenen letzten Momenten aus dem Mund. Ich hatte das Gefühl, daß diese Frau, die immer so um das Wohlergehen ihres Mannes besorgt war, nicht gewollt hätte, daß er sie so sah. Also sorgte ich dafür, daß ihre Würde auch im Tod gewahrt blieb, indem ich den Schaum wegwischte und ihren Mann erst dann aufweckte.

Wenn das Leben aus dem Körper des geliebten Menschen gewichen ist, wird es keine Atmung und keinen Herzschlag mehr geben. Er wird nicht mehr reagieren, wenn Sie ihn ansprechen oder berühren. Seine Augenlider werden leicht geöffnet sein, sein Blick starr, als würde er geradeausstarren. Seine Haut wird ihren lebendigen Schimmer, ihre Farbe und Festigkeit verloren haben; die unfaßbare Kraft, die sie einmal ausgefüllt hat, wird verschwunden sein. Beim Anblick eines soeben Verstorbenen kommt es mir immer vor, als wäre sein Körper plötzlich abgeschaltet worden. Man wird sich des unfaßbaren Stroms des Lebens erst dann richtig bewußt, wenn er nicht mehr vorhanden ist.

Auch wenn es eine emotional sehr schmerzvolle Erfahrung ist, einen Menschen sterben zu sehen, haben die meisten Leute hinterher das Gefühl, einen wichtigen und tiefgreifenden Moment mit ihren Lieben geteilt zu haben.

Lassen Sie sich Zeit. Viele Menschen glauben, daß sich der Geist unmittelbar nach dem Tod noch in der Nähe des Körpers aufhält. Reden Sie mit dem geliebten Menschen. Halten Sie seine Hand. Streicheln Sie ihn. Beten Sie für ihn. Wünschen Sie ihm eine gute Reise. Tun Sie, was Ihnen richtig erscheint. Auch wenn die körperliche Verbindung abgerissen ist, die emotionale Verbindung besteht weiter.

Im Auge des Sturmes sterben

Das Recht zu sterben.
Das Recht, friedlich und in Würde zu sterben.

Als ich neun Jahre alt war, lebte meine Familie unten im Süden, wo im Sommer Orkane über das Land hinwegfegen. Jedes Jahr sind es neue Stürme mit neuen Namen, aber die Vorbereitungen und Ängste bleiben dieselben. 1969 veränderte der Orkan Camille meine Welt für immer. Wir verbrachten die Nacht unter dem stählernen Vordach der Grundschulturnhalle. Es war die lauteste Nacht meines Lebens. Am lebhaftesten ist mir der Lärm in Erinnerung geblieben, das laute Krachen, das Heulen des Winds. Ich wußte, daß dieser Lärm Tod und Zerstörung mit sich brachte, und daß irgendwo dort draußen Hilfeschreie ungehört verhallen würden. Dann war es plötzlich still. Nichts war mehr zu hören – kein Wind, kein Regen, kein Lärm. Um uns herum herrschten Frieden und absolute Stille. Wir waren im Zentrum des Sturms. Als der Orkan sich weiterbewegte, setzte der Wind wieder ein, diesmal aus der entgegengesetzten Richtung. Während das Heulen und Krachen zurückkehrte, fragten wir uns, wie wir die Nacht bloß überleben sollten.

Dies ist unsere Herausforderung: in Tod und Sterben Frieden und Würde zu finden. Mit Situationen fertig zu werden, in denen wir das Gefühl haben, als würde von allen Seiten auf uns eingeschlagen, aber auch mit Problemen, die uns auf subtilere Weise zusetzen. Unser Friede und unsere Würde werden uns nicht immer auf einen Schlag genommen. Oft ist das ein schleichender Prozeß.

Mrs. Hanson, eine freundliche, intelligente Frau Mitte Sechzig, die an einem inoperablen Gehirntumor litt, verbrachte ihre letzten Tage in der Hospizabteilung eines Krankenhauses in der Nähe ihres Heimatortes. Als wir sie eines Tages besuchten, kam eine Krankenschwester ins Zimmer, um ihre Infusionsflasche auszuwechseln.

»Wie geht es uns denn heute, altes Mädchen?« fragte die Schwester munter.

»Bitte nennen Sie mich altes Haus«, antwortete Mrs. Hanson mit honigsüßer Stimme.

»Wieso ›altes Haus‹?« fragte die Schwester verwirrt.

»Wieso ›altes Mädchen‹?« konterte Mrs. Hanson.

Mrs. Hanson nutzte ihren Humor, um die Krankenschwester wissen zu lassen, daß sie ihr etwas von ihrer Würde nahm, indem sie sie nicht mit ihrem Namen anredete. Wir verbringen unser ganzes Leben auf der Suche nach unserer Würde. Dabei geht es uns darum herauszufinden, wer wir sind und wie wir leben wollen. Wenn wir unsere Würde gefunden haben, zeigen wir sie unserer ganzen Umwelt durch die Art, wie wir leben. Mit Würde zu leben heißt, unser Leben auf eine sinnvolle Weise zu leben, uns selbst als würdig zu betrachten und dieses starke Selbstwertgefühl in alles hineinzutragen, was wir tun. Letztendlich hat es nichts damit zu tun, wie wir unseren Lebensunterhalt verdienen und wo wir leben.

So, wie wir das Recht haben, würdevoll zu leben, haben wir auch das Recht, würdevoll zu sterben. Würdevoll zu sterben heißt zu wissen, daß Ihr Tod genauso sinnvoll sein wird, wie es Ihr Leben gewesen ist. Es heißt, so zu sterben, wie *Sie* wollen, und nicht auf eine Weise, die andere für angemessen und würdig halten. Würdevoll zu sterben heißt,

Die Rechte des Sterbenden

bis zum Schluß Sie selbst zu sein, so, wie Sie es immer gewesen sind.

Verlust von Würde

Zu viele von uns sind am Ende ihres Lebens gezwungen, für den Erhalt ihrer Würde zu kämpfen. Die größte Gefahr für unsere Würde ist das Gesundheitssystem, das uns unsere Würde nimmt, indem es uns entpersönlicht und aus Menschen mit einem eigenen Leben, einer Geschichte und einer Familie Zimmernummern und Betten mit Krankheiten macht. Für manche Ärzte sind Sie nicht Mrs. Hanson, die Frau, die ihren Mann bei einem Unfall verlor, dann die Abendschule besuchte und ihr eigenes Geschäft gründete, während sie nebenbei drei Kinder großzog. Statt dessen sind Sie »der Gehirntumor auf 644« oder »das Herzversagen auf Zimmer 302«. Es ist schwer, seine Würde zu bewahren, wenn man als Krankheit und Zimmernummer definiert und beschrieben wird.

Das System beraubt uns unserer Würde, indem es Krankheit und Tod als Erzfeind ansieht und darauf beharrt, diesen Feind um jeden Preis auszulöschen. Unser Körper wird zu einem Schlachtfeld, auf dem die Ärzte darum kämpfen, uns zu »reparieren«. Wir gestehen uns nicht gerne ein, daß das Leben manchmal unangenehm oder sogar richtig unerfreulich ist. Und wenn wir »kaputt« sind, wollen wir, daß die Ärzte uns wieder reparieren. Wir würden gerne glauben, daß wir alles reparieren können. Aber die Sterbenden können wir nicht reparieren, weil sie nicht kaputt sind. Sterben ist kein Versagen; es ist ein normaler Teil des Lebens.

Im Auge des Sturmes sterben

Selbst wenn das Gesundheitssystem versucht, uns dabei zu helfen, unsere Würde zu bewahren, kann das ins Gegenteil umschlagen. Wenn ich mit Medizinstudenten und Pflegeschülern und -schülerinnen spreche, bitte ich sie oft, aufzuschreiben, wie sie gerne sterben würden – wo sie zu dem Zeitpunkt sein möchten, wer dabeisein sollte, ob sie drastische lebensverlängernde Maßnahmen in Anspruch nehmen wollen oder nicht, was sie tragen werden, ja sogar, welche Musik sie hören werden. Dann sage ich zu ihnen: »Und jetzt sehen Sie sich an, was Sie geschrieben haben. Diese Todesszenen, die Sie für sich selbst entworfen haben, werden Sie schon bald auf Ihre Patienten projizieren. Wenn Sie mit leiser Musik und Räucherstäbchenduft sterben wollen, ist das Ihr gutes Recht. Aber bestehen Sie nicht darauf, daß Ihre Patienten dasselbe tun. Wenn diese Patienten in Frieden oder im Chaos, mit Rockmusik oder leiser Musik sterben wollen, dann ist das ebenfalls ihr gutes Recht. Indem Sie ihnen Ihre Wertvorstellungen aufzwingen, berauben Sie sie ihrer Entscheidungsfreiheit und letztendlich auch ihrer Würde.«

Nicht nur das Gesundheitssystem beraubt die Sterbenden ihrer Würde. Liebe Menschen, die sie dazu bringen wollen, das »Richtige« zu tun, verhalten sich ebenfalls falsch, auch wenn ihnen das oft nicht bewußt ist. Das »Richtige« kann sein, wieder nach Hause zu ziehen, während der Kranke selbst viel lieber in seiner Wohnung bleiben würde. Das »Richtige« kann sein, sich den ganzen Tag auszuruhen, während der Kranke die ihm verbleibende Zeit lieber mit seinen Freunden verbringen würde. Andere halten es vielleicht für richtig, daß sich der Kranke die Nachrichten ansieht und auf dem laufenden bleibt, während er selbst sich gar nicht mehr dafür interessiert, was in der Welt vorgeht. Viele Angehörige mögen es für richtig

Die Rechte des Sterbenden

halten, gegen die Krankheit anzukämpfen, während der oder die Betreffende bereits beschlossen hat, in Frieden zu sterben. Es spielt keine Rolle, was das »Richtige« ist. Sobald es den Sterbenden aufgezwungen wird, ist das ein Angriff auf ihre Würde.

Manche Sterbenden berauben sich unklugerweise ihrer eigenen Würde, indem sie vergessen, worauf es wirklich ankommt. Der Prozeß des Todes ist zwangsläufig mit Verlusten verbunden. Die Sterbenden verlieren unter anderem die »äußeren Schichten«, die sie im Lauf ihres Lebens angesammelt haben. Sie sind nicht mehr der Herr Vorstandsvorsitzende, der freundliche Nachbar, der Baseball-Kumpel oder der großartige Hobbykoch. Sie müssen sich von vielen Rollen trennen: der Rolle des Führers, Lehrers, Arbeiters, Freundes, Sportlers; der Rolle der Mutter, Tochter, Schwester; der des Vaters, Sohnes, Bruders. All diese Rollen, auf die sie ihr ganzes Leben lang so stolz waren, entgleiten ihnen langsam, während sie immer mehr in die Rolle des Patienten gedrängt werden. Was bleibt ihnen da noch? Die Antwort lautet: ihre eigene Sicht von sich selbst. Wenn sie sich, unabhängig von diesen weltlichen Rollen, als etwas Besonderes, Einzigartiges sehen, dann behalten sie ihre Würde. Manchen Menschen fällt das leicht, denn sie definieren ihre Würde nur aus sich selbst heraus. Andere brauchen die Hilfe ihrer Lieben und des Gesundheitssystems. Deshalb ist es so wichtig, daß diejenigen, die mit den Sterbenden umgehen, sie mit Würde behandeln.

Im Auge des Sturmes sterben

EHRLICHKEIT, RESPEKT, MITGEFÜHL

Ich habe mal einen jungen Mann Ende Dreißig kennengelernt, der an der Charcot-Krankheit (amyotrophischer Lateralsklerose) litt. Er wartete im Krankenhaus auf den Tod, und niemand wußte, wie viele Tage oder Wochen ihm noch blieben. Als wir uns eines Abends, nachdem seine Frau und seine Kinder aufgebrochen waren, noch spät unterhielten, fragte ich ihn: »Was ist das schlimmste an dieser Erfahrung?«

»Die meisten Menschen wären wahrscheinlich der Meinung, daß es der körperliche Verfall ist«, antwortete er sofort. »Aber das ist es nicht. Und es ist auch nicht der Aufenthalt im Krankenhaus – in der Hinsicht bin ich sehr zufrieden. Das Pflegepersonal ist nett und aufmerksam, der Arzt ist großartig und erklärt mir genau, wie meine Krankheit abläuft und was vor mir liegt. Meine Familie besucht mich ständig, das Essen ist gut, und ich habe sogar Kabelfernsehen. *Das schlimmste ist für mich, daß ich das Gefühl habe, als würden mich alle schon in der Vergangenheit sehen.* Als jemanden, der *früher einmal* ein vollwertiger, wichtiger Mensch war. Ich *war* einmal der energische Vater, der liebevolle Ehemann, der beste Photograph der Stadt. Niemand konnte einen Augenblick so auf Film bannen wie ich. Das kann ich jetzt alles nicht mehr, aber ich bin immer noch ich. Ich bin immer noch ein ganzer Mensch. Selbst, wenn bald der Tag kommen wird, an dem ich nicht mehr selbständig essen kann, möchte ich noch als vollwertiger Mensch behandelt werden. Ich möchte nicht, daß jemand auf mich herabblickt und mich wie ein Baby oder einen halben Menschen behandelt.«

Egal, ob wir Angehörige, Freunde oder Pflegekräfte sind, wir schulden den Sterbenden genau dasselbe wie den

Die Rechte des Sterbenden

Lebenden, denn sie sind bis zum Schluß vollwertige lebende Menschen: Ehrlichkeit, Respekt und Mitgefühl. Wir sind es ihnen schuldig, daß wir ihnen die Chance geben, sich selbst treu zu bleiben, den Tod auf ihre Weise zu entdecken und auf ihre eigene Weise zu sterben. Wir schulden den Sterbenden unsere Liebe und unseren Respekt. Es ist unsere Pflicht, ihnen dabei zu helfen, würdevoll zu leben und zu sterben, so daß sie bis zum Schluß den Kopf hoch tragen können.

In manchen Fällen brauchen die Sterbenden unsere Hilfe nicht, da sie ihre Würde aus sich selbst heraus definieren. Andere jedoch leiten zumindest einen Teil ihrer Würde daraus ab, wie sie von anderen gesehen und behandelt werden. Ihre Würde zu schützen kann heißen, sie mit dem Nachnamen anzureden, bis sie uns die Erlaubnis geben, sie mit ihrem Vornamen oder Spitznamen anzureden. Es kann heißen, daß wir anklopfen, bevor wir ihr Zimmer betreten. Es kann heißen, daß wir sie fragen, was geschehen soll, und genau zuhören, was sie antworten. Oft kommt es nicht so sehr darauf an, *was* wir tun, sondern *wie* wir es tun und wie wir über sie denken, denn unsere Einstellung spiegelt sich stets in unserem Tonfall und unserem Tun wieder.

Indem wir uns von unserer Überzeugung leiten lassen, daß die Sterbenden noch immer vollwertige lebende Menschen sind und unseren Respekt verdienen, behandeln wir sie bereits mit Würde. Denn genau das sind sie – vollwertige lebende Menschen, die unseren Respekt verdienen. Der einzige Unterschied ist, daß sie jetzt unsere Hilfe brauchen. Wir haben die Chance, ihnen diese Hilfe zu gewähren, und wir sollten darin keine Verpflichtung sehen, sondern ein Privileg.

Das Recht, in Würde zu sterben

Die Vorstellung, die die Gesellschaft vom Recht zu sterben hat, ist widersprüchlich und im Wandel begriffen. Wenn vor ein paar Jahren von diesem Recht die Rede war, dachten die meisten Leute sofort an die Geschichte von Karen Anne Quinlan. Damals verstanden viele Leute unter dem Recht zu sterben, nicht auf künstliche Weise – zum Beispiel durch künstliche Ernährung und Beatmungsgeräte – am Leben erhalten zu werden. Aber wenn wir heute das Recht zu sterben erwähnen, denken die meisten sofort an Beihilfe zum Selbstmord. Beide Aspekte verdienen es, diskutiert zu werden.

Dr. Jack Kevorkian hat – egal, ob zu Recht oder zu Unrecht – die Frage der Sterbehilfe in der Vordergrund gerückt: ob es den Ärzten erlaubt sein sollte, unheilbar kranken Patienten beim Sterben zu helfen oder nicht. In Wirklichkeit lautet die Frage nicht, ob Ärzte, Schwestern und Pfleger Sterbehilfe leisten *sollten*; die eigentliche Frage ist, ob wir irgendwie in den Griff bekommen, was schon seit Anbeginn der Medizin praktiziert wird.

Kaum ein Arzt über Dreißig hat noch nicht auf irgendeine nicht-verbale Weise dazu beigetragen, den Tod eines Patienten zu beschleunigen, um in einem Akt des Mitgefühls dessen Leiden zu beenden. Jeder, der im Krankenhaus arbeitet, hat schon solche Geschichten gehört. Ich kann mich daran erinnern, in den fünfziger Jahren von einer Frau gehört zu haben, die an einem multiplen Myelom litt. Sie war so sehr vom Krebs zerfressen, daß ihre Knochen bei jeder Bewegung krachten und ihre Rippen brachen, wenn sie umgedreht wurde. Dank ihrer Medikamente verbrachte sie die meiste Zeit in einem Dämmerzustand, der aber immer wieder von lautem Stöhnen unterbrochen wurde. Der junge Arzt, der für ihre Betreuung zuständig war, stellte eines Morgens zu seiner Überraschung fest, daß sie tief und friedlich schlief, was sehr ungewöhnlich war. Als er die älteren Ärzte danach fragte, legten sie ihm nahe, Stillschweigen zu bewahren und die Sache auf sich beruhen zu lassen. Später erfuhr der junge Arzt, daß die Frau endlich die »kleine Extra-Medizin« bekommen hatte, um die sie – als »Akt der Gnade« – schon so lange gebeten hatte.

In der Vergangenheit wurden von Ärzten auch noch andere Methoden der Sterbehilfe praktiziert. In den frühen sechziger Jahren, als es noch keine Intensivstationen und spezielle Stationen für Herzpatienten gab, bekamen Patienten, die mit dem Tod kämpften, sofort eine Infusion, die ihren Blutdruck stabilisierte. Nach genauer Einschätzung der Lage beschlossen die Ärzte dann, wie sie weiter vorgehen wollten. Manchmal aber gab der Arzt der Schwester ein kleines Handzeichen. Das war eine unausgesprochene, aber klare Anweisung: Schalten Sie die Infusion ab. Daneben gab es in Amerika die »Code Blue«-Methode. Jedesmal, wenn über das interne Kommunikationssystem des Krankenhauses ein sogenannter »Code Blue« – das Zeichen für einen Notfall – gesendet wurde, rannten die Ärzte zum Zimmer des betreffenden Patienten. Schnell wurden die Angehörigen aus dem Raum gescheucht, während die Ärzte sich daran machten, das Leben des Patienten zu retten. Manchmal aber ließen sich die Ärzte damit Zeit. Sie standen bloß im Zimmer und warteten, bis der Patient gestorben war, statt unnötigerweise ein Leben zu verlängern, das nur noch in einem irreversiblen Dahinvegetieren oder sinnlosen Ertragen hartnäckiger Schmerzen bestanden hätte. Heutzutage ist das nicht mehr möglich, weil in einem solchen Fall zu viele Leute anwesend sind, von denen einer die Aufgabe hat, alles zu dokumentieren, was getan und

Im Auge des Sturmes sterben

gesagt wird. Trotzdem gibt es noch immer Wege, wie Ärzte einem Patienten beim Sterben helfen können – Wege, die zweifellos auch genutzt werden. Ärzte können einfach aufhören, bestimmte Fragen zu stellen, oder darauf verzichten, bestimmte Untersuchungen anzuordnen. In anderen Worten: Sie können die Betreuung des Patienten unauffällig reduzieren und auf diese Weise ermöglichen, daß die Natur ihren Lauf nimmt.

Sterbehilfe und Beihilfe zum Selbstmord gibt es schon lange. Warum aber sollten diese Entscheidungen den Ärzten überlassen bleiben, die heimlich handeln müssen und die Wünsche ihrer Patienten oft nicht kennen? Es sollte uns gestattet sein, diese Entscheidung – vielleicht nach Rücksprache mit unseren Lieben – selbst zu treffen und unsere Lieben in unseren letzten Augenblicken bei uns zu haben. Der Streit um die Frage, ob man das Recht hat, sein eigenes Leben zu beenden und dabei eventuell die Hilfe eines Arztes oder geliebten Menschen in Anspruch zu nehmen, wird gegenwärtig von unseren Gerichtshöfen ausgetragen. 1996 hat zum ersten Mal in der Geschichte der amerikanischen Rechtsprechung ein Gericht entschieden, daß ein unheilbar kranker Erwachsener, der noch im Vollbesitz seiner geistigen Kräfte sei, ein verfassungsmäßiges Recht darauf habe, seinen eigenen Tod zu beschleunigen. In dem Urteil stellte Richter Stephen Reinhardt aus Los Angeles fest, daß ein »unheilbar kranker Erwachsener, der noch im Vollbesitz seiner geistigen Kräfte ist und fast das volle Maß seines Lebens gelebt hat, ein starkes freiheitliches Interesse daran hat, sich für einen würdevollen, humanen Tod zu entscheiden, statt am Ende seines Lebens auf einen kindlichen Zustand der Hilflosigkeit reduziert zu werden: in Windeln gehüllt, durch Medikamente ruhiggestellt und völlig handlungsunfähig.« In seinem provokan-

Die Rechte des Sterbenden

ten Urteil stellte der Richter weiter fest: »Die Entscheidung, wie und wann man sterben will, ist eine der intimsten und persönlichsten Entscheidungen, die man in seinem Leben treffen kann, eine Entscheidung, die für die persönliche Würde und Autonomie des Menschen von größter Bedeutung ist.«

Das Gesetz besagt, daß wir dabei keine Hilfe in Anspruch nehmen dürfen. Aus juristischer Sicht ist für unsere Angehörigen und Ärzte schon ihre bloße Anwesenheit gefährlich, so daß die meisten davon Abstand nehmen.

Wie viele Menschen begehen einsam Selbstmord, statt zu riskieren, daß ihre Lieben gerichtlich verfolgt werden, wenn sie sie um Hilfe bitten? Wie viele wären schon zufrieden, wenn jemand ihre Hand halten würde, während sie sterben? Die wahren Zahlen sind nicht bekannt, aber wir wissen von einzelnen Fällen. Über einige dieser Fälle wurde kürzlich in einem Artikel der *Los Angeles Times* berichtet. Elvin und seine Frau Sara waren seit neunundvierzig Jahren verheiratet. Während der letzten elf Jahre litt Sara an einer Herzerkrankung, die so schmerzhaft wurde, daß sie kaum mehr sprechen konnte. Da keine Hoffnung auf Heilung bestand und die Ärzte ihre Schmerzen nicht lindern konnten, beschloß Sara, ihrem Leben ein Ende zu setzen. »Am Tag ihrer Entscheidung«, erzählte Elvin, »war ich bis zum Schluß bei ihr und wollte ihr schon die Tüte über den Kopf ziehen, als sie plötzlich sagte: ›Elvin, du mußt ins Büro fahren. Du darfst mit dieser Sache nichts zu tun haben.‹ Sie mußte allein sterben. Mir wurde mein Recht verwehrt, bei ihr zu sein, als sie starb. Das ist nicht richtig ... ein Mensch hat das Recht, über die Umstände seines Todes zu entscheiden, genauso, wie er das Recht hat, über die Umstände seines Lebens zu entscheiden.«

Viele Ehemänner, Ehefrauen, Lebensgefährten, Kinder

und Geschwister haben das Gesetz ignoriert und sich deshalb vor Gericht wiedergefunden. Als der vierundfünfzigjährige James Northcutt, ein bekannter Innenarchitekt, beschloß, seinem Kampf gegen AIDS ein Ende zu setzen, bat er seinen Arzt, ihm beim Sterben zu helfen. Der Arzt lehnte ab. Daraufhin ließ sich James aus dem Krankenhaus entlassen, obwohl er als Folge seiner AIDS-Erkrankung praktisch blind war, an schmerzhafter Neuropathie, Durchfall, Übelkeit, Fieber und vielen anderen Komplikationen litt und auf fünfundfünfzig Kilo abgemagert war, und fuhr nach Hause, um dort zu sterben. Am 4. Dezember 1995 nahm er über hundert Tabletten und ging dann in die Garage hinunter. Dort leitete er die Abgase seines BMW mit einem Schlauch in den Wagen. Er wollte unbedingt sterben. Nach einem tränenreichen Abschied sah ihm sein Lebensgefährte, Keith Green, dabei zu, wie er in den laufenden Wagen stieg. Als er gerade gehen wollte, bemerkte Keith, daß sich das Klebeband löste, mit dem der Schlauch am Auspuff befestigt war, und drückte es mit der Hand fest. Dann ließ er seinen Lebensgefährten, mit dem er acht Jahre zusammengewesen war, schweren Herzens allein.

Keith stieg in seinen Wagen und fuhr weg. Doch entgegen ihrer Abmachung brachte er es nicht fertig, seinen Freund allein sterben zu lassen. Nach wenigen Minuten kehrte er zurück, rief den Notarzt an und setzte sich dann trotz der Abgase zu seinem Freund in den Wagen. Jim war höchstwahrscheinlich schon tot, als sein Lebensgefährte zurückkam, aber Keith blieb trotzdem bei ihm sitzen und hielt seine Hand. »Ich wollte einfach nur seine Hand halten«, sagte Keith. »Ich wollte nicht, daß er allein ist.«

Für Keith war es ein Akt der Liebe, James beim Sterben zu helfen und seine Hand zu halten. Für die Polizei und die Staatsanwaltschaft war es Mord. Trotz der Tatsache, daß James acht notariell beglaubigte Selbstmorderklärungen und andere Dokumente hinterlassen hatte, in denen er drohte, jeden gerichtlich verfolgen zu lassen, der ihn wiederbelebte, wurde Keith Green wegen Mordes verhaftet. Als Folge der Anklage war es Keith nicht möglich, an der Beerdigung seines Lebensgefährten teilzunehmen oder in das Haus zurückzukehren, in dem sie viele Jahre zusammen gewohnt hatten. Während des Prozesses bot der Bezirksstaatsanwalt an, die Anklage gegen Keith fallenzulassen, wenn er bereit wäre, ehrenamtlich dreihundert Stunden in einem AIDS-Hospiz zu arbeiten – angesichts der Tatsache, daß Keith des Mordes und der Beihilfe zum Selbstmord angeklagt war, ein sehr ironisches Angebot. Keith lehnte ab. Er zog es vor, weiterhin für das Recht einzustehen, einem geliebten Menschen, der unheilbar krank ist und Schmerzen leidet, dabei zu helfen, mit Würde zu sterben. Der Fall endete damit, daß sechs Monate später die Anklage gegen Keith Green fallengelassen wurde, nachdem der Gerichtsmediziner zu dem Schluß gekommen war, daß James durch die Tabletten und nicht durch die Abgase gestorben war.

Ist zwischen diesen beiden Extremen ein Kompromiß möglich – einerseits unsere Lieben zu zwingen, sich eine Tüte über den Kopf zu ziehen und allein zu sterben, und andererseits einen Menschen des Mordes anzuklagen, wenn er einem anderen beim Sterben hilft? Obwohl es für dieses ernste gesellschaftliche Dilemma noch keine Lösung gibt, ist es wichtig, darauf hinzuweisen, daß es sich hier nicht um ein neues Konzept handelt. Als Gesellschaft sind wir zu dem Schluß gelangt, daß es humaner ist, unsere Haustiere einzuschläfern, als sie an einer unheilbaren Krankheit leiden zu sehen. Niemand beharrt darauf, daß es einen Sinn hat, die Leiden eines Haustiers zu verlängern. Nun müssen wir über uns Menschen entscheiden: Gibt es

Im Auge des Sturmes sterben

einen Punkt, auf den wir uns einigen können? Als Individuen müssen wir in uns selbst hineinblicken und unsere Familien und religiösen Leitbilder zu Rate ziehen, und als Gesellschaft müssen wir unsere Gesetzgebung und Gerichtsbarkeit damit beauftragen, nach einer Lösung zu suchen und sich auf einen Kompromiß zu einigen. Für viele gibt es keinen solchen Kompromiß.

Der andere Aspekt des Rechts zu sterben – das Recht, nicht auf künstliche Weise am Leben erhalten zu werden – konfrontiert uns mit einer unserer schlimmsten Ängste: der Angst, in der Falle zu sitzen. Noch vor hundert Jahren war die Angst, lebendig begraben zu werden, weit verbreitet. Nicht wenige Leute wurden zu früh für tot erklärt, was zu der schrecklichen Befürchtung Anlaß gab, daß man aus einem tiefen Koma aufwachen und sich in einer dunklen, zugenagelten Kiste wiederfinden würde, wo einem nichts anderes übrigblieb, als den wenigen Sauerstoff aufzubrauchen und zuzuhören, wie von oben Erde auf den Sarg geworfen wurde. Manchmal wurde deshalb mit Röhren gearbeitet, die aus dem Sarg nach oben führten, so daß der »Verstorbene«, falls er doch noch am Leben sein sollte, genug Luft zum Atmen bekam und nach Hilfe rufen konnte. Darüber hinaus gelangte eine Art Alarmsystem zum Einsatz. Wenn jemand in seinem Sarg aufwachte, konnte er an einer Schnur ziehen und auf diese Weise eine Glocke läuten, die über seinem Grab angebracht war.

Dank der Weiterentwicklung der Technologie war es uns irgendwann möglich, genau festzustellen, wann das Leben zu Ende war: Wenn es keinen Herzschlag mehr gab, gab es auch kein Leben mehr. Aber die Technologie machte an dieser Stelle nicht halt, und inzwischen sind wir in der Lage, Menschen mit Hilfe von Maschinen »am Leben« zu erhalten, die die Aufgaben von nicht mehr funktionstüch-

Die Rechte des Sterbenden

tigen Organen übernehmen. Heutzutage haben wir keine Angst mehr, vorzeitig beerdigt zu werden; statt dessen haben wir Angst, zu lange am Leben erhalten zu werden.

In der Vergangenheit war der Tod oft humaner als heute. In den meisten Fällen legten sich die Menschen einfach hin und »verschmolzen« irgendwann mit dem Bett. Mit dem Fortschreiten der Technologie wurde alles komplizierter, aber noch immer blieb den Ärzten genug Freiraum, um schwere Entscheidungen zu treffen. War es richtig von diesen Ärzten, solche Entscheidungen zu treffen, ohne die Patienten oder ihre Angehörigen zu Rate zu ziehen? Heute haben die Ärzte viel weniger Spielraum. Oft verfallen sie ins andere Extrem, indem sie die Menschen um jeden Preis am Leben erhalten. Viele bestehen sogar darauf, sich in jedem Fall »genau an die Vorschriften« zu halten, und zwar an die denkbar konservativsten Vorschriften, um ja nicht angezeigt zu werden oder ihre Approbation zu verlieren. Wir sind gezwungen, uns den schwierigen Fragen zu stellen.

Nach einem schweren Schlaganfall war Harolds Mutter teilweise gelähmt und konnte weder sprechen noch essen. Sie hatte vorher ausdrücklich betont, daß sie nicht künstlich ernährt werden wolle, aber ihre Familie erklärte sich widerwillig dazu bereit, nachdem das Krankenhaus mit rechtlichen Schritten gedroht hatte. Harold erzählte mir, was weiter mit seiner Mutter geschah: »Während der nächsten zwei Monate entfernte Mutter den Schlauch, über den sie ernährt wurde, etwa ein dutzendmal. Jedesmal wurde er neu eingeführt, was eine sehr unangenehme Prozedur ist, die einen Arzt und Röntgenaufnahmen erfordert. Um zu verhindern, daß sie ständig den Schlauch herauszog, wurde ihre bewegliche linke Hand schließlich am Seitenteil des Bettes festgebunden. Sie war jedoch in der Lage, ihren

Im Auge des Sturmes sterben

Körper ganz langsam nach unten zu schieben, bis sie den Schlauch mit ihrer festgebundenen Linken erreichen und herausziehen konnte, was sie wiederholt tat. Im Februar wurde auf Vorschlag ihres Arztes ein ›jejunaler‹ Schlauch operativ durch ihr Abdomen in ihren Magen eingeführt. Anfang März konnte meine Mutter endlich sterben, nachdem man sie im wahrsten Sinne des Wortes zu Tode gequält hatte, indem man sie einer Behandlung unterzog, die ihrem ausdrücklichen Wunsch zuwiderlief.«

Gibt es einen Kompromiß zwischen den beiden Extremen, die Leute einerseits zu zwingen, gegen ihren Willen eine schmerzhafte Betreuung zu akzeptieren und sie andererseits ohne jede Betreuung sterben zu lassen? Wir möchten, daß die Menschen einen natürlichen Tod sterben, aber ist es natürlich, einen Koma-Patienten mit Hilfe eines Beatmungsgeräts am »Leben« zu erhalten und ihm vorverdaute Aminosäuren über die Nase in den Magen zu pumpen? Irgend etwas ist mit unserem Gesundheitssystem schiefgelaufen, wenn Ärzte, Schwestern und Pfleger davon sprechen, daß wir unsere Lieben »töten«, wenn wir auf lebensverlängernde Technologien, künstliche Ernährung und Beatmungsgeräte verzichten.

In vielen Fällen trägt die Technologie nur dazu bei, das Leiden am Ende des Lebens zu verlängern und zu verstärken. Wäre die Verlängerung des Lebens unser einziges Ziel, dann wäre es eine wundervolle Sache, mit Hilfe eines Beatmungsgeräts ewig »am Leben« zu bleiben. Aber wenn so etwas wie Lebensqualität auch nur ansatzweise berücksichtigt wird, sollte es einen Punkt geben, wo man nein sagt. Wir müssen einen Weg finden, das Leiden zu verringern, das uns die Technologie gebracht hat. Wir müssen lernen, zwischen einem Beenden des Leidens und einem Beenden des Lebens zu unterscheiden. Wenn man in Fällen,

Die Rechte des Sterbenden

in denen die Schlacht bereits verloren ist, auf ein Eingreifen verzichtet, ist das nicht grausam, sondern human.

Das Recht zu sterben ist ein sehr wichtiges Recht: Wenn man Sie zwingt, länger als von der Natur vorgesehen am Leben zu bleiben, beraubt man Sie damit Ihrer Würde.

WÜRDEVOLLES STERBEN

Eines Spätnachmittags betrat ein Pfleger das Zimmer von Mrs. Hanson, die nicht »altes Mädchen« genannt werden wollte, und stellte fest, daß die tiefstehende Sonne direkt ins Zimmer schien. Er sagte: »Ich mache die Vorhänge zu. Ich weiß, daß die Nachmittagssonne Sie stört.« Sie rief den Pfleger an ihr Bett und erklärte: »Dies ist mein Tod. Sie sterben auf Ihre Weise, und ich auf meine.« Sie war bis zum Schluß offen und ehrlich, und sie starb voller Würde.

Notfallmediziner Mark Katz hat eine mitfühlende Art, die Würde seiner Patienten zu wahren: »Ich erinnere mich noch gut an den ersten Herzstillstand, den ich als Assistenzarzt mitbekam. Das Ganze lief ziemlich planlos ab, und alle fuchtelten wild herum. Heute bemühe ich mich darum, daß ein solcher Notfall ruhig, aber effektiv gehandhabt wird. Sobald der Patient intubiert ist, an seiner Infusion hängt, Medikamente bekommt, alle Basismaßnahmen der Reanimation am Laufen sind und bei Bedarf eine Defibrillation durchgeführt wird, kann das Ganze sehr friedlich vonstatten gehen. Ich bemühe mich um einen ruhigen, aber bestimmten Ton, damit es nicht allzu hektisch wird, wenn wir hier einen Herzstillstand haben. Wenn wir alles in unserer Macht Stehende getan haben und kein Erfolg zu verzeichnen ist, sollte es einem Menschen gestattet sein, so würdevoll wie möglich aus dem Leben zu scheiden. Wir können ihm diese Würde geben, indem wir mit Würde auf seinen Herzstillstand reagieren.«

Für Aileen Getty bedeutet ein würdevolles Sterben etwas ganz Besonderes: »Daß die Menschen um mich herum mein Sterben verstehen und würdigen. Daß sie nicht länger die Vergangenheit würdigen und über Vergangenes reden, sondern statt dessen meine Zukunft würdigen. Das würde meinem Sterben mehr Wert verleihen.«

Lawrence, ein siebenunddreißigjähriger Mann, der an der Hodgkin-Krankheit leidet, beschrieb mir seine Vorstellung von einem würdevollen Tod, nachdem ich ihn eines Nachmittags bei einer Tasse Kaffee gefragt hatte, ob er schon einmal über seinen Tod und das Thema Würde nachgedacht habe. Auf meine Frage antwortete er: »Ich habe schon oft darüber nachgedacht, wie ich sterben möchte. Ich möchte ein Mitspracherecht haben und selbst darüber bestimmen können, wie ich sterben will. Ich möchte von Menschen umgeben sein, die ich kenne und liebe. Ich möchte an einem schönen Ort sterben, zu Hause oder im Haus von Freunden, wo der Wind geht und die Sonne scheint. Ich hätte keine Angst, mein Leben etwas früher zu beenden, statt endlose Schmerzen zu leiden. Es ist kein würdiger Tod, wenn man zuläßt, daß einem die Krankheit ihr schlimmstes Gesicht zeigt. Was spricht dagegen, sich nett zu verabschieden und sich dann mit einem Lächeln davonzumachen, solange man sich noch gut fühlt und im Vollbesitz seiner geistigen Kräfte ist? Warum warten, bis sich irgendeine neue Infektion in deinem Gehirn breitmacht und dich in ein willenloses Ding verwandelt? Ich würde lieber selbst über meinen Tod entscheiden, meine Lieben wissen lassen, wie sehr sie mir geholfen haben, ein herrliches Leben zu führen, und dann – auf Wiedersehen!«

Die Rechte des Sterbenden

Leider sind die Sterbenden nicht immer in der Lage sicherzustellen, daß ihre Würde respektiert wird, so daß es ihren Lieben zufällt, darum zu kämpfen: Wenn Sie die Wünsche des geliebten Mensch kennen oder wissen, wie seine oder ihre Würde gewahrt werden kann, dann bestehen Sie darauf.

Miriams Problem war nicht ihr eigener Tod, sondern die Frage, wie sie ihrer siebenundzwanzigjährigen Tochter Gail einen würdigen Tod sichern konnte. »Meine Tochter wird sterben. Das ist eine Tatsache. Leider ist der Tod für mich kein Fremder mehr. Fünf Monate, bevor meine Großmutter starb, besuchte ich sie im Krankenhaus. Sie war immer die ordentlichste, gepflegteste Frau gewesen, die ich kannte, stets perfekt frisiert und wie aus dem Ei gepellt. Deswegen war ich besonders entsetzt, als ich sie damals sah. Ihr Haar wirkte ungepflegt und fettig. Sie konnte sich nicht mehr selbst waschen, da sie inzwischen an den Rollstuhl gefesselt war.

Großmutter nahm meine Hand und sagte, daß sie sterben wolle. Zuerst sagte ich: ›Nein, Grandma, dir bleiben noch viele Jahre, du mußt kämpfen!‹ Aber dann schwieg ich und hörte mir an, was sie sagte. Sie erklärte, daß das für sie kein würdevolles Leben mehr sei, und daß sie gehen wolle. Da ließ ich sie in Ruhe, weil ich wußte, daß sie zum Sterben bereit war. Es war nicht an mir, ihr zu sagen, wann es an der Zeit war. Sie hatte ihre Entscheidung bereits getroffen.

Jetzt ist meine Tochter mit HIV infiziert. Irgendwann wird sie beschließen, daß sie bereit ist zu gehen, sei es, weil sie das Kranksein oder die Schmerzen nicht mehr ertragen kann oder weil sie das Gefühl hat, daß es keinen Sinn hat weiterzumachen. Der Grund wird keine Rolle spielen. Wenn sie bereit ist, dann ist es an der Zeit.

Ich möchte, daß sie die ihr verbleibende Zeit darauf verwenden kann, Frieden zu finden. Und ich möchte, daß sie mit Würde sterben kann. Ich möchte, daß sie von Menschen umgeben ist, denen etwas an ihr liegt und die keine Angst vor ihrer Krankheit haben und sich ihretwegen auch nicht schämen. Wenn sie nicht mehr für sich selbst sorgen kann und womöglich Windeln oder so was tragen muß, möchte ich – falls ihr das recht ist – diejenige sein, die sich um sie kümmert, weil ich sie liebe. Ich werde dafür sorgen, daß sie mit Würde behandelt wird. Das ist ihr Recht. Ich weiß, was ich mir für sie wünsche, aber ich werde ihr meine Vorstellungen nicht aufdrängen, falls sie andere Wünsche hat. Es ist mir nicht so wichtig, wie lange sie noch zu leben hat. Wenn es fünf Jahre sind, dann wünsche ich mir nur, daß es fünf glückliche Jahre sein werden. Ich kann nicht ändern, was passiert ist, ich kann das Problem nicht aus der Welt schaffen, und ich kann nichts an der Tatsache ändern, daß sie sterben wird, aber ich kann dafür sorgen, daß ihre Würde gewahrt bleibt.«

Im Tod Frieden finden

Friede ist ein Geisteszustand. Friede bedeutet, ruhig zu akzeptieren, was mit Ihnen geschieht, egal, wie chaotisch oder schwierig die Situation ist. Wenn Sie in Ihrem Herzen einen ruhigen, stillen Ort gefunden haben, dann haben Sie Ihren Frieden gefunden.

Der Tod ist wie ein Sturm. Er ist eine ursprüngliche und chaotische Naturgewalt, und er richtet in unserem Leben verheerenden Schaden an. Aber so, wie ich im Auge des Sturmes Stille vorgefunden habe, ist es auch möglich, im

Die Rechte des Sterbenden

Chaos, im Leiden und in den dunklen, einsamen Nächten Frieden zu finden. Es ist möglich, in jedem Tod Frieden zu finden. Aber Sie können ihn nur finden, wenn Sie alles andere loswerden. Wenn Sie Ihre Wut, Ihren Haß und alle unverarbeiteten Gefühle loslassen, bleibt nichts als Frieden. Wenn Sie mit sich selbst Frieden geschlossen haben, können Sie im Auge des Sturmes sterben.

AM ENDE NICHT EINSAM SEIN

Das Recht, nicht einsam zu sterben.

Anfang der achtziger Jahre erhielt ich eines Tages einen panischen Anruf von der Verwalterin eines Wohnhauses. »Ich habe gleich gewußt, daß etwas nicht stimmt«, erklärte sie, »ich hatte Richard schon tagelang nicht mehr gesehen. Als ich ihn das letzte Mal traf, sah er sehr schlecht aus. Sein Wagen stand in der Garage, also mußte er da sein. Ich klopfte und klopfte. Schließlich hörte ich ein Geräusch und beschloß, meinen Schlüssel zu holen und hineinzugehen.« In der Wohnung fand sie Richard, der schon seit gut vier Tagen das Bett nicht mehr verlassen konnte. Er war nicht einmal mehr in der Lage gewesen, auf die Toilette zu gehen. Schwach, ausgemergelt und dehydriert lag er in seinem nassen, schmutzigen Bett.

Ich eilte ihr sofort zu Hilfe und war entsetzt über den Anblick, der sich mir bot. Der Mann wirkte so ungepflegt und schmutzig, daß es mir nicht einmal möglich war, sein Alter zu schätzen. Er hätte fünfundzwanzig, aber auch sechzig Jahre alt sein können. In einem modernen Apartment mit einem so unmenschlichen Anblick konfrontiert zu werden, erschien mir fast unwirklich. Ich griff nach dem Telefonhörer, um Hilfe anzufordern, aber Richard wollte das nicht. »Nein, ich möchte nicht, daß Sie einen Krankenwagen oder meinen Arzt oder sonst jemanden kommen lassen. Ich sterbe, und niemand kann das jetzt noch aufhalten.«

Die Rechte des Sterbenden

Richard hatte recht, er lag im Sterben. »Erlauben Sie mir wenigstens, daß ich Sie wasche und Ihr Bett frisch mache, damit Sie sich etwas wohler fühlen«, sagte ich.

Mit einer schwachen Handbewegung winkte er ab. »Ich habe AIDS. Sie sollten besser nicht in meine Nähe kommen. Lassen Sie mich einfach sterben.«

Über AIDS war Anfang der achtziger Jahre noch kaum etwas bekannt. Die Menschen hatten Angst vor der Krankheit. Ich hatte auch Angst, aber ich konnte einen Menschen nicht einfach so sterben lassen. »Wenn ich mich schütze, darf ich Ihnen dann helfen?« Richard war einverstanden. Ich bat Madge, eine Krankenschwester mittleren Alters, mir zu helfen. Als wir zurückkamen, waren wir mit speziellen Anzügen, Handschuhen und Mundschutz ausgerüstet, als hätten wir einen Einsatz auf der Isolierstation. Mit dieser Ausrüstung würden wir nicht nur AIDS, sondern auch die Strahlung einer Atombombe überstehen.

Nach ein paar Stunden saß der immer noch schwache Vierunddreißigjährige gekämmt und gewaschen in seinem frisch bezogenen Bett und schlürfte Suppe. Jetzt hatten wir endlich Zeit zum Reden. »Was ist passiert?« fragte ich ihn.

»Es ist alles auf dem Band«, antwortete er und deutete auf den Kassettenrecorder, der neben seinem Bett lag. »Ich habe alles aufs Band gesprochen. Ich hatte niemanden, mit dem ich reden konnte, deswegen habe ich es dem Recorder erzählt. Sie können es sich anhören, wenn Sie wollen«, sagte er ruhig. Ich ließ Madge bei Richard zurück und ging ins Nebenzimmer hinüber, wo ich nervös das Band zurückspulte.

Ich hörte Richard schildern, wie er ins Krankenhaus gekommen war und sein Arzt ihm eröffnet hatte, daß er AIDS habe. Eine Heilung sei nicht möglich, hatte der Arzt gesagt. Es gebe keine Behandlungsmethode, und er werde

Am Ende nicht einsam sein

sterben. Dann erklärte ihm sein Arzt, daß er niemanden betreuen wolle, der »sich das angetan hatte«. Während er im Krankenhaus lag, ließ man ihn völlig allein. Die Tabletts mit dem Essen wurden vor seiner Zimmertür abgestellt, und es kamen weder Pflegekräfte noch Ärzte herein, um nach ihm zu sehen. »Wenn ich schon allein sterben muß«, vertraute er seinem Kassettenrecorder an, »dann möchte ich lieber zu Hause sterben.« Also rief er einen Freund an und bat ihn, ihn abzuholen. Niemand im Krankenhaus versuchte, ihn aufzuhalten. Niemand warnte ihn vor dem, was ihm bevorstand.

Der Freund stellte entsetzt fest, wie krank Richard aussah, als er ihn abholte. Unterwegs erzählte ihm Richard, daß er AIDS habe. »Ich rechnete damit, daß er anhalten und mich am Straßenrand stehen lassen würde.« Als sein Freund erfuhr, daß sein Mitfahrer an der gefürchteten Krankheit litt, kurbelte er sofort das Fenster herunter und gab Gas, um Richard so schnell wie möglich wieder loszuwerden. »Zu Hause angekommen«, fuhr Richard fort, »rief ich einen anderen Freund und meine Eltern an. Sie wollten nichts mehr mit mir zu tun haben. Ich hatte mich noch nie so allein gefühlt. Da wußte ich, daß mich nie wieder ein Mensch umarmen oder berühren würde.«

Zum Glück konnten Madge und ich Richard davon überzeugen, daß er nicht allein bleiben mußte. Er stimmte zu, einen anderen Arzt zu Rate zu ziehen, Medikamente zu nehmen und sich zu Hause pflegen zu lassen. Madge kam jeden Tag in seine Wohnung, um ihn zu füttern, zu waschen, sein Bett frisch zu beziehen und ihm seine Schmerzmittel zu verabreichen. Sie gab ihm außerdem etwas, das er in seiner Situation dringend brauchte: Gesellschaft. Als Richard nur eine Woche später starb, hielt Madge seine Hand.

Das Traurigste, was wir uns vorstellen können, ist viel-

Die Rechte des Sterbenden

leicht, allein zu sterben. Unser ganzes Leben lang ist es unser sehnlichster Wunsch, mit anderen in Verbindung zu treten, egal, ob es sich dabei um Bekannte, Freunde, Familienmitglieder oder andere geliebte Menschen handelt. Wir werden traurig, wenn diese Verbindungen durch Streit, Scheidung oder räumliche Entfernung abreißen. Noch trauriger macht uns der Verlust dieser Verbindungen, wenn wir dem Tod ins Auge sehen und ein noch größeres Bedürfnis haben, mit Menschen zusammenzusein, denen etwas an uns liegt. Gerade deswegen ist es ein fundamentales Recht, *nicht* allein zu sterben.

WIE WIR DIE STERBENDEN ISOLIEREN

Der Tod ist von Natur aus eine der isolierendsten Erfahrungen, die wir machen können. Wenn wir nicht gerade zusammen mit anderen bei einem Unfall ums Leben kommen, sterben wir allein und sind in dem Moment der einzige Sterbende.

Wir isolieren die Sterbenden, indem wir im Wartezimmer oder auf dem Gang sitzen und unsere Lieben von Fremden versorgen lassen.

Wir isolieren die Sterbenden, indem wir nicht mehr mit ihnen reden und ihnen nicht mehr zuhören. Manchmal sind wir körperlich abwesend; meistens aber sind wir emotional nicht mehr bei ihnen.

Wir isolieren die Sterbenden, indem wir nicht mehr mit ihnen besprechen, was vor sich geht. Die weitverbreitete Meinung, daß die Sterbenden nicht über den Tod reden wollen, ist ein Mythos. Sie wollen sehr wohl über das sprechen, was mit ihnen geschieht. Aileen Getty erzählte mir,

Am Ende nicht einsam sein

wie sie vor ein paar Jahren am Eingang zum Viper Room, dem Club, in dem der junge Schauspieler River Phoenix an einer Überdosis Drogen gestorben war, Timothy Leary in die Arme lief. Aileen und Timothy hatten sich schon eine Weile nicht mehr gesehen und fingen sofort an, sich zu erzählen, was seitdem passiert war. Binnen kürzester Zeit gestanden sie einander, daß sie beide mit unheilbaren Krankheiten konfrontiert waren: Aileen hatte AIDS, Timothy Prostatakrebs. »Ab diesem Zeitpunkt waren wir unzertrennlich«, sagte Aileen. Daß sie das Wort »unzertrennlich« gewählt hatte, war bezeichnend, denn es deutete darauf hin, wie abgetrennt von der Welt diese beiden Menschen sich fühlten. In gewisser Weise werden wir alle allein sein, wenn wir sterben, denn der Tod ist von Natur aus ein Akt der Trennung. Er trennt uns von Menschen, Besitztümern und der Welt. Niemand kann mit Ihnen zusammen sterben. So gesehen ist das Sterben eine Einzeldisziplin. Diejenigen von uns, die am Leben bleiben, können weder physisch noch emotional nachvollziehen, was die Sterbenden durchmachen.

»Timothy war so dankbar, daß ich ihn nach seinem Sterben fragte«, erzählte mir Aileen. »Er sagte, er habe schon so lange darauf gewartet, offen mit jemandem darüber sprechen zu können, der ihn wirklich verstehen würde.«

Wenn wir mit einem Menschen sprechen, bei dem eine unheilbare Krankheit festgestellt worden ist, haben wir verständlicherweise Schwierigkeiten zu verstehen, was der andere tief in seinem Inneren fühlt. Aber Aileen und Timothy lebten beide mit dem Wissen, daß sie sterben würden, und das möglicherweise schon bald. Die beiden konnten auf einer Bewußtseinsebene miteinander sprechen, an der Sie oder ich einfach nicht hätten teilhaben können. Ich sagte zu Aileen: »Ich kann mir vorstellen, daß jemand, der

Die Rechte des Sterbenden

euer Gespräch über Tod und Sterben zufällig mit angehört hätte, daran Anstoß genommen hätte oder euch für verrückt erklärt hätte. Ich kann mir gut vorstellen, daß der oder die Betreffende den Wunsch verspürt hätte, dazwischenzugehen und zu sagen: ›Kopf hoch!‹ oder ›Nur nicht aufgeben!‹ oder ›So dürft ihr nicht reden!‹«

»Ja«, antwortete sie, »und genau auf diese Weise lassen sie uns allein. Indem sie nicht an unserer Realität teilhaben.«

Wir isolieren die Sterbenden, indem wir uns weigern, die Welt aus ihren Augen zu betrachten. Aber es besteht kein Grund, warum wir nicht in der Lage sein sollten, zu verstehen, daß die Lebenden und die Sterbenden im selben Boot sitzen. Die Sterbenden verabschieden sich vielleicht eher als die Gesunden, aber es bleibt trotzdem dasselbe Boot.

Nicht jede Kommunikation mit den Sterbenden muß verbal ablaufen. Am besten und tiefsten verständigen wir uns oft ohne Sprache. Ich war schon in vielen Krankenzimmern, in denen sich zwei Menschen einfach nur ansahen: Einer von beiden lag im Bett, und der oder die andere saß daneben, ohne ein Wort zu sagen. Trotzdem konnte man sehen, daß die beiden auf eine sehr intensive Weise miteinander kommunizierten.

Vor vielen Jahren erzählte mir eine Frau, wie schwer es ihr falle, mit dem bevorstehenden Tod ihres Sohnes fertig zu werden. Besonders schlimm sei für sie, daß sie nicht mit ihrem Mann darüber sprechen könne. »Er weigert sich, über seine Gefühle zu reden«, sagte sie. »Manchmal komme ich mir so allein vor. Deswegen gehe ich hin und wieder zu meiner Nachbarin und weine mich aus.« Als ich sie fragte, was denn ihre Nachbarin dazu sage, antwortete sie: »Meine Nachbarin braucht gar nichts zu sagen, und sie muß mich auch nicht fragen, warum ich weine. Sie hat

ebenfalls einen Sohn verloren. Ich kann einfach zu ihr hin-
übergehen und weinen. Auch wenn keine von uns ein Wort
sagt, wissen wir beide Bescheid.«

Es ist nicht nötig, immer genau die richtigen Worte zu
finden, wenn wir bei unseren Lieben sind. Wir können einfach bei ihnen sein, ohne ein Wort zu sagen. Wichtig ist nur,
daß wir für sie da sind. Sie werden unsere Liebe und unser
Verständnis auch ohne Worte spüren.

DEM STERBENDEN NAH SEIN

Im Tod nicht allein zu sein bedeutet für verschiedene Menschen unterschiedliche Dinge. Für die grauhaarige Miriam,
eine geschiedene Frau, die ihre einzige Tochter allein auf-
zog, bedeutet es, von Leuten gepflegt zu werden, die keine
Angst vor einem haben, weil man eine ansteckende Krankheit hat.

Eines Abends erzählte mir Miriam schluchzend, wie sie
reagierte, als ihre Tochter Gail ihr eröffnete, daß sie AIDS
habe. Als sie eines Nachmittags am Küchentisch ihrer
Mutter saß, wirkte die sonst so temperamentvolle und vor
Energie strotzende Tochter müde und ausgezehrt. Sie erklärte ihrer Mutter, daß sie schon ziemlich lange an einer
Art Grippevirus laboriere und schon seit Wochen kaum
Nahrung bei sich behalten könne. Nachdem sie sich eine
Weile unterhalten hatten, gestand die Tochter ihrer Mutter
mit tonloser Stimme, daß sie sich mit HIV angesteckt habe.
Miriam verspürte den instinktiven Wunsch, ihre Tochter in
den Arm zu nehmen, wie sie es schon ihr Leben lang getan
hatte, und alles wieder gut zu machen. Aber sie wußte, daß
sie die Dinge nicht wieder gut machen konnte, weder für

Die Rechte des Sterbenden

Gail noch für sich selbst. Deshalb blieb Miriam ganz still sitzen, weil sie Angst hatte, emotional völlig zusammenzubrechen, wenn sie irgend etwas sagte oder tat.

So kam es, daß die beiden ruhig an dem kleinen Küchentisch saßen, während Gail auf eine kühle, distanzierte Art rezitierte, was sie über die Krankheit wußte. Sie berichtete über die Medikamente, die zur Verfügung standen, die Anzahl der Jahre, die ihr wahrscheinlich noch blieben und die Schmerzen, vor denen sie sich fürchtete. Das erste bißchen Gefühl kroch in ihre Stimme, als sie beschrieb, wie AIDS manchmal die Haut in Mitleidenschaft zieht und zu dunkelroten Gewebsveränderungen führt. »Bald werde ich mit häßlichen Flecken herumlaufen«, lachte die schöne junge Frau bitter.

Unfähig, sich noch länger zurückzuhalten, beugte sich Miriam zu ihrem kleinen Mädchen hinüber, das inzwischen erwachsen, aber immer noch ihr Baby war. Aber das machte Gail nur noch trauriger. »Mama«, sagte sie, »jetzt, wo ich HIV habe, wird mich nie wieder jemand küssen. Die Leute haben zu große Angst.«

Sofort nahm die tapfere Mutter Gails Gesicht in beide Hände und gab ihr einen Kuß. »Ich habe keine Angst vor dir, Liebling«, sagte sie weinend. »Ich weiß nicht, was mit dir geschehen wird, und ich kann dir nicht versprechen, daß es dir gutgehen wird. Aber ich werde mich nie vor dir zurückziehen. Wenn du eine Umarmung oder einen Kuß brauchst, werde ich immer für dich da sein. Ich habe dir deinen ersten Kuß gegeben, als du auf diese Welt gekommen bist, und ich werde dir deinen letzten geben, wenn du sie wieder verläßt.«

In unserem täglichen Leben fürchten wir uns vor zu großer Intimität. Denken Sie daran, wie wir vor dieser Art von Nähe zurückschrecken, wenn ein geliebter Mensch stirbt.

Am Ende nicht einsam sein

Aber wenn Sie die Hand eines Sterbenden halten und wirkliche Nähe zulassen, werden Sie einige der reinsten und ehrlichsten Momente erleben, die es im Leben überhaupt gibt. Es widerstrebt uns, den Sterbenden körperlich nahezukommen, und für gewöhnlich vermeiden wir es, sie zu berühren. Aber ich habe noch nie etwas Anrührenderes gesehen als einen Mann, der seine Frau in den Armen hielt, als sie starb. Es gibt keinen sichereren Ort zu sterben als in den Armen eines geliebten Menschen.

LIEBENDE HÄNDE

Während eines anderen Gesprächs mit Aileen Getty fiel mir auf, daß sie den Tod als »Mannschaftssport« bezeichnete. Sie wies darauf hin, daß wir alle in derselben Mannschaft spielen: Wir alle werden geboren, wir alle leben, und wir alle sterben in derselben Mannschaft. Die Betreiber der Krebskliniken, die ich in Tijuana besichtigte, schienen zu wissen, daß der Tod ein Mannschaftssport ist. Sie rieten den Patienten, eine zweite Person mit ins Krankenhaus zu bringen, und berechneten für die Unterbringung der Begleitperson keine zusätzlichen Kosten. Man war dort der Meinung, daß der Ehemann, die Ehefrau, der Sohn, die Tochter, der Freund oder wen man sonst mitbrachte, einen integralen Bestandteil der Behandlung darstellte. Aber unser Gesundheitssystem kann auch eines der isolierendsten der Welt sein. Normalerweise laden wir unsere Lieben nicht zu uns ein, sondern beschränken ihre Besuchszeiten. Statt sie von uns fernzuhalten, sollten wir ihre Liebe nutzen, um besser durch unsere letzten Momente zu kommen.

Dr. Katz erzählte mir die Geschichte von dem fünf-

Die Rechte des Sterbenden

unddreißigjährigen, schwer übergewichtigen Seelsorger, der eines Morgens völlig außer Atem in der Notaufnahme auftauchte. Keuchend erklärte der Priester, daß er noch am selben Tag »wiederhergestellt« sein müsse, weil er am nächsten Morgen eine Messe zu halten habe. Da der Arzt befürchtete, daß der Mann eine Lungenentzündung oder sogar eine Lungenembolie haben könnte, untersuchte er ihn gründlich, leitete seine Behandlung in die Wege und schickte den Seelsorger dann zu weiteren Untersuchungen auf eine benachbarte Station. Doch während er untersucht wurde, griff sich der Priester plötzlich an die Brust und brach zusammen.

»Zwanzig Minuten lang mühten wir uns ab, ihn zu retten«, erzählte Dr. Katz. »Seine Angehörigen, die ihn gebracht hatten und keine Ahnung hatten, was gerade passierte, waren zu dem Zeitpunkt unten am Kaffeeautomaten. Als sie zurückkamen, mußten wir ihnen sagen, daß er im Sterben lag. Können Sie sich ihren Schock vorstellen? Sie erklärten, daß sie dabei sein wollten – daß sie bei ihm sein wollten, während wir versuchten, ihn wiederzubeleben. Das war das erste Mal in meiner Laufbahn, daß jemand diesen Wunsch äußerte. Ich ließ sie zu ihm hinein, weil mir klar war, daß das ihre letzte Chance sein würde, ihn lebend zu sehen. Sie hatten es verdient. Ich bat die anwesenden Schwestern, sich so ruhig wie möglich zu verhalten, und erklärte der Familie, was sie erwartete.

Ich habe schon viele Menschen sterben sehen und dabei einiges erlebt«, fuhr der Arzt fort, »aber noch nie hat mich etwas so zum Weinen gebracht. Eine seiner Schwestern stand weinend neben dem Bett und flehte: ›Bitte geh nicht, bitte komm zurück!‹ Ich habe schon oft erlebt, daß Menschen das tun, nachdem jemand gestorben ist, aber wenn es passiert, während der Patient noch lebt oder zwischen Le-

Am Ende nicht einsam sein

ben und Tod schwankt, ist es eine erstaunlich bewegende Erfahrung. Die Familie blieb damals bei ihm, bis ich ihn für tot erklärte.

Es ist eigentlich verwunderlich, daß wir das nicht öfter so handhaben. Die Leute sollten definitiv dabeisein, wenn ihre Lieben sterben, schon um ihrer selbst willen. In der Regel ordne ich bei jedem Patienten an, daß ihn seine Angehörigen rund um die Uhr besuchen dürfen, um ihrer selbst willen und um des Sterbenden willen.«

Wie es Reverend Mark Vierra, ein Seelsorger aus Los Angeles, einmal ausgedrückt hat: »Liebende Hände haben uns begrüßt, als wir auf diese Welt kamen, und liebende Hände werden uns Geleit geben, wenn wir sie wieder verlassen.«

FÜR DIE STERBENDEN DASEIN

Ein Sterbebett ist ein sehr privater Ort. Nicht immer sind wir sicher, ob unsere Anwesenheit dort sinnvoll oder störend ist. Manchmal ist die Antwort klar, weil wir der einzige Mensch sind, der für den Sterbenden da ist. In anderen Fällen ist sie nicht so klar. Eines Tages bekam ich einen Anruf von Gary. Aufgeregt erzählte er mir, daß sein bester Freund aus High-School-Tagen an einem malignen Gliom, einer Art Gehirntumor, erkrankt sei und im Sterben liege. Gary hatte ihn schon einmal in Hawaii besucht und wußte nicht, ob er unter diesen Umständen zu ihm fliegen sollte. Er hatte bereits die Frau und Eltern seines Freundes gefragt, aber sie hatten ihm keine Antwort geben können. Sie wußten auch nicht, was er tun sollte. Ich riet ihm aufzuhören, sich von anderen Leuten die Erlaubnis zu holen, und

Die Rechte des Sterbenden

statt dessen zu entscheiden, ob er selbst es für richtig hielt, am Sterbebett seines Freundes zu sein.

Ich wollte damit nicht sagen, daß er dort stören sollte, wo er nicht willkommen war, aber daß er andererseits seine Entscheidung auch nicht von anderen abhängig machen sollte. Ich erinnerte ihn daran, daß die Frau und die Eltern seines Freundes von ihrem Kummer ganz in Anspruch genommen waren. Und wie die meisten Menschen waren sie zweifellos auf den Tod des geliebten Familienmitglieds nicht vorbereitet. Wie sollten sie da Antworten für ihn parat haben?

Ob man am Sterbebett eines Freundes sitzen sollte, ist eine persönliche Angelegenheit, die nur Sie allein entscheiden können. Sie sollten bei Ihrer Entscheidung folgende Schlüsselfragen berücksichtigen: Haben Sie alles gesagt, was Sie sagen wollten? Haben Sie das Gefühl, Sie sollten dort sein? Was, wenn er morgen sterben würde und Sie wären nicht da?

Manchmal sterben unsere Lieben trotz unserer besten Absichten allein. Vielleicht wollen sie es so. Grace, deren Sohn Jeff im Sterben lag, bereute sehr, daß sie in der Vergangenheit nicht für ihn da gewesen war. Sie war entschlossen, jetzt für ihn da zu sein. Als es dem Ende zuging, war Grace immer mehr auf die Vorstellung fixiert, in dem Moment, in dem Jeff sterben würde, an seinem Bett sitzen zu müssen. Jeff war froh, daß sie da war, sehnte sich aber oft nach mehr Freiraum, als Grace ihm gab. Deswegen bat er sie häufig, ihn für eine Weile allein zu lassen.

Eines Tages verkündete sie: »Ich war da, als du auf diese Welt gekommen bist, und ich werde da sein, wenn du sie verläßt.«

Er antwortete: »Mutter, für mich ist es nur wichtig, daß du jetzt da bist. Mein Tod wird zu der Zeit und auf die

Weise eintreten, die mir vorherbestimmt ist. Ich möchte nicht, daß du dir dann irgendwelche Vorwürfe machst. Vielleicht wird es mein Wunsch sein, allein zu sterben. Vielleicht werde ich das Gefühl haben, daß mein Tod meine ganze persönliche Sache ist. Vielleicht werde ich einfach der Meinung sein, dir damit zu sehr weh zu tun. Das alles werde ich erst wissen, wenn es soweit ist. Letztendlich zählt nur die Liebe, und nicht, wo wir zu einem bestimmten Zeitpunkt gerade sind.«

Grace hörte seine Worte, war aber immer noch fest entschlossen, bei ihm zu sein, wenn er starb. Während der letzten Wochen seines Lebens ging sie überhaupt nicht mehr aus dem Haus, obwohl rund um die Uhr eine Krankenschwester und andere liebe Menschen anwesend waren. Als der Tod langsam näherrückte, wich sie kaum mehr von Jeffs Seite. In der Nacht, als er starb, ließ sie ihn nur für ein paar Minuten allein, weil sie auf die Toilette mußte. Ausgerechnet in diesen Minuten starb er. Grace mußte sich mit der Tatsache abfinden, daß der Tod ein Eigenleben führt und dann kommt, wenn er will, und nicht, wenn wir es von ihm erwarten.

Manchmal ist es uns vorherbestimmt, dazusein, manchmal nicht. Wenn Sie und der von Ihnen geliebte Mensch den Wunsch haben, diesen wertvollen Moment gemeinsam zu verbringen, können Sie das auf jeden Fall versuchen, aber vergessen Sie dabei nicht, daß das Schicksal oft seine eigenen Entscheidungen trifft.

Die Rechte des Sterbenden

In Gesellschaft sein

Viele Menschen überwinden ihre Ängste vor dem Tod, um bei ihren Freunden und Lieben zu sein. Lawrence, dem Siebenunddreißigjährigen mit der Hodgkin-Krankheit, geht es seit elf Jahren wieder besser, aber er hat den Tod gesehen und über sein eigenes Sterben nachgedacht. Seine Krankheit hat ihm geholfen, dem Ende des Lebens gelassener entgegenzublicken, und ihn gelehrt, wie wichtig es ist, keinen Menschen allein sterben zu lassen.

»Wir ziehen uns instinktiv zurück, wenn jemand krank ist oder im Sterben liegt. Ich habe schon mehreren Menschen Gesellschaft geleistet, als sie im Sterben lagen, und dabei das Gefühl gehabt, daß sich das positiv auf die Qualität der ihnen verbleibenden Zeit auswirkte. Das Zusammensein mit Sterbenden hat mich gelehrt, daß es das schlimmste ist, allein zu sterben. Es ist unmenschlich, dabei einsam zu sein. Viel besser ist es, Menschen zu haben, die bis zum Schluß mit einem lachen, weinen und mitleiden. Wir haben in unserer Kultur ein Problem mit dem Sterben. Wir wissen nicht, wie wir damit umgehen sollen. Ich selbst habe meine erste Erfahrung mit dem Tod gemacht, als mein Vater 1985 starb.

Er hatte Lungenkrebs. Ich kam damit überhaupt nicht klar. Obwohl ich ihn sechs Stunden vor seinem Tod noch sah, hatte ich nicht das Gefühl, den Prozeß des Sterbens mit ihm durchgestanden zu haben. Wir sprachen nicht über den Tod. Das einzige, was er zu diesem Thema sagte, war, daß ich mich um Mama kümmern sollte, falls ihm etwas zustieße. Zwischen uns gab es keine Offenheit, keine richtige Kommunikation. Ich war körperlich für ihn da, aber nicht emotional, was zur Folge hatte, daß wir beide etwas Wichtiges versäumten.

Am Ende nicht einsam sein

Als er tot war, weigerte ich mich, die Leiche zu sehen. Irgendwie hatte ich Angst davor, ihn tot zu sehen. Ich war kurz vor seinem Tod noch einmal bei ihm gewesen und wollte ihn so in Erinnerung behalten. Ich machte mir nicht bewußt, daß das meine letzte Chance war, ihn noch mal zu sehen. Jetzt schäme ich mich irgendwie dafür, daß ich nicht da war. Obwohl es schwierig für mich gewesen wäre, hätte ich dabeisein können.«

Es ist nicht weiter überraschend, daß Lawrence nicht in der Lage war, für seinen Vater so dazusein, wie er es gerne gewesen wäre. Für keinen von uns ist es angenehm, unsere Lieben sterben zu sehen. Aber sobald wir den Prozeß des Sterbens einmal mit einem geliebten Menschen durchgemacht haben, haben wir ein besseres Gefühl, wenn wir dabei sind, als wenn wir nicht dabei sind.

Im Lauf der Zeit erlebte Lawrence den Tod mehrerer Freunde mit, und lernte allmählich, den Tod in sein Gesichtsfeld dringen zu lassen.

»Das ist wie ein Weckruf, bei dem man aufgefordert wird, seine Lieben zu besuchen, wenn sie krank sind, und für sie dazusein. Den eigentlichen Augenblick des Todes habe ich nur ein einziges Mal miterlebt. Das war bei Bill, einem Freund, den ich durch die Anonymen Alkoholiker kennengelernt hatte. Sein Krebs begann in der Lunge und breitete sich dann über Metastasen in die Knochen aus. Ich war der einzige, der bei ihm war, als er starb. Das war vor drei Jahren. Als es dem Ende zuging, zog er sich ein bißchen zurück. Daraufhin begannen seine Freunde, ihn zu Hause zu besuchen. Da ich ihn eine Weile nicht gesehen hatte, rief ich ihn an, und er sagte, ich solle am nächsten Tag kommen. Es war sein letzter Tag. Er war die meiste Zeit nicht mehr bei Bewußtsein und konnte kaum mehr sprechen, aber er erkannte mich noch. Ich fühlte mich sehr ge-

Die Rechte des Sterbenden

ehrt, daß er mich gebeten hatte zu kommen. Er hatte schon lange nicht mehr geduscht und sah sehr schlecht aus, aber trotzdem hatte er gesagt: ›Ja, komm vorbei.‹ Ich fühlte mich wirklich geehrt.

Ich habe noch nie jemanden so friedlich sterben sehen wie Bill. Er hatte sich selbst ausgesucht, wo er sterben wollte: im Haus eines Freundes, in einem bequemen Bett. Er nahm sich in den letzten paar Wochen seines Lebens viel Zeit für seine Besucher. Er ließ sich nicht mehr medizinisch behandeln, weil er beschlossen hatte, daß es für ihn an der Zeit war zu gehen. Er traf alle Entscheidungen, die mit seinem Tod zusammenhingen, und behielt bis zum Schluß die Kontrolle über sein Sterben. Er sorgte für einen sehr ruhigen Abgang. Er blieb einfach er selbst. Seine Freunde blieben ebenfalls sie selbst. Bill war in seinen letzten zwei Wochen genauso wie sonst auch. Er starb würdevoll, indem er sich bis zum Schluß treu blieb. Als er starb, war er sechsundfünfzig, genauso alt wie mein Vater. Ich bin durch Bills Tod sehr gewachsen.«

Mit jedem Tod lernen wir, ein wenig besser damit umzugehen. Wir sammeln Erfahrungen und finden mehr Trost in einer Erfahrung, die an sich nichts Tröstliches hat. Wir lernen, daß unsere Gegenwart manchmal das einzige ist, was uns und unsere Lieben noch trösten kann. Es gibt in diesem Fall keine Regeln; vielmehr handelt es sich um einen Prozeß des Ausprobierens, in dessen Verlauf wir immer mehr dazulernen. Wir alle haben das Recht, nicht einsam zu sterben. Es ist viel besser für die Sterbenden und die Lebenden, wenn wir das gemeinsam durchstehen.

DER KÖRPER

*Das Recht zu erwarten, daß die Unantastbarkeit
des Körpers nach dem Tod respektiert wird.*

Der Tod ist in den letzten hundert Jahren zunehmend unpersönlicher geworden. Früher wurden die Kranken von ihren Familien gepflegt. Wenn sie starben, wurden ihre Körper von denselben Familien gereinigt und für die Beerdigung angezogen. Freunde besuchten die Familien zu Hause, um ihnen Trost zuzusprechen, und die Verstorbenen fanden oft in einem Familiengrab ihre letzte Ruhestätte. Es bestand eine Verbindung zu diesen Körpern und den Menschen in diesen Körpern, eine Verbindung, die von der Geburt bis zum Tod und darüber hinaus reichte. Heutzutage sterben wir in Krankenhäusern, manchmal auch in Pflegeheimen, aber selten zu Hause. Fremde holen die Körper unserer Lieben ab und karren sie davon. Wir sehen sie erst beim Begräbnis wieder, wenn überhaupt. Besorgt fragen wir uns: Wohin fahren diese Leute mit dem Körper meines Vaters? Woher weiß ich, daß sie sich angemessen um ihn kümmern werden? Woher weiß ich, daß sie unsere religiösen Traditionen respektieren werden?

Abgesehen von unseren Befürchtungen, daß die Körper unserer Lieben nicht mit Würde behandelt werden könnten, verwirrt uns so vieles, was unser Sterben und unsere Todesrituale betrifft. Wir verspüren vielleicht den Wunsch, bei unseren Lieben zu sein, wenn sie sterben, und auch hinterher noch eine Weile bei ihnen auszuharren, wissen aber nicht, ob wir das überhaupt dürfen. Wir fragen uns, ob wir eine Party feiern dürfen, um das Leben der Verstorbenen zu feiern, oder ob wir in Form einer traditionellen Beerdigung um sie trauern müssen. Vielleicht würden wir die Asche eines geliebten Menschen gerne an einem Lieblingsort verstreuen oder sie in einer schönen Vase auf den Kaminsims stellen. Unser größter Wunsch ist in der Regel, uns auf unsere ganz eigene, liebevolle und respektvolle Weise zu verabschieden, aber nicht immer sind wir dazu in der Lage, weil wir so wenig Erfahrung mit dem Tod haben, daß wir gar nicht wissen, was für Möglichkeiten uns eigentlich offenstehen. Oft werden wir in der Leichenhalle von Leuten beraten, die wir noch nie gesehen haben, und treffen unsere Entscheidungen durch einen Schleier aus Schock und Kummer.

Von dem Augenblick, in dem der geliebte Mensch seinen letzten Atemzug tut, bis zu dem Moment, in dem sich unsere Freunde und Verwandten nach der Beerdigung mit einer Umarmung oder einem Händedruck von uns verabschieden, fühlen wir uns verwirrt, gehetzt, verängstigt und bekümmert. Die Folge ist oft, daß wir mit einem Gefühl der Leere von einer Beerdigung, unserem letzten Ritual, nach Hause zurückkehren. Wir blicken auf den Tod des geliebten Menschen zurück und wünschen uns, alles wäre irgendwie anders gelaufen.

Der Moment nach dem Tod

Eines Sommerabends nahm Sara, die siebzigjährige, pensionierte Dozentin, die ihrem Arzt gegenüber darauf beharrt hatte, daß sie ein Recht auf Hoffnung habe, zum erstenmal den Dienst meiner Hospiz-Organisation in Anspruch. Sara hoffte auf einen schnellen Tod, denn in ihrem Unterleib wucherte der Krebs, und ihre Zeit näherte sich dem Ende. Hugh, ihr Ehemann, sagte: »Ich möchte, daß Saras Tod friedlicher verläuft als der meiner Mutter, als wir sie vor zehn Jahren zum Sterben nach Hause brachten. Je näher Mutters Tod rückte, desto langsamer schien die Zeit zu vergehen. Die Situation kam uns immer irrealer vor. Die Sekunden wurden zu Minuten, die Stunden zu Tagen. Dann, inmitten dieser Langsamkeit, starb sie plötzlich. Und auf einmal ging alles schrecklich schnell. Wir standen alle unter Schock. Wir hatten geglaubt, vorbereitet zu sein, doch dann war es ganz anders, als wir es uns vorgestellt hatten. Plötzlich begann die Zeit zu rasen, sie raste uns einfach davon, und wir blieben mit unserer Trauer zurück.

Es fing damit an, daß der Arzt kam, Verwandte eintrafen, die Krankenschwester hektisch herumlief, Onkel Henry anrief, um zu fragen, was passiert sei, und die Fahrer des Leichenwagens erschienen, um meine Mutter mitzunehmen. Außerdem standen plötzlich ein Notarzt und ein paar Sanitäter vor der Tür, warum, weiß ich nicht. Der Bestattungsunternehmer wollte die Details der Beerdigung mit uns durchsprechen. Außerdem mußten wir sofort unsere Verwandten in England anrufen, weil sie zur Beerdigung anreisen wollten. Das alles passierte in den ersten zehn Minuten nach Mutters Tod. Währenddessen versuchte ich verzweifelt, noch ein paar Minuten mit meiner Mutter allein zu sein. Alles ging drunter und drüber, und ehe ich mich versah, wurde sie auf einer Bahre hinausgetragen. Ich bin nie dazu gekommen, mich von ihr zu verabschieden.«

»Ich möchte nicht, daß dasselbe passiert, wenn ich gehe«, sagte Sara sanft.

Die Rechte des Sterbenden

Ich versicherte Hugh und Sara, daß wir alles in unserer Macht Stehende tun würden, um für eine möglichst friedliche Atmosphäre zu sorgen. Zwei Tage später starb die freundliche Sara um zwanzig Minuten nach Mitternacht. Hugh und ihr ältester Sohn hatten viele Stunden bei ihr gesessen und jeden ihrer Atemzüge verfolgt. Gleich, nachdem sie gestorben war, rief die Krankenschwester Saras Arzt an, um ihn über ihren Tod zu informieren. In Kalifornien wird die Sterbeurkunde in der Regel vom Arzt des Verstorbenen unterschrieben, vorausgesetzt, die Todesursache ist bekannt und der Betreffende hat sich in den letzten zwei Monaten vor seinem Tod ärztlich untersuchen lassen. Somit ist sein Tod kein Fall für den Gerichtsmediziner, und es müssen weder ein Notarzt noch die Polizei hinzugezogen werden. In Saras Fall wurde ihr Arzt gefragt, ob die diensthabende Schwester Sara für tot erklären dürfe und er die Sterbeurkunde unterschreiben würde. Er war einverstanden. Sobald er sein Einverständnis gegeben hatte, durfte eine ausgebildete Pflegekraft Saras Schläuche entfernen.

Ich erklärte Hugh und seinem Sohn, was die Schwester tat und warum sie es tat, und fügte dann hinzu: »Ich weiß, daß Sie jetzt Ihre anderen beiden Kinder anrufen möchten. Wie lange brauchen sie, um herzukommen?«

Nachdem er die beiden verständigt hatte, rief ich in der Leichenhalle an und erklärte, daß Saras Leiche auf besonderen Wunsch der Familie erst in zwei Stunden abgeholt werden sollte. Viele Menschen wissen gar nicht, daß es möglich ist, eine gewisse Zeit – bis zu zwei oder drei Stunden – zu warten, ehe man seine Lieben abholen läßt. Auf diese Weise ist es möglich, sämtliche Familienmitglieder zu verständigen und ihnen Gelegenheit zu geben, sich ein letztes Mal zu verabschieden. Für manche sind diese letzten gemeinsamen

Der Körper

Momente sehr wichtig, viel wichtiger als das Begräbnis oder der Gedenkgottesdienst. Diese Momente geben den Angehörigen Gelegenheit, das gerade Geschehene zu verdauen und ein letztes Mal mit dem oder der Verstorbenen allein zu sein. Viele Menschen haben hinterher das Gefühl, die Beerdigung besser durchstehen zu können.

Nachdem die Fahrer des Leichenwagens instruiert waren, erst in zwei Stunden zu kommen, erklärte ich Hugh und seinem Sohn, daß die Schwester und ich »ein wenig aufräumen werden, während Sie Ihre Angehörigen verständigen. Wir werden Sie in ein paar Minuten holen.« Nachdem sie den Raum verlassen hatten, um zu telefonieren, schaltete die Schwester Saras Infusionen und Maschinen ab, wobei sie sich bemühte, möglichst viele der medizinischen Geräte vom Bett zu entfernen. Sie bezog das Bett und deckte Sara mit einem frischen Laken zu, während ich ihr sanft die Augen zudrückte. In anderen Fällen habe ich miterlebt, wie die Schwester dem oder der Verstorbenen das Gesicht wusch oder das Haar bürstete. Viele Sterbende haben zum Schluß hohes Fieber und sind unter Umständen zu unruhig oder schmerzempfindlich, um noch viel Körperpflege ertragen zu können. Wenn Blumen im Zimmer sind und es mir angemessen erscheint, stelle ich sie oft auf den Nachttisch oder aufs Bett.

Anschließend rief ich Hugh herein, damit er eine Weile mit Sara allein sein konnte. Wenn ich zum Zeitpunkt des Todes oder kurz danach anwesend bin, versuche ich sicherzustellen, daß alle Angehörigen eine gewisse Zeit mit dem oder der Verstorbenen allein sein können. Oft ermutige ich sie auch, den geliebten Menschen zu berühren oder mit ihm zu sprechen, wenn sie das möchten. Viele Leute wissen nicht, daß sie das »dürfen«. Sie scheuen sich oft zu fragen, sind aber sehr dankbar, wenn man ihnen die »Erlaubnis«

Die Rechte des Sterbenden

dazu erteilt. Diese letzten Momente, die sie miteinander allein sind, machen den Leuten oft erst richtig bewußt, daß der geliebte Mensch tatsächlich von ihnen gegangen ist.

Hugh und Sara hatten einander immer »Bunny« genannt, weil sie sich zu Beginn ihrer Beziehung ständig kleine Küßchen gaben, die sie »Häschen-Küsse« nannten. Ihre Freunde hörten, wie sie »Bunny« zueinander sagten, und fingen an, Hugh und Sara die »Bunnies« zu nennen. Bald war daraus eine Art zweiter Name für sie geworden. Die beiden schenkten einander Hasenkalender und -schlüsselanhänger, kleine Keramikkaninchen und allen möglichen anderen Häschen-Schnickschnack. Bald begannen ihre Freunde dasselbe zu tun, und im Lauf der vielen Jahre, die sie zusammen verbrachten, sammelte sich bei ihnen die größte Hasen-Sammlung an, die man sich vorstellen kann. Jetzt war Hugh zum letztenmal mit seiner Frau allein und erklärte ihr, wie froh er sei, daß sie nicht mehr krank sei und keine Schmerzen mehr leiden müsse, sondern endlich Frieden gefunden habe. »Wir haben wundervolle Kinder aufgezogen, Bunny. Mach dir um sie oder mich keine Sorgen, wir kommen schon zurecht. Wie könnte es anders sein, nachdem wir eine so wundervolle Frau und Mutter hatten? Wenn meine Zeit zum Sterben gekommen ist«, sagte er, »dann hoffe ich, daß du mit vielen Häschen-Küssen auf mich warten wirst.«

Der älteste Sohn verabschiedete sich ebenfalls von seiner Mutter, und als die beiden anderen Kinder eintrafen, war es an ihnen, eine Weile mit ihrer Mutter allein zu sein. Dann versammelten sie sich ein letztes Mal als Familie um ihre Mutter. Nachdem sie sie alle noch einmal berührt hatten, trösteten sie einander mit tränennassen Augen.

Als der Leichenwagen eintraf, schlug ich Hugh und seiner Familie vor, in einem anderen Raum zu warten, während

Der Körper

Saras Körper hinausgebracht wurde. Ich versicherte Hugh, daß ich dafür sorgen würde, daß ihre sterblichen Überreste mit Respekt behandelt werden. In anderen Fällen ziehen es die Familienmitglieder vor, bis zum letzten Augenblick bei dem oder der Verstorbenen zu bleiben. Viele Menschen empfinden es als sehr schlimm, zusehen zu müssen, wie die Leiche weggebracht wird, weil dadurch schöne, warme Erinnerungen durch kältere verdrängt werden.

Wichtig ist in dieser schwierigen Situation vor allem, nicht zu vergessen, daß *Sie sich Zeit lassen können*, ein paar ruhige Augenblicke bei dem oder der Verstorbenen zu verbringen. Sofern kein Grund besteht, einen Gerichtsmediziner hinzuzuziehen, können Sie sich getrost die Zeit nehmen, Ihre Familie zu versammeln und gemeinsam zu trauern.

Sobald der Verstorbene weggebracht worden ist, neigen viele Familien und Pflegekräfte dazu, das Bett des Verstorbenen zu machen, das Zimmer aufzuräumen und vielleicht Blumen auf das Bett zu stellen. Sie tun das, weil es die Menschen automatisch zu diesem Bett hinzieht – dem letzten Ort, an dem sich der geliebte Mensch aufgehalten hat.

Wie wir uns verabschieden

Rituale sind ein wichtiger Bestandteil unseres Lebens. Sie markieren das Überschreiten von Grenzen, sind Riten des Übergangs. Wir haben viele sehr bedeutsame Rituale – unter anderem Hochzeiten, Konfirmationen und letzte Riten. Mit am wichtigsten dürfte das Bestattungsritual sein. Die Bestattung, in deren Verlauf die Geschichte des Verstorbenen ein letztes Mal erzählt wird, hilft uns, die Realität des

Die Rechte des Sterbenden

Todes anzuerkennen. Sie hilft uns unter Umständen auch, den Prozeß des Trauerns besser durchzustehen. Ein gutes Beispiel hierfür findet sich bei jüdischen Bestattungen: Alle Familienmitglieder und Freunde nehmen nacheinander eine Schaufel voll Erde und werfen sie auf den Sarg. Diese Geste des endgültigen Abschieds hilft den Trauernden zu akzeptieren, daß der geliebte Mensch tatsächlich gestorben ist. Sie wird außerdem als letzter Akt der Liebe angesehen, da sich der Verstorbene für diese freundliche Geste nicht mehr revanchieren kann.

Unsere Bestattungsrituale setzen sich aus vielen Elementen zusammen. Dazu gehören das Entfernen des Körpers vom Ort des Todes, das Waschen und Einbalsamieren der sterblichen Überreste, das Aufbahren der Leiche, eine Beerdigungszeremonie, ein Grabstein oder anderes Zeichen des Andenkens. Manchen Menschen sind diese Dinge sehr wichtig, anderen nicht. Bevor der Künstler Kevin starb, fragten ihn seine Freunde, was für Wünsche er für seine Beerdigung habe. Seine Antwort war typisch für ihn: »Mir egal. Ich bin zu dem Zeitpunkt doch längst tot. Es bleibt euch überlassen, ob ihr etwas Derartiges wollt.« Nach Kevins Tod beschlossen sie, einen Gedenkgottesdienst für ihn abzuhalten. »Wir haben es für uns getan«, erklärte einer seiner Freunde. »Daß wir uns gemeinsam und in aller Form von unserem Freund verabschieden konnten, war ein wichtiger Bestandteil unserer Trauer.«

In den verschiedensten Kulturen und zu allen Zeiten trauerten Freunde und Angehörige um ihre Toten. Manchmal trauerte sogar die Person, die damit rechnete, in Kürze zu sterben. Diese Praktik wurde in einem Dokument mit dem Titel »*Ars Bene Moriendi*« (»Die Kunst des Sterbens«) beschrieben, das 1348 in Europa formuliert wurde, als dort die Pest wütete. Bevor sie starben, planten die Menschen

Der Körper

ihre eigene Bestattung. Sie probten ihre Beerdigung, wie wir heute unsere Hochzeit proben. In jener seuchengeplagten Zeit waren sie der Meinung, daß ihnen das Sterben leichter fallen würde, wenn sie mit ihrem eigenen Tod bereits vertraut waren.

Manche Leute ziehen es vor, den Aspekt des Verlustes zu betonen und suchen nach einer Möglichkeit, diesen Verlust auf eine kollektive Weise zu betrauern. Oft greifen sie dabei auf Bibelzitate oder Gedichte zurück, die den tiefen Kummer zum Ausdruck bringen, den sie selbst nur schwer in Worte fassen können. Andere ziehen es vor, die Betonung nicht so sehr auf die Traurigkeit und den Kummer zu legen. Statt dessen trösten sie sich lieber mit dem Gedanken, daß ihre Lieben auf gewisse Weise für immer weiterleben.

Während der letzten paar Jahre ist mir aufgefallen, daß immer mehr Leute auf kreative und oft sehr persönliche Weise versuchen, weniger den Tod, als vielmehr das Leben ihrer Lieben in den Vordergrund zu stellen. In manchen Fällen wurden die üblichen traurigen Beerdigungszeremonien durch Feste ersetzt, bei denen das Leben des oder der Verstorbenen gefeiert wurde. Manchmal funktioniert so etwas, manchmal nicht. Ich war schon auf sehr festlichen Lebensfeiern, bei denen Luftballons und Photos der Verstorbenen verteilt wurden, ihre Lieblingsmusik zu hören war und die Leute abwechselnd lustige Geschichten über den geliebten Menschen erzählten. Die Gäste verließen diese Feiern mit dem Gefühl, dem Verstorbenen noch einmal wirklich nahe gewesen zu sein, voller Dankbarkeit, ihn gekannt zu haben, fast als hätte er ihnen als Abschiedsgeschenk ein Stück von seiner Lebensfreude hinterlassen. Andererseits war ich auch schon auf einer Party, wo alle das Gefühl hatten, als würde jemand fehlen, und sich fragten, ob ein Gedenkgottesdienst nicht doch sinnvoller ge-

Die Rechte des Sterbenden

wesen wäre. Manche Leute würden eine derartige Party als Sakrileg betrachten oder schrecklich respektlos finden. Andere sind der Meinung, daß das die größte Ehre ist, die man einem Verstorbenen erweisen kann. Es liegt an Ihnen, zu entscheiden, was für Sie richtig ist.

Partys, auf denen das Leben gefeiert wird, sind nicht die einzige neue Idee. In Pensacola, Florida, gibt es das »Junior's Funeral Home«, die wohl einzige Leichenhalle des Landes, an deren Fenster man mit dem Auto vorbeifahren kann. Sie wurde speziell für Menschen entworfen, die Schwierigkeiten haben, aus ihrem Wagen auszusteigen und zu Fuß in die Kapelle zu gehen. Das mag eine sehr ungewöhnliche Art sein, einer aufgebahrten Leiche Respekt zu zollen, aber für diejenigen, die davon Gebrauch machen, ist es ein ernstes Anliegen, ihren Freunden auf diese Weise die letzte Ehre zu erweisen.

Manchmal geht unsere Trauer leider in der Vielzahl von Details unter, um die wir uns kümmern müssen, wenn wir eine Beerdigung planen. Nicht selten werden die Leute so sehr von den Vorbereitungen für die Beerdigung in Anspruch genommen, daß sie sich gar nicht mehr die Zeit nehmen, angemessen zu trauern. Manchmal wird die Trauer absichtlich verdrängt oder ausgenutzt. Letzteres passierte beispielsweise, als Rudolph Valentino unerwartet starb, während er sich anläßlich der Premiere seines letzten Films, *Der Sohn des Scheichs*, in New York aufhielt. Das Filmstudio, das mit der Karriere dieses jungen, erst einunddreißigjährigen Schauspielers Millionen verdient hatte, inszenierte einen regelrechten Massenauflauf, als seine Leiche aus dem Krankenhaus abtransportiert wurde, in dem er an einer Bauchfellentzündung gestorben war. Das Studio ließ seine Leiche zunächst in New York aufbahren und transportierte sie dann mit dem Zug nach Los Angeles, wo

Der Körper

man einen weiteren Massenauflauf organisiert hatte. All das geschah, um Valentino in den Augen seiner Fans zu glorifizieren und gleichzeitig für seinen Film zu werben. Soweit es das Studio betraf, liefen die Dinge ausgesprochen gut, bis den Verantwortlichen in letzter Minute auffiel, daß niemand daran gedacht hatte, für den Verstorbenen eine letzte Ruhestätte zu organisieren. Eine Freundin rettete die Situation, indem sie Valentino ihren Platz im Grab ihrer Familie abtrat.

Das eigentliche Beerdigungsritual, egal, ob es sich dabei um eine traditionelle Beerdigung, eine Einäscherung, ein Dixieland-Jazz-Begräbnis oder vielleicht sogar eine Autofahrt durch eine Leichenhalle handelt, ist nicht so wichtig wie der Geist, in dem es ausgeführt wird. Die meisten Menschen wünschen sich ein Ritual, das widerspiegelt, wie der Verstorbene gelebt hat, und die Art respektiert, wie er oder sie behandelt und in Erinnerung behalten werden wollte.

EINE LETZTE RUHESTÄTTE

Unser Umgang mit den sterblichen Überresten unserer Lieben spiegelt wider, wie wir über sie und ihr Leben denken. Wir untermauern unsere Überzeugung, daß ihr Leben einen Sinn gehabt hat, indem wir uns große Mühe geben, das Ende ihres Lebens angemessen zu würdigen, vor allem, wenn es sich dabei um ein tragisches Ende handelt. Wir würdigen ihr Leben durch eine »angemessene« Beerdigung oder Einäscherung. Wir tun das für sie und für uns, denn wir bekommen dadurch das Gefühl, daß etwas zu Ende gebracht und abgeschlossen ist. Viele Familienmitglieder und Freunde von Unfallopfern, deren Körper auf tragische

Die Rechte des Sterbenden

Weise zerstört wurden, haben beschrieben, wie schwer es ist, ohne den Körper des Verstorbenen zu trauern und gefühlsmäßig nachzuvollziehen, daß das Leben des geliebten Menschen tatsächlich zu Ende ist. Für uns, die wir am Leben bleiben, ist es gut, unsere Toten zur Ruhe zu betten, denn es hilft uns, einen gewissen Schlußstrich zu ziehen. Es ist außerdem einer der größten Liebesdienste, die wir einem Verstorbenen erweisen können.

Wir respektieren den Körper des geliebten Menschen, indem wir ihn an einem Ort zur Ruhe betten, den er sich selbst ausgesucht hat oder von dem wir glauben, daß er ihm gefallen würde. Manche entscheiden sich dafür, auf einem Familienfriedhof beigesetzt zu werden; andere wählen die Einäscherung, die immer mehr Anhänger findet. Viele sind der Meinung, daß die Einäscherung eine praktische und preisgünstige Alternative zur traditionellen Beerdigung darstellt, und begrüßen es, dem geliebten Menschen zu Hause einen besonderen Ehrenplatz geben zu können. Andere ziehen es aus religiösen Gründen vor, beerdigt zu werden, was den zusätzlichen Vorteil hat, daß ihre Lieben einen Platz haben, wo sie sie jederzeit besuchen können.

Viele Menschen lassen ihre Asche über dem Meer oder an einem anderen Lieblingsort verstreuen. Louise Hay beerdigte die Asche ihrer Mutter unter einem kleinen Bäumchen in ihrem Garten. Als wir uns das letzte Mal unterhielten, erzählte mir Louise, wie groß der Baum inzwischen schon geworden sei und wie sehr sie es genieße, zu sehen, wie er sich dem Himmel entgegenrecke. Daneben gibt es ein paar sehr unorthodoxe Möglichkeiten, die sterblichen Überreste eines geliebten Menschen zu bestatten. Die Asche von Timothy Leary wurde im Weltraum verstreut. Eine Frau aus meinem Bekanntenkreis wußte nicht so recht, was sie mit der Asche ihrer Mutter anfangen sollte.

Der Körper

Sie fragte eine Freundin um Rat, die ihr vorschlug, die Asche an einem Lieblingsplatz ihrer Mutter zu deponieren. Also verstaute die Frau die Asche ihrer Mutter vorsichtig in ihrer Handtasche, fuhr nach Beverly Hills und verbrachte den Nachmittag im bevorzugten Nobelkaufhaus ihrer Mutter, wo sie ihre sterblichen Überreste in den Topfpflanzen verteilte! Ich erzähle diese Geschichte, um zu illustrieren, auf welch ungewöhnliche Ideen die Leute kommen, auch wenn ich niemandem empfehlen würde, in diesem Zusammenhang gegen irgendwelche Gesetze zu verstoßen.

Manche Menschen sind weniger besorgt um ihre letzte Ruhestätte und beschließen statt dessen, der Gesellschaft zu helfen – oder versuchen, in diese zurückzukehren –, indem sie ihren Körper für eine Organspende oder für die medizinische Forschung zur Verfügung stellen. Andere lassen ihn einfrieren, weil sie hoffen, daß es irgendwann in der Zukunft möglich sein wird, ihn aufzutauen und zu neuem Leben zu erwecken.

Manchmal, wenn es keine sterblichen Überreste zu beerdigen gibt oder ein geliebter Mensch an einem weit entfernten Ort begraben ist, empfinden die Hinterbliebenen ein Gefühl der Leere. Sie wünschen sich einen Ort, wo sie hingehen können, einen Ort, der für den Verstorbenen steht und sie an ihn erinnert. Viele Friedhöfe bieten für dieses Problem eine Lösung an: ein sogenanntes Kenotaph, eine ganz kleine Parzelle des Friedhofs, wo man eine Gedenktafel oder einen Grabstein aufstellen und den geliebten Menschen »besuchen« kann. Manchmal wissen wir nicht, wo ein Mensch beerdigt ist, würden aber trotzdem gerne sein Andenken ehren. Aus diesem Grund legen heutzutage viele Menschen an dem Ort, wo jemand zum Beispiel bei einem Autounfall ums Leben gekommen ist, Blumen nieder. Das ist eine Möglichkeit, dem Verstorbenen

Die Rechte des Sterbenden

seinen Respekt zu zollen, indem man an seinen Tod – und damit auch an sein Leben – erinnert.

Egal, an welchem Ort und auf welche Weise die endgültige Bestattung erfolgt, wir sollten auf jeden Fall das tun, was uns für uns und den Verstorbenen sinnvoll erscheint.

WIE WIR UNS ERINNERN

Als ich ein kleiner Junge war, brachte mir meine Cousine Sylvia bei, daß wir unseren Lieben das größte Geschenk machen und sie am meisten ehren und respektieren können, indem wir uns an sie erinnern.

Die Juden beispielsweise erinnern sich an ihre Verstorbenen, indem sie am Jahrestag ihres Todes eine Kerze für sie anzünden. In der katholischen Kirche besteht die Möglichkeit, zur Erinnerung an die Verstorbenen eine Messe lesen zu lassen.

Wir gedenken unserer Toten auch auf weniger förmliche Weise. Skinny war der große, rundliche Besitzer einer Bar namens *Skinny's*. Als Skinny starb, verbrachten alle seine Freunde, einschließlich seines besten Freundes Rodney, den Tag damit, in Skinnys Bar auf ihn anzustoßen und sich gegenseitig die vielen witzigen und netten Dinge zu erzählen, die er getan hatte. Zunächst war Rodneys Frau darüber zutiefst entsetzt. Sie fand es respektlos von den Männern, in einer Bar zu sitzen und sich zu betrinken, während ihr Freund noch nicht einmal unter der Erde war. Aber eine ihrer Freundinnen erklärte ihr, daß das, was die Männer taten, sehr wohl einen Sinn ergab: Sie erwiesen ihrem Freund die Ehre, indem sie sich dort zusammensetzten, wo sie so oft mit ihm gesessen hatten, das Bier tranken, das sie sonst

Der Körper

mit ihm getrunken hatten, und in Erinnerungen an ihn schwelgten. »Wenn eine von unseren Freundinnen stirbt, tun wir im Grunde nichts anderes«, erklärte die Frau. »Wir versammeln uns in der Küche, kochen zusammen und reden über sie. Man erinnert sich an einen Menschen, indem man das tut, was man sonst mit ihm zusammen getan hat, auch wenn er oder sie nicht mehr da ist.«

Wenn wir uns an unsere Verstorbenen erinnern, muß das keine morbide Erfahrung sein. *Ed's Coffee Shop* ist ein beliebtes Lokal in Los Angeles, wo viele Leute gerne zum Mittagessen hingehen. Siebenunddreißig Jahre lang wurde *Ed's* von Ed und seiner Frau geführt. Dann starb Ed, und seine Frau zog sich aus dem Geschäft zurück. Inzwischen wird das kleine Lokal von ihrer Tochter betrieben. Sie hat an sämtlichen Wänden riesige Photos von Ed aufgehängt. Wenn ich zu Ihnen sagen würde: »Lassen Sie uns in einem Lokal zu Mittag essen, wo lauter Photos von einem Toten an der Wand hängen«, würden Sie diesen Vorschlag bestimmt geschmacklos und morbide finden. Aber für die Stammgäste steckt das kleine Lokal voller warmer Erinnerungen und wundervoller Photos von Ed. Ein Gast, der schon seit dem Tag der Eröffnung kommt, hat mir anvertraut: »Ohne Ed wäre es einfach nicht *Ed's*. Wir alle wollten, daß die Photos aufgehängt werden.«

Manchmal müssen wir gar nichts Besonderes tun, um uns an unsere Lieben zu erinnern. Statt dessen zeigen wir unsere Liebe und unseren Respekt, indem wir an die Stelle eines geliebten Menschen treten und uns daran erinnern, wer er war und wofür er einstand. Kürzlich besuchte ich die Hochzeit von Shawn, deren älterer Bruder Ron und ich gute Freunde gewesen waren. Während ich so dastand und zusah, wie die schöne Braut den Mittelgang der Kirche entlangschritt, mußte ich an Ron, ihren Bruder denken. Ich

Die Rechte des Sterbenden

fragte mich, ob er die Hochzeit seiner geliebten Schwester wohl durch meine Augen mitverfolgen konnte. Seine Schwester, die Braut, hatte jedenfalls das Gefühl, daß Ron durch mich und seine anderen Freunde vertreten wurde.

RITUALE

Viele Leute fragen sich, was sie tun sollen, wenn ein geliebter Mensch stirbt. Am besten, Sie bleiben sich und Ihrem Angehörigen treu. In dieser schwierigen Phase finden die meisten Menschen Trost in den Ritualen des Christentums, des Judentums oder anderer Glaubenssysteme.

Ihr Herz wird Sie nur selten in die Irre führen. Wenn Ihr Herz Ihnen rät, den Bestattungs- und Trauerregeln der Religion zu folgen, der der geliebte Mensch angehörte, dann tun Sie das. Jeder Mensch verdient eine Bestattung, die seinem oder ihrem Glauben Respekt zollt. Je weiter Sie von der Norm abweichen, desto mehr Widerstand wird Ihnen von anderen entgegengebracht werden, aber Sie sollten trotzdem Ihrem Herzen folgen und dem geliebten Menschen treu bleiben. Ich weiß noch genau, wie begeistert mein Vater von dem blauen Blazer war, den er sich für die Geburtstagsfeier gekauft hatte, die, wie sich herausstellte, seine letzte sein sollte. Am Tag der Feier hatte er zu dem Blazer ein rosa Hemd getragen. Als der Mann vom Bestattungsinstitut mich aufforderte, einen Anzug und ein weißes Hemd für meinen Vater vorbeizubringen, antwortete ich, daß ich wolle, daß er in seinem blauen Blazer und dem rosa Hemd beerdigt werde. Damit brachte ich den Mann völlig aus dem Konzept. Er bestand darauf, daß es ein weißes Hemd sein müsse. Ich gab ihm zur Antwort:

Der Körper

»Mein Vater ist nicht der Typ, der weiße Hemden trägt. Die blau-rosa Kombination hat er zum Schluß am liebsten getragen, und deswegen habe ich mich dafür entschieden.« Wenn wir die Rituale vollziehen, die mit dem Bereich Tod und Begräbnis zu tun haben, laufen wir leicht Gefahr, uns selbst unter Druck zu setzen, indem wir alles »richtig« machen wollen. Dabei gibt es keine Art, es richtig zu machen; es gibt nur Ihre Art oder die Art, wie Ihr Verstorbener gerne behandelt worden wäre. Trotzdem verleihen Rituale unserem Tun eine gewisse Struktur, und viele Menschen finden das sehr hilfreich.

Akzeptieren Sie Ihre Gefühle. Manchmal erzählen mir die Leute mit leiser Stimme, wie froh, ja fast glücklich sie seien, daß ein geliebter Mensch endlich hat sterben können. Dabei wirken sie sehr schuldbewußt, beschämt oder verwirrt. Ich betone dann jedesmal, daß das nichts ist, wofür man sich schämen muß. Wir dürfen nicht vergessen, wie sehr wir mit den Sterbenden leiden. Da ist es nur natürlich, daß wir erleichtert sind, wenn uns klar wird, daß sie keine Schmerzen mehr haben, daß ihnen niemand mehr weh tun kann und sie nicht länger an den Auswirkungen ihrer Krankheit leiden müssen – und daß ihnen und uns eine schwere Last genommen worden ist. Was uns glücklich macht, ist nicht der Tod des geliebten Menschen, sondern nur die Tatsache, daß die Schmerzen, die Last und die Krankheit ein Ende haben. Außerdem ist es völlig in Ordnung, wenn Sie sich darüber freuen, wieder ein eigenes Leben führen zu können. Sie haben sich und Ihre Zeit großzügig zur Verfügung gestellt, als Sie gebraucht wurden. Jetzt freuen Sie sich darauf, wieder Ihr eigenes Leben zu führen, genau, wie der geliebte Mensch es gewollt hätte.

Sprechen Sie nach dem Begräbnis miteinander über den Toten. Nutzen Sie diese Zeit, um mit anderen Menschen zu

Die Rechte des Sterbenden

trauern, die Ihre Liebe, Ihre Traurigkeit und Ihre Erinnerungen mit Ihnen teilen. Die Liebe und Nähe, die wir im Andenken an unsere Lieben teilen, sind ein wundervolles posthumes Geschenk an sie.

Behandeln Sie die Dinge, die der geliebte Mensch hinterlassen hat, so, wie Sie es tun würden, wenn er noch am Leben wäre. Am Tag nach Saras Tod schaute ich bei ihrer Familie vorbei. Hugh und seine beiden Söhne saßen mit Freunden im Wohnzimmer, während seine Tochter im Schlafzimmer damit beschäftigt war, die persönlichen Dinge und die Unterwäsche ihrer Mutter zusammenzupacken. Sie erklärte mir später, daß sie sich dabei besonders große Mühe gegeben habe, weil »das meine Art ist, ihr meinen Respekt zu zollen. Solange Mutter noch lebte, war ihr Körper für sie immer etwas sehr Privates. Deswegen finde ich, daß sie denselben Respekt auch im Tod verdient hat. Ich weiß, daß sie gewollt hätte, daß ich ihre persönlichen Sachen in aller Stille zusammenpacke.«

Wenn Sie sich in einer Situation befinden, in der andere größeren Kummer leiden als Sie, haben Sie viele Möglichkeiten zu helfen. Erzählen Sie ihnen eine lustige Geschichte über den Verstorbenen oder bringen Sie ihnen etwas zu essen vorbei. Wenn Sie sehen, daß sich im Spülbecken das schmutzige Geschirr stapelt oder die Blumen gegossen werden müssen, dann übernehmen Sie das einfach. Fragen Sie nicht lange, wie Sie helfen können. Sehen Sie sich einfach um und tun Sie, was getan werden muß. Wenn es nichts zu tun gibt und Sie keine rührenden Geschichten zu erzählen haben, dann seien Sie einfach nur für die anderen da.

Der Tod ist an sich schon schwer zu akzeptieren, aber es ist noch schwerer, damit fertig zu werden, wenn er plötzlich und unerwartet eintritt. In einem solchen Fall gibt es

Der Körper

keine Vorwarnung, keine Gnadenfrist und keine Möglichkeit zum Abschiednehmen.

Eines Morgens hatte Sharon eine Nachricht von Florences Sohn Jackie auf ihrem Anrufbeantworter. Florence war wie eine zweite Mutter für Sharon gewesen, deren eigene Mutter gestorben war, als Sharon noch ein Kind war. Florence geleitete Sharon durch die Kindheit, und sie war auch dann noch für sie da, als sie ins Teenager-Alter kam. Einmal, als Florence mit Sharon in Sacramento war und sie in den Zirkus ausführte, sagte sie zu dem jungen Mädchen: »Ich werde dich in den Zirkus einladen, bis du alt genug bist, um mich einzuladen.« Florence gab Sharon das Gefühl von Familienzugehörigkeit, das ihr fehlte. Zwanzig Jahre vergingen, und Sharon hatte längst die Dreißig überschritten, aber Florence, Jackie und sie fühlten sich noch immer wie eine Familie. Dann bekam Sharon diesen Anruf. Die Nachricht lautete einfach: »Bitte ruf mich sofort zurück. Es handelt sich um einen Notfall.« Für Sharon schien die Zeit stillzustehen, als sie diese Worte hörte, denn sie wußte genau, daß etwas Schlimmes passiert sein mußte. Sharon meldete sich umgehend bei Jackie, der sie darüber informierte, daß Florence an einem schweren Herzinfarkt gestorben war.

Sharon stand unter Schock. Sie konnte einfach nicht glauben, daß Florence tot war. Ihr letztes Treffen war noch keine zwei Wochen her, und Sharon hatte noch eine Nachricht auf ihrem Anrufbeantworter, die ihr die ältere Frau am Vorabend hinterlassen hatte. Wie war es nur möglich, daß es sie nicht mehr gab? Als Jackie Sharon fragte, ob sie am frühen Morgen nach Sacramento fliegen wolle, um Florence vor der Beerdigung noch einmal zu sehen, antwortete Sharon: »Nein, ich werde erst zur Beerdigung kommen.« Ein paar Minuten später rief sie ihn noch einmal an,

Die Rechte des Sterbenden

um ihm zu sagen, daß sie Florences Leiche doch sehen wolle. Sie hatte das Gefühl, daß ihr gar keine andere Wahl blieb, weil sie sonst nie glauben würde, daß ihre Freundin und Ersatzmutter tatsächlich tot war.

Ein paar Stunden später stand Sharon neben dem leblosen Körper in der Leichenhalle. Florence sah aus, als würde sie schlafen, da ihrem Körper die Verwüstungen von Alter und Krankheit erspart geblieben waren. »Sie lag so friedlich da, daß ich fast den Eindruck hatte, als müßte ich nur ein wenig an ihrer Schulter rütteln und ihren Namen flüstern, und schon würde sie aufwachen und mit mir in den Zirkus gehen.«

»Ich nutzte die Zeit, die ich mit ihr allein sein durfte«, fuhr Sharon fort, »um mich von ihr zu verabschieden. Ich dankte ihr für ihre Güte und Liebe. Ich war sehr dankbar für diese Gelegenheit, ein letztes Mal bei ihr zu sein. Ich hatte das Gefühl, dadurch auf eine viel persönlichere, intimere Weise um sie trauern zu können, als es mir bei der Trauerfeier möglich gewesen wäre. Hätte ich sie nicht mehr gesehen, hätte ich meine Trauer wahrscheinlich erst mal verdrängt und mir erlaubt, so zu tun, als wäre sie gar nicht tot, sondern bloß für eine Weile ›weg‹. Die Minuten in der Leichenhalle waren genau die Dosis Realität, die ich brauchte.« Wenn sich Ihnen keine solche Gelegenheit bietet, können Sie einen anderen, ebenfalls sehr persönlichen Weg finden, sich zu verabschieden. Sie können beispielsweise einen Ort aufsuchen, der sie an die betreffende Person erinnert, vielleicht, weil Sie beide oft gemeinsam dort waren. Oder Sie setzen sich einfach in eine stille Ecke und lassen in aller Ruhe die Erinnerung an den geliebten Menschen in Ihr Herz strömen.

Der Körper

EIN BESSERER TOD

Ich hoffe, daß Sie und Ihre Lieben eine sanfte Begegnung mit dem Tod haben werden. Ich glaube, indem wir anderen helfen, auf eine würdige Weise zu sterben, bringen wir auch uns selbst und unserer nächsten Generation bei, wie man stirbt. Vielleicht gelingt es uns auf diesem Weg, unserem eigenen Tod mehr Sinn zu verleihen. Ich glaube, je vertrauter wir mit dem Sterben werden, desto intensiver können wir leben. Ich glaube, daß wir den Tod als etwas ebenso Natürliches wie die Geburt behandeln sollten, auch wenn uns sein Gesicht nicht immer gefällt.

Bei meinem letzten Besuch bei Elisabeth Kübler-Ross sprachen wir über den Schluß ihres ersten Buches, der meiner Meinung nach eine schöne Analogie enthält: »Wer genug Kraft und Liebe empfindet, um bei dem Kranken zu sitzen, in dem Schweigen, das über Worte hinausgeht, weiß, daß der Augenblick nicht peinlich oder erschreckend ist, sondern einfach ein friedliches Aufhören der körperlichen Funktionen. Der Anblick eines friedlich sterbenden Menschen erinnert an einen fallenden Stern, an einen unter Millionen Lichtern in einem weiten Himmel; er flackert auf und verschwindet für immer in der endlosen Nacht.«

Der dunkle Nachthimmel, den wir Tod nennen, birgt die Essenz von Mut, Mitgefühl, Angst und Authentizität in sich. Ich habe dieses Buch in der Hoffnung geschrieben, daß Sie auf der letzten Reise, die Sie oder ein von Ihnen geliebter Mensch vielleicht gerade antreten, Zärtlichkeit, Güte und Liebe finden werden. Ich glaube, es gibt keine bessere Art, uns selbst, unser Leben und unsere Lieben zu respektieren, als die Rechte des Sterbenden zu respektieren.

Ich selbst hatte meine erste und wichtigste Begegnung

Die Rechte des Sterbenden

mit dem Tod – dem meiner Mutter –, als ich zwölf Jahre alt
war. Sie kämpfte schon gegen ihre Krankheit an, seit ich
mich erinnern konnte. Seit Jahren war sie immer mal wieder im Krankenhaus gewesen, hatte sich aber stets wieder
erholt und jedesmal von neuem Hoffnung geschöpft. Jetzt
lag sie schwer krank in einem Krankenhaus in New Orleans. Mein Vater und ich saßen schon seit Tagen in einer Art
Schockzustand vor der Intensivstation, die wir alle zwei
Stunden für nur zehn Minuten betreten durften, und zwar
genau zu jeder vollen Stunde, also von zehn Uhr bis zehn
nach zehn, von zwölf bis zehn nach zwölf, und so weiter.
Diese Zeiten wurden so streng eingehalten, daß meine
Cousine Sylvia, die aus Boston hergeflogen war und atemlos ins Krankenhaus gestürzt kam, von der zuständigen
Schwester nicht zu meiner Mutter gelassen wurde, weil sie
die Besuchszeit um zwei Minuten verpaßt hatte, so daß sie
erst zwei Stunden warten mußte. Den Schwestern ging es
bei dieser strengen Einschränkung der Besuchszeiten um
das körperliche Wohl ihrer Patienten. Es war einfach leichter für sie, die Patienten zu pflegen, wenn die Familie nicht
ständig um sie herum stand. Das erzürnte meine Cousine
Sylvia, die selbst Krankenschwester war. Als Sylvia New
Orleans wieder verließ, nahm sie die betreffende Schwester
beiseite, um mit ihr über die Sache zu sprechen.

Die Schwester sagte zu ihr: »Sie verstehen das nicht. Die
Besucher behindern mich bei meiner Arbeit.«

Sylvia entgegnete aufgebracht: »Sie sind eine Schande für
Ihren Beruf.«

Daraufhin gab ihr die Schwester hochmütig zur Antwort: »Ich tue nur meine Pflicht.«

»Und ich gehöre zu ihrer Familie!« fauchte Sylvia zurück. »Ich tue auch nur meine Pflicht.«

Zum Glück gab es viele andere Schwestern, die sehr lie-

bevoll und mitfühlend waren und auch mal ein Auge zu-
drückten. Trotzdem herrschte auf der Intensivstation eine
strenge, kalte Atmosphäre. Mutter lag mit siebzehn anderen Patientinnen auf einer Station. Die Betten waren nur
durch Vorhänge voneinander getrennt, aber die Schwestern
mochten es nicht, wenn die Vorhänge zugezogen waren,
weil sie ihre Patientinnen dann nicht sehen konnten. Um
auf der Intensivstation jemanden besuchen zu dürfen,
mußte man vierzehn sein, aber ich war erst zwölf, so daß
ich ständig Angst hatte, daß mich die Schwestern nicht zu
meiner Mutter lassen würden. Viele von den Schwestern
nahmen es mit der Altersregel nicht so genau, aber ein paar
waren in dieser Hinsicht extrem streng. Meine Mutter lag
im Sterben, und ich war darauf angewiesen, daß mir wild-
fremde Menschen das Recht einräumten, sie zu sehen.

Nach acht Tagen des Wartens und Hoffens eröffnete
man meinem Vater und mir, daß sich meine Mutter dieses
Mal nicht wieder erholen würde. Die Ärzte sagten, wir
sollten sie »loslassen«. Widerwillig gaben wir ihnen recht.
Noch ehe die nächste Besuchszeit kam, teilte uns ein Arzt
mit, daß Mutter gestorben sei. Mein Vater fragte, ob wir sie
sehen dürften. Obwohl es ihm sehr zu widerstreben schien,
gab der Arzt schließlich sein Einverständnis, betonte aber,
daß ich Vater nicht begleiten dürfe, weil ich zu jung sei.
Aber als dann die Schwester kam, um meinen Vater zu
Mutter hineinzuführen, ging ich einfach mit. Ich hoffte,
nicht erwischt zu werden.

Die Schwester führte uns an Mutters Bett, wo nun ihr
lebloser Körper lag. Ich weiß noch, daß mir durch den
Kopf ging, wieviel friedlicher sie ohne die vielen Schläuche
und Maschinen wirkte. Ich kann mich auch noch gut daran
erinnern, wie fremd sie mir während unserer letzten Besuche erschienen war, als eine Sauerstoffmaske ihr Gesicht

Die Rechte des Sterbenden

bedeckte und sie an das Beatmungsgerät, drei oder vier Infusionen und die Dialysemaschine angeschlossen war. Stellen Sie sich vor, wie schwer es einem Menschen – noch dazu einem Kind – fallen mußte, in dieser kalten, unpersönlichen Umgebung irgendeine Art von Nähe oder Frieden zu finden. Ich war erleichtert, meine Mutter wenigstens wieder von Angesicht zu Angesicht sehen zu können, ohne die Maske und all die Schläuche und Maschinen. Trotzdem gab es dort keine Privatsphäre. Schließlich waren wir von siebzehn anderen Patientinnen umgeben, und die Schwester blieb neben meiner Mutter stehen, ohne uns auch nur einen Moment mit ihr allein zu lassen. Sie wartete bloß darauf, uns wieder aus dem Raum zu scheuchen, sobald die wenigen Minuten, die man uns zugestanden hatte, vorüber waren.

Mein Blick wurde von der Hand meiner Mutter angezogen, die ich unter dem Laken sehen konnte. Ich hätte so gerne ihre Hand genommen und sie gestreichelt. Ich hätte so gerne laut mit ihr gesprochen. Ich wollte meiner Mutter sagen, daß ich sie liebte, und mich von ihr verabschieden. Statt dessen stand ich schweigend da und drückte die Arme gegen den Körper, weil ich mich in dieser sterilen Umgebung nicht traute, etwas zu sagen oder mich zu bewegen.

Vielleicht, weil man mir die Nähe verweigert hatte, die ich gebraucht hätte, um die Beziehung zu meiner Mutter irgendwie abschließen zu können, bestand ich an diesem Tag darauf, daß mein Vater und ich sofort nach Boston flogen, wo sie beerdigt werden sollte. Ich wollte sofort losfliegen, damit der Körper meiner Mutter keine Minute allein sein mußte, während er in Boston darauf wartete, beerdigt zu werden. Mein Vater gab meinem Drängen nach, und wir flogen noch am selben Abend nach Boston. Dort erfuhr ich, daß Mutters Leiche erst in ein paar Tagen eintreffen

Der Körper

würde. Ihr Körper lag die ganze Zeit allein in New Orleans. Ich fühlte mich ebenfalls schrecklich allein. Zum Glück hat sich die Situation in den Krankenhäusern verbessert, seit das vor vierundzwanzig Jahren passierte. Inzwischen weiß man, daß Angehörige und Freunde für die Patienten eine wichtige »Medizin« sein können. Die Krankenhäuser haben ihre Besuchszeiten erweitert und es den Leuten überhaupt leichter gemacht, ihre Lieben zu besuchen. Mittlerweile werden dort auch die Verstorbenen mit viel mehr Respekt behandelt als früher. Wenn auf der betriebsamen Notfallstation von Dr. Mark Katz jemand stirbt, läßt man der Familie Zeit, hereinzukommen und den geliebten Menschen ein letztes Mal zu besuchen. Das ist in Anbetracht des Platz- und Personalmangels nicht ganz einfach, vor allem auf einer Notfallstation, wo der Schwerpunkt nun mal auf den Lebenden liegt. Aber Dr. Katz und andere Gleichgesinnte sind der Meinung, daß es trotzdem richtig ist, den Angehörigen diese Möglichkeit zu geben.

Als mein Vater in den späten achtziger Jahren im Sterben lag, war ich längst erwachsen und sowohl äußerlich als auch innerlich ein anderer Mensch. Ich war fest entschlossen, den Tod meines Vaters auf eine andere, bessere Weise zu erleben als den meiner Mutter. Ich brachte Dad zum Sterben zu mir nach Hause, wo ich dafür sorgte, daß er von lieben Menschen umgeben war und rund um die Uhr gepflegt wurde. Nachdem er gestorben war, stellte ich sicher, daß ich vor seiner Beerdigung noch Gelegenheit hatte, in einem separaten Raum neben der Leichenhalle mit ihm allein zu sein. Ich plante nicht, was ich sagen oder tun würde, denn ich wußte, daß ich sowieso von meinen Gefühlen übermannt werden würde und sich alles ganz von selbst ergeben würde.

Mein Vater und ich hatten oft zusammen gesungen, des-

Die Rechte des Sterbenden

wegen sang ich für ihn auf dieselbe, von Herzen kommende Weise, wie man sonst nur für ein Baby zum Einschlafen singt. Während ich in dem Raum neben der Leichenhalle ganz allein an seinem Sarg stand, sang ich »Let Me Call You Sweetheart«, das Lied, das er meiner Mutter so oft vorgesungen hatte.

Obwohl ich immer gefunden hatte, daß das ein romantisches Lied für Liebespaare war, hatte ich in dem Augenblick nicht das Gefühl, daß die Liebe, um die es in dem Lied ging, auf Männer und Frauen beschränkt war. »Let me call you sweetheart. I'm in love with you. Let mit hear you whisper that you love me, too. Keep the love light glowing in your eyes so true. Let me call you sweetheart, I'm in love with you.« Für mich war es ein Lied über Zärtlichkeit und ein Herz voller Liebe. Seitdem denke ich jedesmal, wenn ich dieses Lied zufällig irgendwo höre, an meine Eltern und die Liebe. Ich denke an die Güte und Liebe, die wir alle verdient haben, vor allem, wenn es dem Ende zugeht.

Epilog

Eine Botschaft für die Sterbenden

Wenn Sie diese Zeilen lesen, sind Sie vielleicht gerade im Begriff, Ihre letzten Monate, Tage oder Stunden hier auf Erden anzutreten. Auf dieser Reise, die wir Leben nennen, haben Sie einen langen und kurvenreichen Weg zurückgelegt. Viele Philosophien lehren, daß das, was Sie in den letzten Momenten dieses Lebens fühlen und durchleben, die Saat für Ihr nächstes, neues Leben ist.

Keiner von uns weiß, was ab diesem Zeitpunkt passieren wird, aber wenn Sie tief in sich hineinblicken, tief in Ihre Seele, dann werden Sie erkennen, daß die Geburt kein Anfang ist und der Tod kein Ende sein wird. Wenn Sie zurückdenken, werden Sie sich erinnern, daß es Ihnen nie so vorgekommen ist, als hätten Sie nicht existiert, bevor Sie in dieses Leben hineingeboren wurden. Vielmehr haben Sie seit jeher das Gefühl, daß Sie schon immer existiert haben und immer existieren werden. Aus diesem Grund wird dieser Tod auch kein Ende sein. Vielleicht werden Sie nach dem Tod nicht mehr auf dieselbe Art leben wie jetzt, aber Sie werden weiterexistieren. Sie werden all unsere Liebe und all Ihre Erinnerungen auf Ihre Reise mitnehmen. Was Sie erlebt haben, wird nicht verloren sein, ebensowenig wie Ihr Leben selbst. Egal, was Sie über Ihr Leben denken, egal, was passiert ist, es *ist passiert*. Und es war Ihr Leben. Versuchen Sie zu akzeptieren, daß Ihr Leben war, wie es war. Nicht besser und nicht schlechter.

Die Rechte des Sterbenden

Während dieses Leben sich seinem Ende nähert, ist es an der Zeit, Ihre Wut ebenso loszulassen wie Ihre Liebe. Sie haben gearbeitet. Sie haben sich Sorgen gemacht. Sie haben sich selbst hart rangenommen. Sie haben geliebt und gelacht. Sie waren wütend und enttäuscht. Jetzt ist es an der Zeit, sich auszuruhen, sich zu entspannen. Es gibt nichts, was Sie sonst noch tun können. Ihnen bleibt keine andere Möglichkeit. Wenn Sie merken, daß Sie Angst bekommen, dann entspannen Sie sich in Ihren Atem hinein. Ihr Atem wird Sie an Ihr Ziel bringen. Machen Sie sich klar, daß manche Menschen in Ihrer Umgebung nur deswegen weinen und schreien, weil sie nicht wissen, wie sie sich von Ihnen verabschieden sollen; sie versuchen es, so gut sie eben können. In Ihrem Herzen sollten Sie wissen, daß Sie in allem, was Sie getan haben, in jedem Menschen, dem Sie begegnet sind, und in jedem Leben, mit dem Sie in Berührung gekommen sind, einen Teil von sich selbst zurücklassen. Ebenso werden Sie einen Teil von uns mitnehmen.

Wenn Sie sich noch immer an das gebunden fühlen, was in Ihrem Leben richtig oder falsch war, dann machen Sie sich klar, daß »richtig« und »falsch« nun ein Ende haben. Sie haben Ihr Leben genau so gelebt, wie es gedacht war. Sie wurden aus einem bestimmten Grund geboren, und Sie werden aus einem bestimmten Grund sterben. Sie wurden als vollkommenes und unschuldiges, schönes und würdiges Wesen geboren, und genauso werden Sie auch sterben. Sie haben Zeit verbracht und sind der Zeit gefolgt; nun wird es keine Zeit mehr geben. Sie werden an einen Ort gehen, wo wir immer schon sind. Sie wurden im Wunder der Geburt davongetragen, und genauso werden Sie auch im Wunder des Todes davongetragen werden. Alles, was wir sind, alles, was wir für Sie empfunden haben, all die Liebe, die Ihnen geschenkt wurde, wird auf dieser Reise

Epilog

Ihr Ruhekissen sein. Nun werden Sie aufbrechen. Ich wünsche Ihnen Liebe, Frieden und eine gute Reise. Für Sie ist jetzt die Zeit gekommen, nach Hause zurückzukehren.

Eine Botschaft für die Lebenden

Ich weiß, wie schwer es ist, mit anzusehen, wie einem ein geliebter Mensch langsam entgleitet. Der Schmerz ist entsetzlich, und die Verzweiflung, die man empfindet, mit nichts zu vergleichen, was man je zuvor erlebt hat. Der Verlust eines geliebten Menschen ist eine der schlimmsten Erfahrungen, denen wir uns im Leben stellen müssen, aber es gibt ein paar Dinge, die Sie tun können, um es sich und den Menschen um Sie herum leichter zu machen:

Erlauben Sie sich zu trauern. Sie können dieses Gefühl nicht ignorieren oder davor weglaufen: Am Ende wird es Sie einholen. Trauer ist ein notwendiger Bestandteil des Heilungsprozesses. Irgendwann wird Ihr Kummer nachlassen, aber Sie müssen erst die verschiedenen Phasen durchlaufen.

Fühlen Sie sich nicht schuldig, weil Sie weiterleben. Sie sind nicht für das verantwortlich, was passiert ist. Akzeptieren Sie, daß Sie manche Dinge nicht in der Hand haben.

Lassen Sie die Sterbenden wissen, daß sie beruhigt gehen können – daß Sie ohne sie zurechtkommen werden. Daß Sie sie für den Rest Ihres Lebens vermissen werden, aber daß Sie nicht wollen, daß sie bleiben, wenn sich dadurch ihr Leiden verlängert.

Fühlen Sie sich nicht schuldig, wenn Sie sich dabei ertappen, wie Sie sich auf den Tod eines geliebten Menschen vorbereiten. Das ist etwas ganz Natürliches – und nichts,

Die Rechte des Sterbenden

womit sie den Sterbenden beleidigen oder sein Sterben beschleunigen. Aber es hilft Ihnen, sich auf das Unvermeidliche vorzubereiten, und es ist eine natürliche Abwehrreaktion gegen tiefen Schmerz. (Die alten Ägypter verbrachten ihr ganzes Leben damit, sich auf den Tod vorzubereiten.)

Sagen Sie alles, was Sie sagen wollen, jetzt, solange noch Zeit ist. Vielleicht gibt es noch etwas, was Sie dem geliebten Menschen sagen möchten oder für ihn tun wollen. »Tun Sie es ohne Furcht«, hat einmal ein Patient zu mir gesagt. Lassen Sie den Menschen, den Sie lieben, mit einem offenen Herzen sterben – Ihrem Herzen.

Versuchen Sie, so gut Sie können zu akzeptieren, was passiert und wie es passiert. So schwer es auch sein mag, das zu verstehen und zu akzeptieren: der Tod ist ein Teil des Lebens.

Geben Sie auf sich acht und lassen Sie sich von anderen helfen. Suchen Sie Hilfe bei einem Therapeuten, einer Selbsthilfegruppe, Ihrer Religion oder irgend etwas anderem, das Sie tröstet und stärkt. Versuchen Sie, ein gewisses Maß an täglicher Routine beizubehalten, insbesondere während dieser aufreibenden und schwierigen Phase. Ob Sie es glauben oder nicht, das wird Ihnen helfen, zu einer normalen Lebensweise zurückzukehren.

Gehen Sie vor allem behutsam mit sich selbst um. Mit der Zeit wird es tatsächlich besser werden, auch wenn Sie das jetzt vielleicht noch nicht glauben. Die Zeit heilt alle Wunden. Auch wenn ein geliebter Mensch nicht mehr körperlich bei Ihnen ist, werden Sie doch immer die Liebe behalten, die Sie mit diesem Menschen geteilt haben. Die Menschen, die wir geliebt haben und die unsere Liebe erwidert haben, werden immer in unserem Herzen und unseren Gedanken weiterleben.

Ich wünsche Ihnen Frieden und Heilung.

ANMERKUNG ZU DEN QUELLEN

Mein aufrichtiger Dank gilt den Mitgliedern des Work-
shops des Southwestern Michigan Inservice Educati-
on Council, deren Arbeit vor über dreißig Jahren »The
Dying Person's Bill of Rights« hervorbrachte, die mich zu
diesem Buch inspirierte.

Das »ABCDE« auf Seite 100 stammt aus: A. Jacox, D.B.
Carr, R. Payne et al., *Management of Cancer Pain*, Clinical
Practice Guideline Nr. 9, AHCPR Publication Nr. 94-0592
(Rockville, Md. Agency for Health Care Policy and Re-
search, U.S. Department of Health and Human Services,
März 1994).

Die Information auf Seite 101, der zufolge Patienten, die
starke Schmerzmittel nehmen, in den seltensten Fällen ein
Suchtverhalten entwickeln, stammt aus: R.K. Portenoy, R.
Payne, »Acute and Chronic Pain«, in: J.H. Lowinson et al.
(eds.), *Substance Abuse: A Comprehensive Textbook* (Balti-
more: Williams & Wilkins, 1992), S. 691-721.

Der auf S. 109 erwähnte Vorschlag, daß Schmerzmittel bei
Bedarf rund um die Uhr verabreicht werden sollten,
stammt aus: A. Jacox (op. cit.), S. 45.

Die auf S. 143f. zitierte Aussage Dr. Dyers zum Thema
Geistigkeit stammt aus seinem Buch *Your Sacred Self* (New
York: HarperColins, 1992).

Die auf Seite 147 vorgestellte Technik des Briefeschreibens
wird ausführlicher erläutert in: Marianne Williamson, *A
Return to Love* (New York: HarperCollins, 1992), S. 209.

Die Rechte des Sterbenden

Die auf S. 180 erwähnten Vorschläge von Kathleen McCue stammen aus dem Buch, das sie zusammen mit Ron Bonn geschrieben hat: *How to Help Children Through a Parent's Serious Illness: Supportive Practical Advice from a Leading Child Life Specialist* (New York: St. Martin's, 1994).

Die auf S. 195 angesprochene Vorstellung vom Engel des Todes wurde übernommen aus: Marianne Williamson, *Illuminata* (New York: HarperCollins, 1994), S. 117.

Die Geschichte von Elvin und Sara auf Seite 218f. stammt aus: B. Boxall, »Families' Tales of Anguish, Suffering«, in: *Los Angeles Times*, 7. März 1996, S. A16.

Die auf S. 222f. erwähnte Geschichte von Harolds Mutter wurde übernommen aus: B. Boxall (op. cit).

DANKSAGUNG

Dieses Buch entstand nicht erst, als ich mich schließlich zum Schreiben hinsetzte. Seine Anfänge reichen Jahre zurück, in denen ich die Ehre hatte, wundervolle Patienten zu pflegen, die meine Freunde und Lehrer wurden. Mein aufrichtiger Dank gilt zunächst einmal ihnen.

Des weiteren bin ich meinen Kollegen und Kolleginnen zu großem Dank verpflichtet, die mich im Lauf der Jahre so tatkräftig unterstützt haben, darunter Marianne Williamson, deren Liebe und Freundschaft nur durch das übertroffen wurde, was ich aus ihrer Arbeit gelernt habe, und Elisabeth Kübler-Ross, die mir nicht nur mit Rat und Hilfe, sondern auch mit ihrer Weisheit und Freundschaft zur Seite stand. Mein Dank gilt außerdem Mark Katz, M.D., der mir Zutritt zu seiner Notfallstation gewährte und dieses Buch auf seine medizinische Korrektheit hin überprüft hat. Vielen Dank auch an James Thommes, M.D., der ebenfalls sein medizinisches Fachwissen beigesteuert hat, meine täglichen Anrufe und Fragen über sich ergehen ließ und mich bei all meinen Abenteuern als großartiger Freund begleitet hat. Des weiteren danke ich Elizabeth Taylor für ihre Führung, ihr Mitgefühl und ihren unermüdlichen Einsatz im Kampf um Pflege und Würde HIV-infizierter Menschen. Und ich danke Mutter Theresa für die unkomplizierte Freundlichkeit, mit der sie mich empfangen hat. Ihre *Missionarinnen der Nächstenliebe* sind wirklich eine Inspiration und ein Geschenk für die Welt.

Vielen Dank an Al Lowman von *Authors and Artists*, der

Die Rechte des Sterbenden

mich von Anfang an zu diesem Buch ermutigte und stets Vertrauen in meine Arbeit zeigte. Er hat mir geholfen, aus einer Idee ein Buch zu machen, das unseren Lieben im letzten Kapitel ihres Lebens zu mehr Mitspracherecht verhelfen soll. Mein Dank gilt auch Mitchell Ivers von Harper-Collins, dessen Aufrichtigkeit, Verständnis und Kompetenz als Lektor für einen Schriftsteller-Neuling wie mich ein wahres Geschenk darstellten. Außerdem möchte ich mich bei Barry Fox bedanken, der mir bei der Strukturierung des Textes behilflich war und dafür sorgte, daß ich alles ausreichend erklärte.

Mein Dank gilt ferner Linda Hewitt, die großes Vertrauen in mich bewies, mir stets zur Seite stand und sich sehr für die Qualität all meiner Projekte einsetzte. Vielen Dank auch an meine lieben Freunde, Verwandten und Kollegen: Robert Alexander, Howard Bragman, Janine Burke, Elaine Chaisson, Ph.D., Gary Chin, Pharm.D., Nastaran Dibai, Aileen Getty, John Gile, Jacob Glass, Jackie Guzman, Susan Habif, M.S.W., Mary-John Hart, M.A., Jefrey Hodes, Katrina Dibai Hodes, Sylvia Hunt, R.N., Wayne Hutchison, R.N., Judith King, Joan Marshall, Ann Massie, Robert Matt, Jerry Milliken, Cathy Parks, Berry Berenson Perkins, Ed Rada, Teri Ritter, R.N., Pam Saffire, Trent St. Louis, Jaye Taylor, Richard Taylor, Steve Tyler, Steve Uribe, M.F.C.C., Reverend Mark Vierra und Chantal Westerman. Die Liebe und Unterstützung dieser wundervollen Menschen haben dieses Buch erst möglich gemacht.

Meine Liebe und mein Dank gilt auch denen, die inzwischen in unserer Erinnerung leben: Barbara Caplan, Steve Draine, Randy Frizzell, Harriet Ivers, David Wm. Johnson, Ron McGuire, Steve Oldfield, Louis Paskin, Anthony Perkins, Tom Proctor, Ron Rose, Dan Stone, Sam Williamson und Florence Zissamatos.

Danksagung

Ferner danke ich Arnold Fox, M.D., Rabbi Ben Zion Bergman, Reverend Father Len Hoar und Reverend Ronald Donald Beams sowie Keith Green für ihre Zeit und Offenheit.

Als letztes möchte ich meiner Patentochter Emma Williamson danken, die mich von den Anfängen her lehrt, was Leben heißt.